O Brasil então e agora

FUNDAÇÃO EDITORA DA UNESP

PRESIDENTE DO CONSELHO CURADOR
Mário Sérgio Vasconcelos

DIRETOR-PRESIDENTE / PUBLISHER
Jézio Hernani Bomfim Gutierre

SUPERINTENDENTE ADMINISTRATIVO E FINANCEIRO
William de Souza Agostinho

CONSELHO EDITORIAL ACADÊMICO
Divino José da Silva
Luís Antônio Francisco de Souza
Marcelo dos Santos Pereira
Patricia Porchat Pereira da Silva Knudsen
Paulo Celso Moura
Ricardo D'Elia Matheus
Sandra Aparecida Ferreira
Tatiana Noronha de Souza
Trajano Sardenberg
Valéria dos Santos Guimarães

EDITORES-ADJUNTOS
Anderson Nobara
Leandro Rodrigues

Luiz Costa Lima

O Brasil
então e agora

© 2023 EDITORA UNESP

DIREITOS DE PUBLICAÇÃO RESERVADOS À:
FUNDAÇÃO EDITORA DA UNESP (FEU)
PRAÇA DA SÉ, 108
01001-900 – SÃO PAULO – SP
TEL.: (0XX11) 3242-7171
FAX: (0XX11) 3242-7172
www.editoraunesp.com.br
www.livrariaunesp.com.br
atendimento.editora@unesp.br

Dados Internacionais de Catalogação na Publicação (CIP) de acordo com ISBD
Elaborado por Vagner Rodolfo da Silva – CRB-8/9410

L732b   Lima, Luiz Costa
         O Brasil então e agora / Luiz Costa Lima. – São Paulo: Editora Unesp, 2023.

         Inclui bibliografia.
         ISBN: 978-65-5711-186-4

         1. Crítica literária. 2. Luiz Costa Lima. I. Título.

2023-1361   CDD 809
                                                                               CDU 82.09

Índice para catálogo sistemático:
1. Crítica literária 809
2. Crítica literária 82.09

Editora afiliada:

Asociación de Editoriales Universitarias de América Latina y el Caribe

Associação Brasileira de Editoras Universitárias

Sumário

Pequeno prefácio   7
Introdução: Crise ou drástica mudança?
    Análise de um caso   15
    1. Exposição do caso   15
    2. O paradigma em questão   24

I *Os sertões*: sua base discursiva   33
    1. *Ante' festum*: navegação do texto   33
    2. O mesmo e o outro: contexto interpretativo
       de *Os sertões*   41
    3. Situação sociopolítica da República velha   47
    4. A cobertura jornalística de Canudos por Euclides   62
    5. *Os sertões*: literatura e formação discursiva   66
    6. História e poesia: *Metahistory*   73
    7. O território da ficção   80
    8. Ficção externa e historiografia   93
    9. A questão do ficcional   107
    10. Travessia (Sarmiento e Euclides)   112
    11. Uma curta menção: *Terra ignota* (1997)
       e posfácio (2019)   125

12. Termos a serem explicitados   *137*
13. Pós-escrito   *155*
Adendo: *Breve comentário da biografia de Euclides por Frederic Amory*   *158*

II Para a história da formação literária do Brasil   *163*
    A formação social do país, segundo Gilberto Freyre   *189*
    Adendo: O ariano e o não ariano   *239*

III A ficção externa e as plataformas digitais   *267*
    Preâmbulo   *267*
    Breve entendimento das plataformas   *268*
    Primeira expansão da ficção externa   *271*
    Segunda expansão da ficção externa   *276*

Referências bibliográficas   *283*
    Pequeno prefácio   *283*
    Introdução   *283*
    Capítulo I   *284*
    Capítulo II   *289*
    Excurso: Sou um comparatista?   *291*
    Capítulo III   *292*

Bibliografia geral   *293*
Índice remissivo   *303*
Obras do autor   *311*
    Traduções   *313*
    Em homenagem   *313*

Pequeno prefácio

Os textos que formam o livro remetem a datas diversas: setembro de 2014, outubro de 2019, julho/agosto e novembro de 2021, abril de 2022. Sendo para mim incomum a junção de textos escritos em datas tão diversas, mostrou-se necessário explicar por que assim o fiz.

O que aqui aparece como Introdução não teve, em sua primeira versão, esse propósito. Era um texto autônomo, enviado para uma revista cujo título já não recordo. Relendo-o, verifiquei que seria impróprio mantê-lo em sua solidão tipográfica, quando bem antecipava os aspectos reunidos nos dois ensaios principais.

Diferentemente de autores cujas preocupações se alteram com a vida, tenho mantido constante o que era declarado pelo título de meu pequeno livro inicial: 'Por que' literatura. Sem embargo, uma mudança significativa sucederá em 1980: em 'Mímesis e' modernidade', a procura por entender a peculiaridade do objeto a que dedicara minha atividade intelectual fez com que me concentrasse na pergunta sobre o que a *mímesis* passou a acentuar mais especificamente na modernidade. Uma prova concreta dessa modificação se me apresentou em data recente, quando voltei a ter acesso ao texto com que participei do VI Festival de Inverno de Ouro Preto (1972). Intitulado "As linguagens do Modernismo", consta na reedição que Affonso Ávila dele fez em *O Modernismo* (1975).

Creio não me enganar quanto às datas. O que aqui importa: apesar da relevância que eu devo ter dado ao texto preparado para o Festival de Ouro Preto, como primeira versão do que veio a ser *A perversão do trapezista: O romance em Cornélio Penna* (1976), o modo como nele falo do mimetismo, entendido como uma das direções assumidas pela prosa modernista nacional, mostrava que, embora não confundisse *mímesis* com *imitatio*, ainda estava bastante distante da reviravolta que começaria a ser feita em *Mímesis e modernidade*.

O Capítulo I foi pensado como versão complementar do que apresentara em *Terra ignota: A construção de Os sertões* (2017). As diversas entradas que apresentava eram indicativas de que sua problemática central se relacionava com o desdobramento que o princípio da *mímesis* então já recebera. Esclareço melhor o que digo. A abordagem da obra do nosso Euclides fora feita com o propósito explícito de oferecer um resultado objetivo do questionamento da *mímesis*. Por que escolhera *Os sertões*? Porque desde suas primeiras apreciações firmara-se a ideia de que a obra continha uma dupla inscrição: seria simultaneamente uma obra historiográfica e literária. De minha parte, eu negava a propriedade da aditiva. Ante o acúmulo dos juízos que a afirmam, sem precisar de demonstrações, impõe-se uma explicação mais demorada.

Parta-se de uma relação que parece indiscutível: não se costuma falar da literatura como forma de expressão da *mímesis* porque, sendo há séculos afirmada, ainda a discutir seria uma fala vazia. Como também não se costuma discutir que a *mímesis* corresponderia à voz latina *imitatio*, embora, se indagados, responderemos enfaticamente que não pensamos assim. Tais pressupostos entre nós, sul-americanos, se concentraram no esforço de ressaltar a presença do nacional em nossas letras. É certo que, em *Os sertões*, Euclides não pretendia participar das belas-letras, mas, sim, a partir da expressão de um fato particular que cobrira como jornalista, o levante de Canudos, assinalar que a visão oferecida pelas belas-letras era tão insatisfatória quanto era falsa a compreensão romântica do que alguns viajantes tinham apresentado como caracterização do país. Seu propósito não coincidia com nenhuma das duas posições porque pretendia extrapolá-las através de uma compreensão que supunha científica de um país, nascido da mistura de raças, entendidas de acordo com a concepção evolucionista, como dotadas de estoques hierarquicamente desiguais, com a superioridade do branco sobre o índio e o negro. O episódio de Canudos, em que se enfrentavam dois tipos diversos de mestiços, o sertanejo, fanatizado por Conselheiro, em que a mistura étnica havia tempos se fixara em um nível determinado; e o do mestiço do litoral, considerado degenerado porque o cruzamento não cessara, presente no corpo do soldado das expedições governamentais, era a ocasião para pensar-se que futuro poderia ser esperado por nós, cidadãos de tal nação. A previsão de Euclides não era otimista porquanto a positividade nacional dependeria da rapidez com que aumentasse o número de emigrantes brancos.

Ora, em desacordo com a interpretação do autor, expressa em carta a José Veríssimo, de 3 de dezembro de 1902, desde seus primeiros intérpretes, *a* obra maior euclidiana havia sido interpretada como dotada, fosse ou não aceito seu teor científico, de cunho literário. O que seus intérpretes entendiam por literário? Na quase unanimidade das alusões, nada de específico senão algo que chama a atenção por sua frase não só bem construída e, sobretudo, bela e/ou empolgante, em que estaria contida a matéria nacional que a informaria. Tal matéria era condensada no sarcasmo machadiano pela expressão de um verdadeiro "instinto de nacionalidade"; condensada, condenada e, a seguir, não compreendida pelos que o citavam.

Por contrariedade à declarada dupla inscrição historiográfica e literária é que *Terra ignota* havia sido escrito. Como desde os anos 1930 a concepção étnica perdera os foros de cientificidade até então mantida, a fama de *Os sertões* tivera sua pretensão científica reduzida à apreensão historiográfica de uma luta em que a República supunha estar selada à possibilidade de sua perduração. Essa transformação, em troca, aumentara o peso literário que lhe era concedido; aumento cuja incontestabilidade decorria de a concepção de literatura permanecer tão vaga e obscura quanto antes.

O próprio Modernismo paulista, por sua figura principal, Mário de Andrade, contribuía para tal permanência porque, malgrado sua crítica ensaística, se esforçava em precisar o conteúdo da nacionalidade pela busca de conhecer melhor nossa narrativa popular. Noutras palavras, a permanência da atribuição literária a *Os sertões* ligava-se diretamente à caracterização altamente insuficiente de em que consistiria a literatura. Tal consequência não era inesperada e aleatória? Muito pelo contrário. Embora a primeira parte do Capítulo II se limite a tratar da crítica brasileira no século XIX, caso a abordagem se aprofundasse verificaríamos que, muito embora a análise de obras particulares ganhasse em significação, o mesmo não se dava em nível teórico. Este não só permaneceu inexistente como, na década de 1970, quando aumentava a motivação em seu favor, considerou-se que a abordagem teórica supunha um esforço que afastava o leitor da obra estritamente literária! (Não entro em detalhes para não ofender muitos dos professores de "teoria literária".) No momento em que escrevo, à nossa inoperância teórica se acrescenta o entrave dos chamados identitarismos – só uma mulher deve tratar de assuntos femininos, só um negro deve tratar do nosso permanente racismo etc. etc.

Em suma, a permanência da inquestionabilidade literária de *Os sertões* se relaciona direta e imediatamente à insuficiência da compreensão do que poderia ser a literatura. Como foi dito, ela era tomada como expressão da nacionalidade, de sua "coesão interna" e, mais abstrata e vagamente, como manifestação de uma suposta representação do país.

Sobre sua relação com a nacionalidade, dela *Terra ignota* nem sequer tratava, supondo que a negativa machadiana do "instinto de nacionalidade" fosse suficiente para quem soubesse lê-la. Concentrava-me, pois, na segunda tese. E aqui chegamos ao ápice da questão. Quando *Terra ignota* foi escrito, o questionamento explícito da *mímesis* contava tão só com *Mímesis e modernidade* (1980) e *Vida e mímesis* (1995), muito embora *O controle do imaginário* (1984), *Sociedade e discurso ficcional* (1986) e *O fingidor e o censor* (1988) já oferecessem o material preparado para outra arrancada. Esta, no entanto, só se efetivaria a partir de 2006, com *História. Ficção. Literatura*. A indagação direta da *mímesis* já não só conduzia diretamente à diferença entre história e literatura, como apresentava a questão da ficcionalidade como tamanha que, desde então, acompanha o que tenho escrito. Não cogito sequer enumerar os livros que tenho feito, bastando dizer que tal teima continua a se desdobrar no recém-publicado *O chão da mente*, para não falar nos textos que, já estando compostos, aparecerão nos próximos anos.

Por mais esquemático que seja o parágrafo anterior, suponho que ele explique por que se fez necessário o Capítulo I deste livro: os passos dados entre 2006 e 2021, compreendendo oito livros, consistiram na abertura de trilhas acerca do enlace entre *mímesis*, a ficção literária, a expressão literária que se desenvolve além da ficção estritamente literária, as metamorfoses a que se tem submetido a questão do sujeito, e uma concepção já não hierarquizada das formas discursivas – o último ponto é apenas esboçado.

Algumas dessas trilhas são assinaladas no capítulo que agora complementa *Terra ignota*, as quais insistirão na tese básica: a dimensão propriamente literária na obra maior euclidiana apenas se assinala em momentos particulares, nos quais não seria excessivo dizer que sua capacidade de escritor, por sorte, extrapolou seu propósito de constituir uma teoria científica do país.

Em poucas palavras, se a primeira versão, agora bastante explicitada, aqui se reapresenta não é porque ela põe em questão a qualidade de escritor de Euclides da Cunha, mas, sim, porque antecipa questões que serão desenroladas ao longo do questionamento teórico da *mímesis*, em sua operacionalização pelo estudo de *Os sertões*.

O Capítulo II se introduz através de raciocínio apenas semelhante. Não idêntico, porque nele nem mesmo nos referimos a Euclides da Cunha; e, entretanto, semelhante porque se trata de verificar a consequência da alergia do que, entre nós, se escreveu no século XIX – com exceção de Machado e, excepcionalmente, de um quase ignorado Abreu e Lima – de qualquer coisa que supusesse um tratamento de ordem teórica. E aqui, conquanto sua designação explícita não se dê, a presença de Euclides se faz sentir. Assim como ele pretendera apreender cientificamente o país, dando um espaço suplementar a formulações literárias, incorrendo, pois, no que chamamos de *ensaio literário*, assim também, em *Casa-grande & senzala*, Gilberto Freyre pretende captar sociologicamente, portanto de modo supostamente científico, o *quid* nacional, permitindo que o tom coloquial de sua linguagem faça a obra ingressar, com alta frequência, no campo do "ensaio literário". Se a aceitação por Euclides da cientificidade da concepção das raças terminara por traí-lo, em decorrência de sua fragilidade teórica, a mesma fragilidade se observa em Gilberto Freyre – daí a indistinção que terminará estabelecendo entre raça e cultura, feita *como se* em concordância com a concepção de Franz Boas. Por isso a abordagem que será feita de *Casa-grande* tem alguma semelhança com o que já antes havia sido feito a propósito de *Os sertões*.

A argúcia incomum do que Freyre escreve sobre *Os sertões* me leva a pensar se não era ela motivada pelo parentesco de seus discursos. Procuro explicar em mínimas palavras. Sem que negue a presença de uma vaga poesia, ressalta em *Os sertões* a retórica explícita – destacada pelo "gosto da angulosidade", da "literatura escultural" pelo "monumentalismo que quase nunca o abandona" (Freyre, 1944, p.28-9) – que se interpõe a seu propósito de fazer ciência.

Os que, em nome da interpretação dominante, se opõem a esse meu argumento, poderão pensar que são pontos bastante delicados que, à semelhança do partido tomado por Euclides da Cunha e Gilberto Freyre, é preferível esperar por critérios a serem desenvolvidos pelo pensamento estrangeiro, porquanto a nossa elaboração permaneceria fraca e mesquinha. (Não discuto que não o seja, mas é lastimável que se lhe considere um inevitável estigma.) Neste sentido, estamos agora em situação pior que aquela que vigorava até a década de 1930, quando se acreditava que o embranquecimento da mestiçagem nos tiraria da inferioridade que nos acompanhara, ao passo que agora esse futuro de realização indeterminada foi substituído por algo mais poderoso e calado: o complexo de inferioridade assumido.

Sem desmerecer nem um autor, nem outro, chamamos a atenção para o equívoco em que se funda a fama de ambos. Em favor de uma apreciação mais justa, aposta-se noutro critério de apreciação do que seja a literatura, *no sentido estrito de realização ficcional e no sentido extenso, em que se inclui o ensaio literário*.

Os capítulos anteriores estavam acabados quando, certa manhã, despertei com a suspeita de que seriam demasiado acadêmicos. Como acadêmicos se só cogitavam da feição do próprio país?! A suspeita logo deixou de parecer desarrazoada ao lembrar-me da tecla em que batem os noticiários de cada dia. De que tratam eles senão de desgraças que se acumulam? São milhões de desempregados, empresas que fecham, aumento da inflação, a presença de um governo que confunde o país com seus apadrinhados e a família do governante, o avanço contra a floresta amazônica e as terras dos povos indígenas, a distribuição sigilosa de um orçamento secreto, fraudes e escândalos financeiros que se repetem sem que os tribunais os coíbam, os cortes de verbas para o que não interessa aos governantes, os impropérios aos juízes do Supremo Tribunal Federal, as mentiras sobre a vacina contra a epidemia que já matou centenas de milhares de pessoas, as chacotas contra os torturados durante a ditadura de 1964, o absoluto desrespeito a normas constitucionais. Tudo isso e muito mais em decorrência de um governo que *foi eleito*! Com a explícita aprovação, portanto, da maioria.

É tendo em conta toda essa ruína que tivemos de reconhecer que a indagação dos dois capítulos principais não haveria de ficar sem o acompanhamento de uma reflexão mais próxima de nosso dia a dia. Tratou-se, pois, de indagar sobre um meio que teve um peso decisivo para o descalabro em que estamos. Isso não significa que devêssemos nos improvisar em politicólogos, mas, sim, que se desenvolvesse uma trilha que antes nos parecera inocente.

É o que fazemos no Capítulo 3. À diferença dos dois primeiros, em que os autores analisados são submetidos a um exame de ordem intelectual, o terceiro segue o mesmo rigor de abordagem, mas seu objeto é válido para todos, porque atinge a todos. Ao fazê-lo, anima-nos a esperança de que ainda se possa resgatar algo do que está sendo perdido.

Rio de Janeiro, agosto de 2021,
com retoques feitos em novembro de 2021 e abril de 2022

Introdução

Crise ou drástica mudança? Análise de um caso

1. Exposição do caso

Na década de 1930, a literatura brasileira conheceu a irrupção do romance nordestino, por uns interpretado como reação à manifestação do modernista, para outros, como a sua concreção. Ao passo que o Modernismo paulista oscilava ambiguamente entre o experimentalismo de um Oswald de Andrade e a busca por raízes da nacionalidade, estimulada por seu prócer mais influente, Mário de Andrade, o romance nordestino tanto poderia ser tomado como efetivação modernista quanto como reação. O olhar histórico nos encaminha para a resposta adequada: a importância que o regionalismo estimulado por Gilberto Freyre terá para um José Lins do Rego conduz à solução correta: o romance regionalista se antepunha ao Modernismo sulista.

Vinculado aos modos perversos da exploração da terra, pela imensa desigualdade social que o latifúndio, o engenho de açúcar e, depois, a usina alimentam, o regionalismo passou a ser conhecido, nas histórias da literatura nacional, como de caráter nitidamente neorrealista.

Dele faziam parte autores que, em alguns casos, permaneceram conhecidos apenas por suas obras de estreia. É o que sucede com José América de Almeida, com *A bagaceira* (1928); Rachel de Queiroz, com *O quinze* (1930); e Amando Fontes, com *Os corumbas* (1933). A estes se acrescentavam nomes que continuaram a publicar por toda a vida – José Lins do Rego e Jorge Amado, estreantes em 1932, respectivamente com *Menino de engenho* e *País do carnaval*. O ciclo será completado por Graciliano Ramos, de produção numericamente modesta – à sua obra estritamente novelesca (*Caetés* [1933], *São Bernardo* [1934], *Angústia* [1935], *Vidas secas* [1938]), acrescentar-se-iam o livro de contos *Insônia* (1947); suas primeiras memórias, *Infância* (1945); e as terríveis recordações de sua prisão como comunista – o que então não era –, durante o Estado Novo varguista, nas *Memórias do cárcere* (quatro volumes, 1953). Mesmo que se acrescentem a reunião de crônicas, com destaque para o póstumo *Vivente das Alagoas* (1962), e os relatos infantis (*Alexandre e outros heróis*, 1962), a obra de Graciliano se diferencia da produção dos romancistas mais prolíficos de sua geração, José Lins e Jorge Amado, seja por não se diluir progressivamente, seja por não se entregar ao gosto do mercado. De todo modo, tais critérios ainda são demasiado rasteiros para fixar sua imensa singularidade.

Não se poderia negar a vinculação nordestina quer de sua prosa ficcional, quer de suas primeiras memórias. Sua base nordestina só se estenderá por outras regiões a partir da macabra experiência no porão do navio que o transporta, junto com outros presos políticos, para o Rio de Janeiro, e os consequentes anos de cárcere que sofre, sem direito a um processo judicial. A prisão na ilha Grande só cessa pela interferência de amigos influentes, como José Lins, e a ajuda desinteressada de uma figura humana da grandeza do advogado Sobral Pinto.

Se não se pretende recusar o indiscutível, importa pensar se sua obra concentra-se no *raio realista* de seus companheiros de região. Para fazê-lo, convém antes estabelecer o que se entende por raio realista. Vale então recordar a distinção que Lukács estabelecia, a partir do romance francês do século XIX e estendia à prosa a ele contemporânea, entre Realismo e Naturalismo. O Realismo correspondia ao romance exemplar, tendo seu clássico em Balzac, porque apresentaria a estrutura socioeconômica da conjuntura histórica representada no enredo, ao passo que o Naturalismo, primeiramente tipificado por Émile Zola, se contentava com seus traços de superfície. Nos seus próprios termos: (Realismo e Naturalismo supõem)

> a presença ou ausência de uma hierarquia entre os traços próprios aos personagens representados e as situações em que se acham postos esses personagens. [...] É secundário que o princípio comum de todo Naturalismo, ou seja, a ausência de seleção, a recusa da hierarquização, apresente-se como submissão ao meio (primeiro Naturalismo), como atmosfera (Naturalismo tardio, Impressionismo, também o Simbolismo), como montagem de fragmentos da realidade efetiva, em estado bruto (Neorrealismo), como corrente associativa (Surrealismo) etc. (Lukács, 1960, p.61)

Apesar da enorme extensão temporal dada ao par antagônico, nenhum dos dois termos cabe univocamente a Graciliano. Qual o motivo da negação? Não era pelo nome de realista que ele tem sido conhecido entre seus companheiros de geração e como continua a ser ensinado? E a denominação "realismo" não é ainda hoje considerada por muitos críticos como elogiosa, porquanto adequada à concepção que se fazem da própria literatura?

Em favor da agilidade argumentativa, recordemos a cena capital de seu romance de estreia. Como seu título insinua, o protagonista, João Valério, se propõe a compor um romance histórico, que teria por base os índios caetés, os habitantes originais do atual estado de Alagoas. Mas a distância entre os modos de vida de um modesto funcionário de uma cidadezinha interiorana e do que teria sido próprio dos indígenas, já então dizimados, leva a proposta de romance histórico ao fracasso. Em meu livro de estreia, *Por que literatura* (1966), interpretava o fracasso do personagem como a encenação irônico-zombeteira por Graciliano do que se fizera, entre nós, com Gonçalves Dias e Alencar: a formulação literária de uma fantasia indigenista.

Embora a hipótese não fosse absurda, outra bastante diversa me veio à cabeça ao reler, há poucos anos, *Memórias do cárcere*. Descrevendo as atrocidades que via serem cometidas ou que lhe contavam, Graciliano observava que, para infelicidade sua, era escritor em um país em que "essas coisas – as cenas expostas nos romances – eram vistas com atenção por uma pequena minoria de sujeitos mais ou menos instruídos *que buscavam nas obras de arte apenas o documento*" (Ramos, 1953b, p.132-3, grifos nossos).[1] Em absoluta dissonância com o costumeiro entre nós, tanto antes quanto depois e até o momento presente, Graciliano dava espaço para a reflexão teórica. Ao explicar o Realismo como uma das infelicidades que assolam o país, em que seu mínimo público confunde literatura com "documento", o romancista alagoano discrepava de seus colegas e dava a entender que o desfecho de *Caetés* culminava o propósito irônico que o presidira. (O que não significa que esse propósito fosse mais do que uma leitura *a posteriori*.)

A interpretação que então dera a *Caetés* se invertia por completo: que miséria pior à deste país em que os poucos mais ou menos instruídos só veem na obra de arte o documento, o traço do que perdura? E o que teriam sido *Os timbiras*, *O guarani* e *Iracema* senão tentativas de documentar, por certo imaginativamente, a vida das populações primitivas do país e/ou sua aproximação com o branco conquistador? Já, portanto, em seu primeiro romance, por certo ainda distante da qualidade de sua

---

[1] A anotação contida nas *Memórias* não deixa de ser problemática. A julgar por ela, não seria correta a afirmação do biógrafo de Graciliano: "Graciliano extrai da memória a sua matéria ficcional, resgatando tanto suas raízes existenciais quanto um conjunto de tradições e heranças místicas do Nordeste" (Moraes, 2013, p.214). Porém o que diz o biógrafo se ajusta às declarações mais frequentes do próprio romancista. Sem que possa comprová-lo, creio que a discrepância da passagem que destaco nas *Memórias do cárcere* era uma reação ante as normas rígidas do Realismo socialista praticada pelo Partido, a que Graciliano então já pertencia.

ficção realizada, Graciliano intuía haver algo bastante errado na apreciação literária vigente em seu país. Mas, contra essa segunda leitura, não era precisamente o *documento* que aparecia, para um crítico contemporâneo afamado como Lukács, como característica da obra realista? Seja assinalado, contudo, que se tratava do Lukács já integrado ao marxismo stalinista – não mais o de *A alma e as formas* e da *Teoria do romance* –, que só concebia a literatura como retrato de uma certa situação sócio-histórica. E em que a valorização do documento diferiria do critério mais recente que louva a obra como *testemunho* de uma desastrosa situação social?[2] Seria irrelevante se se acrescentasse que a diferença estaria no fato de o louvor do documento supor o respaldo de uma teorização de coloração marxista, o que, dada a influência mediática, não mais sucede no realce do testemunho ou, em seu extremo, nos identitarismos. Ora, como Graciliano foi reconhecido como um escritor realista, do ponto de vista da história literária, a leitura correta seria a primeira de *Caetés*. Era ainda como documento que se deveria continuar a ler *São Bernardo*.

Por sorte dos leitores de Graciliano, sua interpretação grosseira foi superada pela leitura que Abel Barros Baptista fez de *São Bernardo*. De seu estudo exemplar, destaco duas passagens capitais. Na primeira, é ressaltada a excelência do capítulo 19. Paulo Honório e Madalena tinham se casado havia pouco. Como assinala o crítico português, o pequeno intervalo entre a cena do casamento e o capítulo destacado, bem como ser o livro escrito *a posteriori*, é indicativo de que a felicidade durara bem pouco. Sentia-se Paulo Honório não só agredido pelas disposições progressistas assumidas por Madalena, como tomado de ciúme dos que dela se aproximavam. A composição do capítulo não permite, contudo, que o romance assuma a forma de recordação, o que, de acordo com os moldes realistas, deveria suceder. Já a leitura atenta da abertura expõe sua discordância:

---

2 Embora a fonte não declare claramente a data da afirmação, a frase de Rachel de Queiroz confirma a sinonímia: "O que fazíamos era romance-documento, romance-testemunho" (apud Moraes, 2013, p.75).

Conheci que Madalena era boa em demasia, mas não conheci tudo de uma vez. Ela se revelou pouco a pouco, e nunca se revelou inteiramente. A culpa foi minha, ou antes, a culpa foi desta vida agreste, que me deu uma alma agreste. – E, falando assim, compreendo que perco o tempo. Com efeito, se me escapa o retrato moral de minha mulher, para que serve esta narrativa? Para nada, mas sou forçado a escrever. (Ramos, 2012 [1934], cap. XIX, p.117)

As brigas contínuas, o suicídio de Madalena, a separação então dolorosa, tudo isso já se dera. No entanto, o segundo parágrafo aparece com verbos no presente, a terminarem com a cláusula "sou forçado a escrever". "Forçado por quê? Qual a força que o impele ou obriga a escrever? [...] Forçado a escrever mesmo sabendo de antemão que nunca atingirá o retrato moral de Madalena, ou forçado a escrever para o procurar, sem critério viável para aferir o êxito da busca?", pergunta-se o brilhante crítico (Baptista, 2005, p.111-2). E o capítulo prossegue com a observação da alternância dos tempos verbais: "Lá fora os sapos arengavam, o vento gemia, as árvores do pomar tornavam-se massas negras. – Casimiro!" (Ramos, 2012 [1934], p.118).

Com a entrada de Casimiro Lopes, os verbos passam para o presente. Mas a ação narrada decorre no presente ou no passado? [...] Tudo se esclarece, então: os verbos no presente dão conta da presença do passado no presente (Baptista, 2005, p.113).

A frase, simples e incisiva, a mudança dos tempos verbais, são suficientes para assinalar a insuficiência da caracterização do relato como Realismo. Que testemunha a substituição do tempo verbal, o presente ocupando o lugar do passado, senão que a recordação não se confunde com o tempo da memória, pois o tempo que efetivamente aqui vigora é outro, o tempo da narrativa? A narrativa então admite a apreensão de matizes que escapam da memória. A memória está presa à percepção, ao passo que a narrativa ganha a interferência da imaginação. Por isso, sua condição de ficção faz com que a literatura não caiba no escaninho da memória do vivido.

A segunda passagem que destaco completa o desmonte do Realismo. Até aqui ainda podíamos entender o ciúme como decorrência da diferença dos níveis de cultura do casal. Mais precisamente, do "sentimento de propriedade" do marido, o macho sertanejo. Sem se referir a um momento específico do relato senão a seu todo, escreve o crítico:

> O ciúme não é variante da desconfiança ou do sentimento de propriedade imputáveis à profissão, mas uma paixão que não depende delas, que até as contraria, e que radicalmente se liga ao sentimento amoroso, que já levara Paulo Honório a fazer algo diverso do que projetara… (Ibid., p.125)

O que equivale a dizer: o ciúme não se encaixa em uma cadeia causal que efetuaria o transporte para o plano da linguagem do que já se dera na sociedade; se essa é a matéria-prima do romance, sua percepção não basta para o plano da linguagem. O ciúme nos lança a outro plano, que não se confunde com o da mera transmissão da realidade. Por isso *São Bernardo*, como toda ficção de qualidade, não se restringe a ser documento ou testemunho de algo que já antes dele existia. A literatura não é repetição, reiteração, *imitatio*, que os séculos não se cansaram de repetir, mas, sim, ficção, de cujo entendimento é costumeiro escapar-se.

Até este momento, demos a entender que o ensaio de Abel Barros Baptista estabeleceu o dique saudável contra a interpretação habitual de Graciliano Ramos. A seguir, procuro mostrar que, sendo correta, essa ainda é uma compreensão parcial. Para mostrá-la, recorro a umas mínimas passagens que Antonio Candido já havia dedicado a *Vidas secas*.

A primeira ressalta a singularidade do escritor alagoano entre seus companheiros "regionalistas". Para fazê-lo, Candido recorda a formulação de Aurélio Buarque de Holanda: "Cada uma das obras de Graciliano Ramos (é) um tipo diferente de romance" (apud Candido, 1992 [1956], p.102). (É pouco, mas já é alguma coisa.) E daí parte para refletir sobre *Vidas secas*. Aproveitando agora uma observação de Lúcia Miguel Pereira, Candido acentuava "a força de Graciliano ao construir um discurso poderoso a partir de personagens quase incapazes de falar, dada à rusticidade extrema, para os quais *o narrador elabora uma linguagem virtual a partir do silêncio*" (ibid., p.104-5, grifos nossos).

Na verdade, no caráter sumário de toda a curtíssima narrativa, a falta de palavras é a regra absoluta. O tratamento da falta, no entanto, apresenta uma diferença básica: se o proprietário da fazenda abandonada, a que chegam os retirantes, Fabiano, sua família e a cachorrinha Baleia, não tem do que reclamar, nem por isso deixa de gritar e dar ordens. O que ele tem a dizer é nada, pois Fabiano é um vaqueiro exemplar. Mas os desaforos são a linguagem apropriada do dono da terra. Do mesmo modo, se o Soldadinho amarelo e a guarnição a que pertence têm poucas palavras em reação ao "desacato à autoridade" de que acusam Fabiano, em troca as pancadas com que malham suas costas e a prisão a que o recolhem constituem a linguagem da autoridade. Portanto, ainda que sejam escassas suas palavras, o senhor das terras e as autoridades policiais não precisam de muitas. A semiologia brutal do mando as substitui. Em troca, que palavras tem Fabiano para responder ao pedido de sinhá Vitória de uma cama razoavelmente decente? Ou que palavras tem a mulher para as perguntas dos dois pequenos filhos? Como o mais velho podia expressar a admiração pelo pai em sua plena roupagem de vaqueiro senão tentando cavalgar o bode velho? A família de Fabiano, em suma, está reduzida a umas mínimas palavras, das quais se ausentam sinais de mando. A linguagem do proprietário e dos migrantes necessariamente não se diferencia em termos de quantidade, pois também o proprietário pode lançar mão de poucas palavras, mas a entonação e o volume com que são ditas bastam para distinguir seu uso.

O silêncio que habita o humano sem posses prolonga-se até à cachorrinha Baleia e nela alcança seu auge. A ausência de palavras na cena de sua morte é um dos maiores capítulos da literatura brasileira. Por temer que os sinais da doença que nela se manifestam indiquem que ela esteja hidrofóbica, Fabiano, para impedir que os filhos sejam contagiados, a persegue até matá-la.

Mas o tiro que dispara não é de imediato mortal; entre surpresa e espantada, a cachorrinha se arrasta. O capítulo "Baleia" é formado quase que inteiramente pela lenta agonia do animal. Baleia procura fugir, se esconder ou escapar dos sinais da morte que se avizinha; em todos os casos, sua linguagem é a do silêncio.

Podemos mesmo estabelecer, do ponto de vista de disponibilidade de linguagem, uma hierarquia entre os personagens. Para o fazendeiro e os policiais, poucas palavras são suficientes, pois sob a forma de gritos e pancadas, os sinais de mando são numerosos. Para Fabiano e sua família, a espoliação, a falta, a fuga (da seca e, sempre que possível, dos outros homens) dão lugar ao resmungo aflito ou raivoso, com que falam o silêncio. Para Baleia, enquanto esteve saudável, o silêncio tinha o cheiro dos preás – que, caçados por ela, diminuíam a fome dos retirantes – ou se exprimia nas brincadeiras em que se envolvia com as crianças. À medida que a morte dela se aproximou, o silêncio passou a se confundir com o crescente negror a seu redor, com a fantasia que nela crescia, antes que os urubus viessem a bicar seus olhos mortos. O silêncio continua a ser sua fala, mesmo quando já não pode mais falar: "Baleia queria dormir. Acordaria feliz, num mundo cheio de preás" (Ramos, 1953a [1938], p.109).

Em suma, se houve um tempo em que a crítica considerava inconteste a presença do Realismo em Graciliano Ramos, a abordagem de Abel Barros Baptista nos permitiu ver que já antes, em Antonio Candido e naqueles que cita, se denotava a saída possível do que impingia a nosso romancista. Foi então possível olhar para atrás e verificar que, em vez de um bloco maciço, a crítica anterior já mostrava vias contrárias ao que a tradição postulava. Apenas considerando *São Bernardo* e *Vidas secas*, a compreensão do significado do ciúme de Paulo Honório e o silêncio que acompanha a vida e a morte de Baleia são os polos dentro dos quais a suposta unicidade do Realismo de Graciliano é carcomida; em troca, passamos a ter condições de apreciar a singularidade com que sua obra se realizava.

2. O PARADIGMA EM QUESTÃO

Queiramos ou não, as apreciações mudam e, muitas vezes, provocam valorações antagônicas. Diga-o o Barroco. Menosprezado por séculos, sua reapreciação só passou a se dar a partir das primeiras décadas do século XX.

Não se cogita que algo semelhante esteja se dando quanto a Graciliano Ramos ou a qualquer outro autor brasileiro. Nosso sistema intelectual é extremamente refratário a quaisquer mudanças, como se elas comprometessem a dignidade de seus representantes. Apesar da alegada resistência, contudo, como mostra o exame anteriormente empreendido, a obra de Graciliano "corre o risco" de ser estimada por um modo contrário ao que, fixado ainda durante sua vida, permanece por certo dominante. Mudança fundada em quê? Na apreciação do que se entende por Realismo. Perguntemo-nos, pois, sobre a história e os fundamentos do critério. A apreciação será intencionalmente bastante terra a terra.

O primeiro registro nominal do termo é de 1826 e surge no jornal parisiense *Le Mercure Français*. Para o jornalista que o emprega, por Realismo entende-se uma "doutrina literária que conduziria à imitação não de obras-primas da arte, mas dos originais que a natureza nos oferece" (apud Hemmings, 1978, p.5). A definição proposta permite que reconheçamos por resultado de sua prática o que oferecia o romance inglês do século XVIII.

Ressalte-se na definição o termo *imitação*, que contém a pedra de toque do conceito. Mas não pensemos que o autor tivesse encontrado por si a chave do tesouro. É verdade que o termo mesmo não é empregado pelo famoso dr. Johnson. Se ele, de fato, falta em sua caracterização de 1750, os ingredientes de sua fórmula já estão bem explícitos: "As obras ficcionais com as quais a presente geração parece mais particularmente deliciar-se são aquelas que exibem a vida em seu verdadeiro estado, apenas diversificado pelos acidentes que diariamente sucedem no mundo e influenciado pelas paixões e qualidades realmente encontradas no contato com a natureza" (ibid., p.11-2).

Não é preciso esforço para compreender-se que ao colaborador do jornal francês coube o privilégio de encontrar *le mot juste* que se julgava haver na relação entre o que a vida mostra *in its true state* e o que a obra pictórica ou literária expõe.

Por conseguinte, a fortuna do Realismo na arte já se afirma na Inglaterra do século XVIII, conquanto sua definição indiscutível caiba à primeira metade do século XIX, vindo a encontrar sua máxima expressão ao longo do século. Centrando-se inicialmente na Inglaterra e na França, e no gênero que, desde então, é o ápice da forma literária, o romance, o prestígio do Realismo é contemporâneo à expansão primeira do capitalismo industrial e dos meios de comunicação (a estrada de ferro e o telegrama sem fio). Nenhuma estranheza que se tenha difundido a partir das duas nações europeias então mais desenvolvidas e que daí seu prestígio tenha se estendido à Rússia, à Alemanha, à Itália, aos países ibéricos e, a partir destes, às suas ex-colônias sul-americanas. Apenas se assinale que a reação ao Realismo partirá de escritores da qualidade de Henry James, Virginia Woolf e James Joyce.

Não será preciso nos demorarmos na catalogação de nomes e detalhes há muito divulgados em manuais como o de Hemmings. Para verificá-lo, será suficiente a consulta a um erudito amante de banalidades como foi René Wellek. Ainda em momento de glória, formulava como a meta do romance realista do Oitocentos "a representação objetiva da realidade contemporânea" (Wellek, 1963, p.240-1). Wellek sente a obrigação de ir além do que já deveria ter lido em inúmeras ocasiões e de acrescentar que a "representação objetiva da realidade" implicava, por parte do romancista, a rejeição do "fantástico, do fantasioso, do alegórico, do simbólico, do extremamente estilizado, do pensamento abstrato e do decorativo" (ibid., p.241). Em síntese, todas essas recusas significam "que não queremos mitos, relatos fantásticos (*Märchen*), o mundo dos sonhos" (ibid.). Noutras palavras, o padrão a ser seguido deveria ser estritamente a imitação da natureza e da engrenagem da sociedade. Assim, e só assim, a literatura seria um divertimento sério e recomendável. (A leitura dos oito volumes de sua *History of Modern Criticism* poderá ser tediosa, sem que por isso perca a utilidade, entre outras, de mostrar as variantes com que se tem mantido o conceito latino de *imitativo*.)

A descrição do que haveria de se entender por Realismo fora tão unânime que sua caracterização histórica não poderia diferir em enciclopédias recentes, cujo refinamento se revela ou pela observação de detalhes que passavam despercebidos, ou pelo destaque de discrepâncias que temporalmente se manifestaram. Assim, no verbete *realism* da *Princeton Encyclopedia of Poetry and Poetics*, lê-se que o termo "designa um mundo artisticamente criado ('fictício' ou 'ficcional') [...] baseado na concordância implícita entre leitor e escritor [...] de que a realidade é constituída pela factualidade objetiva das leis naturais" (Greene et al., 2012, p.1148). Acentuando a concordância entre leitores e autores e a afirmação de que a realidade decorre da factualidade das leis naturais, explicitam-se as condicionantes do que se entendia como "imitação" e "representação objetiva" e que ambas eram tomadas como incontestáveis, mesmo porque seriam naturalmente dadas.

Editado um pouco antes, o não menos importante *Dictionary of Cultural and Critical Theory* tem a vantagem de acrescentar umas pequenas nuanças. No verbete *classical realism*, observa-se que a designação é usada sobretudo por críticos marxistas e pós-estruturalistas. As divergências importam porque têm repercussão contemporânea. Na orientação marxista, o autor, Christopher Norris, distingue entre a direção lukacsiana, para a qual a obra realista é ditada por "um potencial crítico emancipatório", que a tornaria politicamente recomendável, ou seja, ideologicamente aceita, da vertente temporalmente posterior representada por Pierre Macherey e Terry Eagleton, que antes acentuam o fato de o Realismo expor um modo de "consciência falsa", uma atenuação dos conflitos, só passíveis de serem notados por uma leitura "sintomal". Já para o pós-estruturalismo de um Roland Barthes, a designação é "um mero artifício, uma astúcia pela qual o romance procura esconder ou repudiar os signos de sua produção cultural e, assim, mascarar a realidade que expõe" (Payne; Barbera, 2010, p.136).

As diferenças são decisivas para nosso propósito. Em primeiro lugar, na linha marxista mais recente, é afastada a euforia potencialmente propagandística da época stalinista, e o crítico se desvencilha da solidariedade, vigente ao longo dos séculos XVIII e XIX com o ideário dos autores realistas, em favor de uma visão potencialmente crítica, fundada na afirmação de que a imitação da vida "como ela é" não passa de uma ingenuidade ou de um engodo, no melhor dos casos, de um autoengodo. Essa potencialidade crítica se evidencia na linha barthesiana. Quando, portanto, assinalávamos que a caracterização do Realismo continua genericamente ainda dominante não se declara que seus adeptos mantenham a crença de que a obra literária tivesse como qualidade básica oferecer um "retrato" da sociedade. Ou seja, o termo "imitação" deixa de estar entre as ferramentas definitórias do Realismo. Mas o fato de já não se falar em "imitação" não significa que o sentido implícito deixe de estar presente, embora de modo velado, entre os proponentes do Realismo. E isso mesmo porque se mantém a suposição de a obra ficcional, conquanto de maneira mais refinada, revelar como *é* a realidade social. Sucede apenas que tal pretensão passa a ser vista de modo indireto – "sintomal", como Norris usa o termo de Althusser para definir o marxismo de autores posteriores à queda do império soviético. Tal seria a distinção radical aberta pela posição de Barthes. Se de sua obra não se retira alguma outra propriedade do literário além da ênfase na construção da própria forma; se, portanto, afasta-se o literário do padrão realista, o não se desligar por completo do mesmo paradigma resulta de que à negação do perfil realista – "imitação", apreensão do que a realidade é – não se segue algo mais propriamente definitivo. (Em si mesma, não combinada a outros vetores, a ênfase na forma se caracteriza negativamente: a forma literária se distingue da formulação comunicativa, do enunciado científico ou pragmático; acentua-se seu potencial de negação porque ele se restringe a dizer o que ela *não é*.) Pretendo com isso declarar: a negação do Realismo por um Barthes, mesmo porque evidente, ainda não é suficiente para contarmos com um caráter aceitável do que se entende por literatura.

Embora sumária, a exposição acima assinala o que caracterizou o paradigma realista em relação à obra literária e como, ora de maneira ainda velada, ora explícita, ele sofre uma reviravolta a partir da década de 1960. Tal reviravolta, no entanto, não afeta o enfoque básico a que a obra literária tem sido sujeita. Isto é, seja no sentido tradicional como o termo Realismo era empregado, vindo do dr. Johnson, passando por Wellek até Lukács e seus seguidores, ou mesmo por seus veementes negadores, como Roland Barthes, a base da reflexão da literatura tem se concentrado em variantes, explícitas ou sofisticadas, da verossimilhança aristotélica. No sentido tradicional e, entre nós, ainda majoritariamente entre críticos e professores de literatura, a obra realista é considerada verossímil porque retrata a realidade como ela é, seja por duplicá-la, seja por lhe dar uma organização que, enquanto tal, a sociedade mesma não é capaz de revelar. Já a proposta "sintomal" opta por uma orientação não explícita, mas se a obra é sintoma de algo é que este algo já estava presente na realidade social. Por isso ela continua verossímil.

A linha barthesiana melhor se definiria como *le degré zero* da verossimilhança. Dizemos que esta se mantém no grau zero porque o zero, em si, é um ponto neutro, anterior ao início de uma escala. E, à semelhança desta linha, definem-se as várias e distintas tentativas de caracterizar o ficcional literário. Falando de maneira bastante grosseira, acrescentaria que Barthes é sintomático de um período em que um paradigma, tendo entrado no ocaso, ainda não dispõe de algum outro. O que mais se aproxima de uma posição axial diversa é a estética do efeito de Wolfgang Iser, por cujo princípio a obra ficcional literária se caracteriza por ser uma estrutura com vazios, a serem suplementados pelo leitor. (Não é por acaso que comentadores de Aristóteles, a exemplo de Reinhart Koselleck, observem que a metafísica aristotélica negava a existência de vazios.)

O achado do principal que funda a história dos conceitos é por si relevante. A obra não é expressão de quem a fez até porque, entre o sujeito e o texto, há a linguagem. Diferentemente dos campos que participam do discurso científico, a obra literária, por excelência ficcional, tem por cláusula constitutiva o "como se", como Hans Vaihinger estabelecia no começo do século XX, e Wolfgang Iser teve o mérito de, desvencilhando-o do cientificismo que o embaraçava, avançá-lo. Desse modo, através de uma obra que só foi prejudicada por seu autor morrer relativamente jovem, constituía-se o caminho para um novo paradigma. Muito mais do que em sua modalidade francesa, pela obra de Wolfgang Iser essa nova perspectiva se entreabriu.

A afirmação de que um novo paradigma não se configura senão pela complementação de várias e várias aproximações deverá nos dar ânimo para continuar a caminhada. A literatura dele precisa pelo atraso em que sua reflexão se manteve durante o século XIX. Poderia então concluir que temos, por um lado, os retardatários de um paradigma ultrapassado e, por outro, um enxame de propostas que cobrem pequenos círculos. Tendo em vista a ideia de complementação afirmada acima, acrescente-se um outro traço.

Havíamos caracterizado o paradigma realista e suas sequelas como fundados na verossimilhança. Vale então lembrar a formulação da *Poética*: "Os acontecimentos são possíveis conforme o verossímil ou o necessário" (Aristóteles, 2015, 1451b). Ao domínio de *eikos* (o verossímil), por que não pensar seriamente no oposto, *anankè*? As razões em contrário foram dadas pelo primeiro Romantismo alemão: verossímil e necessário eram as disposições pelas quais a *mímesis* aristotélica se atualizava. Ora, desde que Roma converteu a Grécia em colônia e absorveu seu legado intelectual, *mímesis* foi traduzida por *imitatio*. E assim se tem mantido por séculos. Os românticos então ensinaram aos eruditos europeus que isso era uma blasfêmia para a expressividade do sujeito. Assim, ao sujeito já potencialmente autocentrado correspondeu o desprezo pelo suposto correspondente da *mímesis*, a *imitatio*. A expressividade romântica se afastava da *imitatio* ao considerá-la decorrente do privilégio da natureza. Com independência do Romantismo, o molde realista reatualizou a *imitatio*, tomando a arte como *afirmação das leis naturais da realidade*. O legado romântico manteve o privilégio do *ego*, considerando que sua expressão tem uma dupla face: ressalta a singularidade do autor e, através dele, a presença da sociedade.

Sem recorrer aos nomes dos pensadores responsáveis, porque isso requereria um espaço que não nos concedemos, a *imitatio* moderna tem por fonte o domínio do científico e não a configuração formal em que se fundava sua origem grega. *Anankè*, o necessário, continuou interditado, porque desconhecido, mesmo quando o suposto não questionamento da realidade natural ou social perdeu seu crédito. Ora, quando Abel Baptista escreve que, em *São Bernardo*, a recordação de Madalena por Paulo Honório se dá com os "verbos no presente (que) dão conta do passado no presente", o que faz ele senão alcançar a configuração formal decisiva para declarar o que se impunha ao proprietário saudoso e culpado pela morte da companheira incompreendida? A saudade e a culpa eram verossímeis, mas o emprego dos verbos no presente para dizer de uma cena passada é parte de um *necessário* impossível de ser negado pelo personagem Paulo Honório. A linguagem então *corrige* a memória. Aristóteles é reatualizado, com a exclusão de seu arsenal metafísico.

Com isso quero dizer: para irmos além da estaca zero ou de soluções incompletas, impõe-se repensar a categoria da *mímesis*. Por certo, não na tentativa de restabelecer o pensamento aristotélico, quando nada porque a cosmologia grega não poderia ser refeita em tempo de dimensões tão diferenciadas, senão por sua capacidade de servir de ponta de lança em ambiência tão distinta. *Anankè* então se torna um verdadeiro ponto de partida para um *work in progress*. Não se discute que as dificuldades de levá-lo adiante são manifestas. Desde logo, porque as bases do pensamento ocidental têm se desenvolvido na Europa, e, ao menos até agora, o *scholar* europeu não está convencido de que deveria pôr em discussão o que seu mais brilhante Romantismo havia alijado, a indagação mesma da *mímesis*, considerando-a substituível pela *expressão* do sujeito criador. Em segundo lugar, porque à nefasta sinonímia entre *mímesis* e *imitatio* se acrescenta a *imitatio* motivada pelo capitalismo industrial, nas décadas mais recentes, provocadora do domínio mediático, e, pior ainda, por sua adoção pelo tristemente lembrado Realismo socialista. Em terceiro, porque o desenvolvimento que o princípio da *mímesis* precisará receber depende de uma reflexão que opere dentro da linguagem, e esta se tornou objeto de uma ciência, a linguística, que, por seu próprio recorte científico, parece pouco apropriada a uma indagação que antes exigiria uma formatação tanto filosófica quanto transdisciplinar. Por isso, parece pouco propício considerar a linguística seu local de indagação privilegiado. (Não cabe aqui transpor essa dificuldade para o *Mimesis: A representação da realidade na literatura ocidental* [1945], de Auerbach. Essa é a grande obra que, modernamente, operacionalizou o termo grego, conquanto seu embasamento filológico, ainda distinto da abordagem linguística, não tenha imposto a seu autor a aproximação com a reflexão filosófica e transdisciplinar.) Desse modo, ele permaneceu filiado à concepção da literatura como *imitatio*.

Essas são as dificuldades que, vislumbradas, continuarão a ser trabalhadas.

Primeira versão: Rio de Janeiro, setembro, 2014
Segunda versão: Rio de Janeiro, 2020

I

Os sertões: sua base discursiva

> "Dou-me conta de que esta conferência [...] acabou se ramificando em diversas direções, com o risco de se tornar dispersa"
>
> Italo Calvino, *Seis propostas para o próximo milênio*

1. *ANTE FESTUM*: NAVEGAÇÃO DO TEXTO

O texto que aqui se anuncia teve sua primeira versão em 1997, com *Terra ignota: A construção de Os sertões*. Sua meta consistia em discutir a afirmada dupla inscrição discursiva da obra maior de Euclides da Cunha, isto é, sua dupla validez historiográfica e literária. Sua discussão básica foi retomada em 2019, no prefácio que fiz à edição da Penguin/Companhia das Letras do clássico de Euclides, tornando-a bem concisa e um tanto mais incisiva pelo acréscimo de documentos e raciocínios antes desconhecidos.

A reiteração ainda não resolvia o problema, fosse porque dispunha de um espaço estrito, fosse, sobretudo, porque a questão não podia ser resolvida pela análise isolada de uma única obra. Com efeito, o que se concentrava na abordagem da obra de Euclides continha uma variedade de aspectos, que abrangia, no lado nacional, o contexto sócio-histórico entre as décadas finais do século XIX e o começo do XX, e, em sentido mais amplo, a questão multissecular da *mímesis*. Noutras palavras, sem que disso tivesse plena consciência, já ao surgir, *Terra ignota* fazia parte de uma demorada indagação, que começara com *Mímesis e modernidade* (1980), cujas peças continuariam a ser indagadas e que ainda não continham sua parte mais fecunda.

Visto por esse aspecto temporal, o livro de 1997 abria um caminho que era traçado pela metade: isolava *Os sertões* para melhor discutir, a partir de seu relacionamento com o que formulava como discurso da *mímesis, a ilegitimidade de entendê-lo como obra duplamente historiográfica e literária*. Parece ocioso acrescentar que, provavelmente, assim o fazia movido pelo desejo de acrescentar um resultado prático a uma indagação abstrata.

Para perceber o muito que faltava, não sucederam em vão os mais de vinte anos desde então passados. Para superar a falha inicial, o ensaio que se apresenta há de relacionar a questão pontual da dupla inscrição com a inserção de *Os sertões* no contexto brasileiro de seu tempo e, numa perspectiva mais ousada, com a cartografia da *mímesis*.

Não deixei de acentuar a aventurosa razão pessoal consistente em procurar concretizar a pesquisa que empreendia. Não o fazer mais largamente, contudo, não irá em direção contrária à consciência de aqui expor uma espécie de fecho que exigirá a penetração em um trabalho textual que, no estágio representado pelo livro de 1997, ainda remetia a uma etapa preliminar. (Como já foi dito, do estrito ponto de vista teórico de indagação da *mímesis*, o livro sobre *Os sertões* só tinha antes de si *Mímesis e modernidade* [1980] e *Vida e mímesis* [1995], nos quais me contentava em aprofundar a não equivalência da *mímesis* com a *imitatio*, embora sem ignorar que a questão esteve presente em tudo o que escrevi nesse entretempo – com destaque para os livros de 1984, 1986 e 1988, reunidos na *Trilogia do controle* [2003].)

Sem levar em conta passar a dispor de um texto que pode servir de apoio para outros momentos da pesquisa, o toque nos núcleos que se farão presentes nesta seção de abertura será imprescindível para que nela esteja a base a ser detalhada.

Passo ao primeiro núcleo: nada impede que, com independência de uma certa inscrição discursiva – filosófica, científica, pragmática religiosa –, uma certa obra também tenha um relevo literário paralelo. Se o admitimos, por que isso não se confunde com a dupla inscrição que tenho veementemente negado desde o livro de 1997? Os argumentos precisam ser bem especificados.

Se cogitarmos em obras dissemelhantes como *As confissões* de Agostinho e um ensaio de Pascal, será sensato acrescentar que a evidente força formal da linguagem de ambos intensifica seu efeito reflexivo, e não que as obras se bipartem em um rendimento filosófico e outro estético. Ao dizê-lo, automaticamente negamos que o efeito estético seja decorrente da associação de um ornamento verbal que se agregaria à força mental de um enunciado; que o estético devesse então ser confundido com uma espécie de divertimento para leitores sérios. Ainda que não seja enunciada, a dupla inscrição só estará justificada se se inferir a forçosa superposição da força de pensamento com o efeito estético. Ora, como a experiência estética é independente da reflexiva, científica ou religiosa, e não a sua companheira necessária, seria irrazoável entender a força concedida pela forma só a certas obras pertencentes a outro campo discursivo, e não a todas elas.

A distinção ganhará em nitidez ao acrescentarmos a caracterização da literatura. E aqui se acrescenta o segundo núcleo, sem que o primeiro seja abandonado – para que o leitor não se sinta perdido, assinalo que o terceiro núcleo só aparecerá bem adiante.

Diferentemente das generalizações que costumam ser atribuídas à literatura – expressão da alma criadora, condensação emotiva de que palavras e frases vêm a estar carregadas, linguagem refinada, porém capaz de mobilizar setores diversos da população etc. –, o território discursivo da literatura é formado por gêneros que têm em comum servir de campo para *sequências que conduzem a transgredir o que cada sociedade considera como constitutivo da realidade*. A literatura vive da intensidade com que seus gêneros, a partir da proximidade, maior ou menor, do plano do real, estabelecem com sua inclinação transgressiva. Sem essa inclinação, a literatura seria um comentário razoavelmente ameno do dia a dia, a crônica de um momento, o desfastígio de um desocupado sem obrigações de fidelidade histórica. Seus gêneros têm por função concreta e exemplar desautorizar a suposta onipotência da realidade; evitá-la sem converter seu resultado em um quebra-cabeça ocioso. É nesse sentido que tanto a prosa quanto a lírica são disposições ficcionais. Mas todo o mérito dos gêneros não converte a literatura em sinônimo de ficcional. Por maior que seja a força da lírica, do drama, da épica, do romance, a presença da literatura não exaure o território do ficcional, pois este ainda abrange outro âmbito. Ele é formado por obras que, com independência de um propósito primeiro, têm um brilho mais intenso e incomparável com o que sucede em congêneres de mesma inscrição discursiva. Ao longo das seções seguintes, serão lembrados os nomes de Nietzsche e Freud, como poderiam ter sido os de Pascal, Bergson e Lévi-Strauss. Sua excepcionalidade é explicada porque seus textos têm uma ressonância estética,[1] além de manter sua força

---

[1] Para que a distinção do estético ante o conceitual não se confunda com o aprioristico, mobilize-se a obra de poeta a ser ainda evocado, tomando seus versos em "Reconheceremos" como maneira de identificar a própria experiência estética:

Nós reconheceremos a mentira do sonho
Se assim o queres, Senhor.
Nós quebraremos o vidro da miragem,
Nós quebraremos o arco-íris da aliança com as flores
(Andresen, 1999a, p.227)

A generosidade do leitor permitirá que se assinale que a experiência estético-verbal é distinta da estético-musical, porque a última não dispõe do elemento semântico. A simpatia do receptor favorecerá que a formulação estabelecida no poema de Sophia de Mello Breyner se mostre tão expressiva quanto os primeiros acordes do Segundo movimento da Sétima Sinfonia de Beethoven, enquanto caracterização das duas experiências estéticas. Suas diferenças particulares, no entanto, encaminham para seu efeito comum na magnífica

filosófica, científica ou memorialista. É nessa acepção que falamos no sentido extenso da literatura. O que vale dizer que uma obra de qualidade literária não tem necessariamente um caráter ficcional, mas se dele não estiver investida será porque, em sua formulação, transparece uma cadeia de dominância conceitual. A tais obras diremos que, com independência da inscrição discursiva diversa que mantêm, são (também) *ensaios literários*. O ensaio literário participa da literatura, tomada no sentido extenso. Escolho como exemplos uma autobiografia e um livro de memórias, porque duvido de que alguém que os conheça os entenda como ficções ou negue sua qualidade literária. Destaco a autobiografia do frade trapista Thomas Merton, *The Seven storey mountain* (1948), e as memórias do antropólogo Claude Lévi-Strauss, *Tristes tropiques* (1955). Confundi-las com a literatura, no sentido restrito do termo, seria considerá-las equivalentes a *O pai Goriot*, de Balzac, ou a *Ulysses*, de Joyce.

Aparentemente, a distinção entre sentido restrito, de cunho ficcional, e sentido extenso da literatura é compreensível sem maiores esforços. Podemos pensar que sua dificuldade prática decorre da difusão do entendimento corrente da literatura como discurso acessível a qualquer um dotado de alguma sensibilidade, desde que seja um pouco mais do que alfabetizado. Na verdade, o estado de coisas é mais complicado por serem tantos os elementos envolvidos para que se capte o último marco contido no encerramento do percurso, o fenômeno da *mímesis*. Noutras palavras, a própria compreensão da ficcionalidade e sua diferença quanto à literatura, no sentido extenso, envolvem uma percepção diferencial da *mímesis*. O que equivale a dizer que as frentes acima referidas, a sociocultural e a da escuta ficcional, têm uma distinção em comum. Se a frente sociocultural tem o propósito de sublinhar a coletividade em que se integrava o perfil pessoal de Euclides, ela sofrerá uma inflexão significativa ao ser cogitada sob a perspectiva da escuta inventiva, *poiética*,

---

passagem: "Se o efeito estético significa o que advém ao mundo por ele, então ele é o não idêntico ao de antemão existente no mundo" (Iser, 1996, p.53).

e não mais reflexiva, conceitual ou simplesmente operacional, própria de técnica; a escuta inventiva não se estende além do sujeito singular; ao se repetir em um outro, não será completamente idêntica.

    Hesitei se deveria chamar essa seção de *ante' festum* para não prejudicar o caráter composicional que as demais seções do ensaio deverão constituir. Sua caracterização como *ante' festum* à composição aproxima tópicos que não se associavam automaticamente e supõe que a "festa" desfila os argumentos que demonstram a diferença entre ficcionalidade e conceitualidade, ao passo que o *ante' festum* procurou dar condições para que os argumentos a serem apresentados se tornassem de algum modo previsíveis. Para tanto, o ensaio em vista lançará mão de categorias e conceitos já utilizados nos textos que já haviam tratado de *Os sertões*, salvo um, o de mito, cuja importância só agora foi reconhecida. Lamenta-se sua inclusão tardia. Isso tornará o espaço analítico mais demorado. Mas a dificuldade será pequena.

    Do ponto de vista do conjunto, a presença do mito assinala que a entrada dos elementos decisivos não havia sido plenamente calculada. Apenas ressalto que a dupla inscrição, *que' se' nega*, decorre, por um lado, da insuficiência do modo como, com frequência, se entende a literatura; e, por outro, da compreensão mítica que *Os sertões* faz do país. A insuficiência na apreensão daquela e a complexidade do mito criam uma aberração que, em nome da seriedade dos estudos discursivos, haverá de ser combatida.

    Venhamos à condição constitutiva do *ante' festum*. A Seção 1 tem um propósito informativo. Visa dar a perceber que a questão posta a propósito de *Os sertões* supõe' *a operacionalização do sentido extenso da literatura*. Para tanto, pretende justificar por que o contexto do livro é tematizado ora por este, ora por aquele aspecto conceitual. As dificuldades que ela apresente serão abrandadas a partir da seção seguinte.

    Na busca por distinguir entre o propósito das seções, impôs-se uma diferença que requer uma explicação extra: se, no sentido extenso, a literatura não se confunde com abordagem ficcional e se o fenômeno da *mímesis* implica inventividade não conceituável, por que a maior obra euclidiana foi escolhida como ponta operacional daquele sentido extenso? A explicação imediata já deve ter sido percebida pelo leitor: para que assim seja negada a dupla inscrição que lhe tem sido atribuída. Esta nos incomodava e incomoda porque supõe investir a obra de uma *idêntica propriedade historiográfica e literária*.

Dizê-lo nos leva a uma segunda cadeia de explicações. Em termos necessariamente sumários, ela nos remete ao que fizemos a partir de *Mímesis e modernidade*. Desde 1980 até por volta de 2006, com *História. Ficção. Literatura*, estivemos basicamente presos ao fantasma da *imitatio*. Isso não significa que, em algum momento, tenhamos vacilado em estabelecer a equivalência da voz latina com a *mímesis* ou que acatássemos uma das tantas variantes que têm sido propostas. Empenhávamo-nos, sim, em diferençar as narrativas historiográfica e ficcional, no intuito de distinguir o plano da *mímesis* do de expressão dominante da realidade, partindo do suposto de que a *mímesis* se contrapõe a um pretenso Realismo literário.

Só em data bem recente não me contentei em reiterar que a *inventio* não tem por limite a expressão da realidade. Aqui entro no terceiro núcleo a explorar. Enquanto mantive a centralidade daquela solda, confiava em alcançar a peculiaridade desta ou daquela obra da *mímesis*, pelo exame analítico de autores como Sterne, Conrad, Beckett, García Márquez, Cornélio Penna, Paul Celan, em contraposição a formulações rotineiras. Direção mais eficaz encontrou impulso diverso em 2015, com *Eixos da linguagem*, e tem se desenvolvido em *Mímesis e arredores* (2017), *O insistente inacabado* (2018), *Limite* (2019), *O chão da mente* (2021).

Dedicado ao entendimento inicial da obra de Hans Blumenberg e, em particular, de sua metaforologia, *Eixos* foi decisivo para ousar além do que vinha até então fazendo. Não se pretende, por certo, que a conceitualidade deixe de ser inventiva (!), mas, sim, que sua marca original vise alcançar uma formulação, o quão abrangente possível, de todo o objeto a que se dirija, tornando-a unívoca. Generalidade e univocidade equivalem a declarar que *o conceito contém sua invenção na sua própria formulação*.

A ficcionalidade opera em sentido contrário. Sua formulação propõe, antes, uma pluralidade de leituras, que encontra na própria passagem do tempo um fator de fecundação, *sem que alguma leitura se confunda com a verdade*. A ficcionalidade afeta o próprio estatuto da interpretação. Por um lado, ela acentua sua permanente necessidade, por outro, torpedeia a compreensão de que alguma leitura seria definitiva.

A comparação do efeito do conceito e da ação da metáfora pelo ficcional nos faz perceber com maior clareza não só a indispensabilidade, mas também o limite da experiência mimética. Se ela, com efeito, abre horizontes e converte certezas do senso comum em interrogações antes inesperadas, em troca o texto ficcional conhece seu preço: *guardando do conceito apenas o esboço*, a *mímesis* pouco ensina, ou seja, pouco contribui para o aumento explícito do acervo cognitivo, a não ser, como já dito, por melhor iluminar o halo reflexivo que o conceito amplia.

Mesmo por nos encontrarmos próximos da fase mais recente, é ela que ressaltamos no esforço de conectar a indagação teórica com o exame operacional das obras.

Uma virtude do informativo, que forma o cerne desta seção, está em não se estender além do indispensável. Admito mesmo um tanto mais: não temer que o que nele se diga esteja próximo do redundante. Por conta da admissão, aceito estar consciente de que as linhas da seção inicial adiantam argumentos que reaparecerão nas seções seguintes.

Para diminuir a mim mesmo a distinção que estabeleci entre a seção inicial e as seguintes, concedo-me o direito de trazer para a argumentação passagem de poeta de minha particular estima.

Na terceira estrofe de "Poema", Sophia de Mello Breyner Andresen escrevia:

> Não tenho explicações
> Olho e confronto
> E por método é nu meu pensamento
> (Andresen, 1967, p.89)

A viva admiração pelos versos de Sophia não impede que, para manter "nu meu pensamento", esteja forçado a inverter a argumentação que desenvolvia e tenha, sim, de explicar o que digo e não só olhe e confronte. É provável que a discrepância seja bastante natural: em um poema, seu argumento não se desenrola do mesmo modo como sucede em uma prosa analítica.

Seja ou não suficiente a alegação, ter estabelecido a distinção da peculiaridade informativa desta seção serviu para sua rápida acolhida. O decisivo está em reiterar o seguinte: a conclusão que se procura esmiuçar e concretizar tem um caráter analítico semelhante ao das análises dos livros dedicados a prosadores e poetas. Se nelas o objeto destacado era a forma interna da *mímesis*, aqui o esforço vai contra a corrente da interpretação usual de *Os sertões*, que não é mais visto sob a suposição de que seja uma obra literária, ressaltando-se a potencialidade mítica de que está investida.

2. O MESMO E O OUTRO:
CONTEXTO INTERPRETATIVO DE OS SERTÕES

A bibliografia crítica sobre a obra maior de Euclides da Cunha só não é mais ampla que a consagrada aos romances da maturidade machadiana. Mesmo o sabendo, na homogeneidade de suas interpretações, chama-me a atenção o que se tem dito a propósito de sua dupla inscrição, historiográfica e literária. Para a compreensão da relevância prestada a seu reconhecimento, repita-se que consideramos que a manutenção da dupla inscrição depende de ser conservada a carência de estudos sobre o que é a ficção literária. Dela depende e, ao mesmo tempo, ajuda a mantê-la.

Grifemos a partícula aditiva: *Os sertões*, obra historiográfica e literária. José Veríssimo, na primeira resenha provocada por *Os sertões*, ainda levanta restrições ao exagero dos vocábulos científicos, mas, na recepção que se lhe segue, Araripe Júnior logo declara que Euclides lhe fizera reviver os "bons tempos" de leitor em que se lançava "perdidamente através dos romances de Dumas e Eugène Sue" (Araripe Júnior, 1966, p.91). Já então se afirmava a definição de Os sertões como "único, no seu gênero, se atender-se a que reúne a uma forma artística superior e original uma elevação histórico-filosófica impressionante e um talento épico-dramático, um gênio trágico como muito dificilmente se nos deparará" (ibid., p.92).

Desde então, o reconhecimento do talento épico-dramático e do gênio trágico concedia a Euclides o pleno direito de ser reconhecido como um escritor de primeira linhagem. Para um recente entusiasta seu, Ariano Suassuna, o título é ainda mais taxativo: Os sertões é, sobretudo, um romance. Bem antes, em 1952, Afrânio Coutinho, o futuro introdutor da teoria da literatura no Brasil, destacava na obra seu caráter de ficção. Acrescentaria que seu destaque era paradoxal se não soubesse que estava de pleno acordo com o que se pensava no Brasil sobre a literatura. A terminologia de críticos e ensaístas da literatura se encontrava em um processo de revisão, o termo "ficção" passava a receber uma conotação positiva e entrava em cena. Na verdade, a afirmação feita a seu propósito apenas mudava de lado – antes olhada com desprezo, era agora um *bijou* –, mas, no fundo, sua compreensão pouco se alterara, sem que uma razão forte a respaldasse; caso se perguntasse a um de seus defensores como a compreendia, provavelmente sua resposta remeteria ao bom senso nacional.

A partir de então, a combinação de história e literatura se assemelhará a uma propriedade natural: afinal, as duas não são narrativas? O título do capítulo 6 de *O enigma de' Os sertões* (1998), de Regina Abreu, "Um engenheiro faz literatura", expõe uma referência que soa mal não ser acatada. Sem pretender contestá-la ou por qualquer outro propósito crítico específico, Nélida Piñon tem o mérito de, indiretamente, chamar a atenção para a proximidade que a obra de Euclides estabelece entre o Brasil litorâneo e oficial, em face do interiorano, desconhecido; a diferença é exacerbada pelo advento da República, pois o

> novo sistema político, além de privar o povo da presença do imperador, impunha-lhe um vocabulário social permeado de uma

modernidade que ameaçava desestabilizar a realidade conhecida e agravar ainda mais a situação de penúria há muito estabelecida no país. (Piñon, 1995, p.12)

Para a introdutora da tradução de *O sertão prometido*, de autoria de Robert M. Levine, a figura de Antônio Conselheiro cercava-se de uma "matriz mítica" que lhe propiciava "elaborações que mais pertencem ao universo ficcional" e "consubstancia-se na criação de um mito nacional" (ibid., p.14). Isso equivale a dizer que, para aqueles que, na ambiência dos *Sertões*, se defrontam com a figura do Conselheiro, o termo "literatura" estaria bem próximo, se não indiferenciado, do mítico e, por extensão, do religioso difuso, um e outro sempre prestes a serem confundidos com uma vaga e onipresente "literatura".

Sem termos atinado com a aproximação proposta por Nélida Piñon, indagávamos, em *Terra ignota* (1997), sobre o e' que, para os intérpretes de Euclides, aproxima estreitamente a História da literatura. Ao fazê-lo, estávamos conscientes de que nos contrapúnhamos a uma matriz estabelecida desde o início da recepção da obra euclidiana. Nem por isso prevíamos como a contraposição seria recebida pela comunidade de seus intérpretes.

Torna-se fácil constatá-lo desde *A imitação dos sentidos* (1995). Em seu começo, Leopoldo M. Bernucci refere-se à *Terra ignota* como um ensaio que daria "outras direções" aos "temas da literariedade e ficcionalidade" (Bernucci, 1995, p.19). O próprio Bernucci não se propunha a assumir tais direções diversas, só explicitando sua posição anos depois, ao discutir as teses de *Terra ignota* em "Cientificismo e aporias em *Os sertões*".[2] Em *Imitação dos sentidos*, o autor antes se aproximava da concordância com Ronaldes de Melo e Souza, para quem *Terra ignota* propunha "a tese da concepção totalista da ciência euclidiana", a qual "permanece indemonstrada, porque pressupõe a indemonstrável mentalidade positiva e cientificista de Euclides" (Melo e Souza, 2009, p.57). Por conseguinte, nada impediria o texto euclidiano

---

2 Cf. Bernucci (2008, p.23-39).

de ser uma obra histórica e, ao mesmo tempo, literária. O que equivale a dizer: no intervalo entre a tese exposta em *A imitação dos sentidos* (1995) e *A geopoética de Euclides da Cunha* (2009), mantém-se intacável a dupla inscrição historiográfico-poética de *Os sertões*.

Até porque a divergência discursiva entre as duas modalidades tem sido reivindicada por mim – vale retornar ao debate de ideias. (Digo debate e não polêmica.) Ao contrário do que fizemos em 1997, quando analisamos o texto de Euclides de modo isolado, optamos por um contexto mais amplo a fim de mostrar que seu cientificismo esteve longe de ser uma escolha individual. Cabe então, desde logo, relembrar que o próprio Euclides discordava que seu livro mantivesse, no mesmo plano, as dimensões científica e poética. Em *Terra ignota*, já se chamou a atenção para passagem de sua carta a Veríssimo, em resposta que ia bastante além dos aspectos dos quais o crítico discordara. Euclides formulava nada menos que a maneira como acreditava que a literatura havia de estar subordinada à indagação científica:

> Sagrados pela ciência e sendo de algum modo, permita-me a expressão, os aristocratas da linguagem, nada justifica o sistemático desprezo que lhes votam os homens de letras – sobretudo se considerarmos que o consórcio da ciência e da arte, sob qualquer de seus aspectos, é hoje a tendência mais elevada do pensamento humano. [...] O escritor do futuro será forçosamente um polígrafo; e qualquer trabalho literário se distinguirá dos estritamente científicos, apenas, por uma síntese mais delicada, excluída apenas a aridez característica das análises e das experiências. (Cunha, 1997b)

Com independência da previsão (não cumprida) sobre o futuro dos discursos, a clara hierarquia afirmada – à ciência cabe a primazia, o "trabalho literário" terá a função de tornar aprazível um texto que, do contrário, será árido – que o autor tinha em mente continua ignorada de seus intérpretes, que antes preferem uma passagem sua que realça a dimensão ética à de ordem discursiva: "Serei um vingador e terei desempenhado um grande papel na vida – o de advogado dos pobres sertanejos assassinados por uma sociedade pulha, covarde e sanguinária" (Cunha, 1997a).

Ao contrapormos a seus intérpretes o modo como o próprio Euclides reconhecia a presença da literatura em sua obra, seria risível pensar que nossa posição fosse a correta porque estivesse de acordo com o que o autor considerava. Sobretudo na obra ficcional, alguém ser seu autor não dá a este o privilégio de julgar corretamente o que fez. Se assim sucedesse, a interpretação seria uma excrescência, e a chamada crítica estaria reservada a escritores fracassados. Procuramos, sim, mostrar que a interpretação corrente de *Os sertões se relaciona diretamente ao modo como a literatura era lida e continua dominantemente a ser lida entre nós*. Nos termos precisos de Flora Süssekind, desde as décadas de 1830 e 1840, a literatura era tomada como uma "enciclopédia de pequeno porte" (Süssekind, 1990, p.90), um vale-tudo em que se misturavam contos e cartografias, a sublimidade da natureza pátria, roteiros e relatos de viagem, passagens romanescas que se abriam em transcrições historiográficas, junto com seção de variedades e sobre venda ou fuga de escravos, tudo devidamente tratado em linguagem coloquial e sempre ressaltando a mais santa verdade.

Não se cogita de assinalar algum determinismo antecipado, mas de apontar uma direção coerente com aquela cujos padrões de exegese continuam fundamentalmente os mesmos. Foi o motivo pelo qual, em vez de nos prendermos ao contexto estritamente intelectual do autor, recorreu-se a seu contexto sociopolítico. O contexto intelectual se restringia aos amigos que o auxiliavam na cata de bibliografia ou com seus préstimos profissionais; contexto paupérrimo não porque Euclides trabalhasse no interior de São Paulo, mas porque lidava com um país que, desde os primeiros anos da Independência, se contentara com um aparato educacional altamente deficiente. (Diga-se de passagem: *O Brasil não é longe daqui*, de Süssekind, oferece um tal número de comprovações, quer da miscelânea dos produtos literários, quer da carência de escolas, que o livro se converte na sede comprovadora de alguns de nossos maiores males.) Se sobrevivermos à asfixia cultural promovida pelo autoritarismo boçal hoje no poder e pudermos voltar a pensar em um projeto pedagógico nacional, o livro de Flora Süssekind será uma das obras que terão de ser mais longamente trabalhadas.

A opção pelo contexto referido explica a função do mote "O mesmo e o outro" para esta parte do presente ensaio. O "mesmo" aponta dados que já se fizeram conhecidos pelos historiadores e sociólogos citados. Até porque não se dirá nada de novo sobre o contexto sociopolítico, pode-se concluir que parte deste ensaio seria dispensável. E a própria tese em que nos empenhamos terá sua parte ainda inédita revelada com facilidade caso disponha da boa vontade de uma parcela significativa de leitores.

Talvez as duas conclusões sejam apropriadas. A justificação do que aqui se faz está nos recortes pelos quais é chamada a atenção para o modo como a literatura, nestas primeiras décadas do XXI, permanece em geral vista entre nós; apenas as designações são frequentes, literatura-documento e literatura-testemunho parecem inovadoras.

Não custa antecipá-lo: ainda no fim do século XIX, com mínima diferença para os dias que correm, ela era o discurso de validez geral, ou seja, acessível à pequena margem letrada de uma sociedade que não perdera os hábitos de uma sociedade escravocrata e em que o avanço social pouco dependia da capacidade intelectiva dos agentes individuais, ao lado da desconfiança que o público médio mantinha quanto à produção intelectual. A permanente negatividade com que o público considera os agentes pensantes implica a permanência da "associação entre o projeto de uma literatura nacional e um reiterado compromisso com a instrução", se também não continuar verdadeira a "aceitação tácita por parte do leitor do papel de 'aprendiz' que aí lhe é atribuído" (Süssekind, 1990, p.92).

Uma certa distinção dar-se-á com o impacto do Modernismo propagado por Mário de Andrade. Ela será evidente na construção sintática, com a preferência por formas de construção menos grandiloquentes. Mas a ênfase no nativismo e na força atribuída às manifestações folclóricas como integrantes de uma essência nacional, reiteradas por Mário de Andrade, apenas exacerba o que já era propagado pelas primeiras manifestações literárias nacionais. Lamentavelmente, o seu *Macunaíma* e mesmo muitas de suas críticas[3] não chegaram a ser alternativas à teorização do Modernismo brasileiro. O lamento aumenta quando se pensa que a extraordinária capacidade intuitiva de Oswald de Andrade foi prejudicada por sua vida dispersa.

3. SITUAÇÃO SOCIOPOLÍTICA DA REPÚBLICA VELHA

Os manuais costumam fazer crer que o golpe militar inaugurador da República iniciou um regime não só politicamente novo. Ao fazê-lo, não se indagam se, em um golpe cumprido em poucas horas, a possibilidade de tamanha descontinuidade seria viável. A contestação não demora. Já nos primeiros anos republicanos, o monarquista Eduardo Prado escrevia: "O regime republicano que depôs uma dinastia vai insensivelmente criando outra" (Prado, 2003 [1890], p.41). Em data mais recente, Robert M. Levine constata o que a descrição usual não tolera:

> O colapso da Monarquia em nada alterou o antigo consenso da elite segundo o qual uma grande participação popular era impensável, além de se considerar avessa aos da nação a mera existência de movimentos autônomos não submetidos ao controle do Estado. (Levine, 1995, p.40)

O destaque implícito da oligarquia evidentemente não era inédito. Já ao fazê-lo, Edgard Carone assinalava que tanto o argumento da descontinuidade republicana quanto o da continuidade do mando do poder eram igualmente parciais: o Encilhamento, decorrente da busca por assegurar crédito fácil às empresas, divulgado como obra do primeiro ministro republicano das finanças, Rui Barbosa, já tinha tido um antecedente

---

3 Cf. *Aspectos da literatura brasileira*, 1943.

monárquico: "O Encilhamento liga-se organicamente às medidas tomadas pelos gabinetes João Alfredo e Ouro Preto" (Carone, 1975, p.102). "A República é uma ampliação de poder [da oligarquia], pois a quebra do Poder Moderador permite que eles próprios escolham seus representantes em todos os graus" (ibid., p.154). "Isso entretanto não significa que o poder oligárquico se mantivesse idêntico a si mesmo: socialmente, a Primeira República é época de transição entre dois períodos, um mais estável e estagnado, outro mais dinâmico e de estrutura de classes mais definidas" (ibid., p.147).

Embora a forma de poder seja a mesma, a discrepância não é adjetiva. O poder oligárquico, com a transformação do regime escravocrata em mão de obra, dita livre, perde a dominância rural que tivera com o açúcar no Nordeste para, em seguida, se identificar com a indústria urbana, sem que perdesse seu marco mental, "antiliberal e autoritário" (ibid., p.154), e, mesmo recentemente, enraizado na propriedade territorial: "Até 1930, a burguesia se atrela às classes latifundiárias, e suas dissidências não significam senão uma luta entre irmãos siameses" (ibid., p.171). Há então alguma mudança, embora mais relativa do que levam a supor os qualificativos "estável" e "dinâmico". Mostram-no, no plano econômico, o Encilhamento, e no político, a presença oligárquica.

A designação "Encilhamento" refere-se ao decreto de 24 de novembro de 1888, que designa a política de crédito fácil, "com a pluralidade de emissões bancárias" (ibid., p.103). Já se destacou que o decreto assinado por Rui Barbosa fora antecedido por ministérios do fim da Monarquia, cuja motivação em comum era a necessidade de capital em curso para o pagamento de salários,[4] consequente ao fim da escravatura. Aqui, não importarão as modificações sofridas pelo decreto nos meses próximos seguintes quanto à autorização dos bancos responsáveis pela emissão de papel-moeda[5] e que prossegue ainda às vésperas da guerra de

---

4 Cf. Faoro (1975, v.II, p.501).
5 Cf. Carone (1975, p.105, 109) e Ventura (2003, p.93).

Canudos.⁶ É suficiente assinalar que as mudanças se relacionam à febre especulativa que encontra seu auge entre agosto e outubro de 1889;⁷ crise provocada por uma medida que tivera por meta identificar a República com o incremento da indústria e cujo fracasso provoca a renúncia de Rui ao cargo, catorze meses depois de assumi-lo.

Dentro das poucas informações que aqui se resgatam, merece particular destaque as que se retiram de um livro pouco divulgado, *O Brasil em 1884*, de um professor francês, morto ainda bastante jovem. Por sua data, verifica-se que suas anotações cobriam período de pouco antes da abolição. As observações se destacam por insistir na relevância que dava o autor à política da migração. São pouco conhecidas as cifras globais: Louis Couty encarava "uma nação de 11 milhões de habitantes, dos quais apenas 200 mil deliberam e governam e apenas 2 milhões trabalham e produzem [...]" (Couty, 1984, p.70). Dentro do número global, ainda importa o dos "camponeses mestiços": "São mais numerosos que os escravos, dos quais frequentemente descendem. Outrora constituíam a gente dos grandes proprietários com o nome de 'agregados'. São menos que cidadãos, pois não são nem eleitores, nem consumidores, nem produtores (ibid., p.81)".

Não estranha que o autor se batesse por uma política migratória, a ser firmada por "leis melhores sobre a hipoteca e sobre a transmissão de terras" (ibid., p.112), contra as quais se empenhava parte dos oligarcas: "No Brasil, o contratante é cidadão, eleitor, grande proprietário e influente; o contratado é estrangeiro e não lhe são concedidos os mais elementares direitos políticos ou municipais" (ibid., p.32).

Daí, antes mesmo da abolição, a situação de crise das fazendas de café, com seus proprietários dependentes dos comissários que, nos portos de Santos e do Rio de Janeiro, estocavam o produto que compravam.

---

6 Cf. Carone (1975, p.113).
7 Cf. Carone (1975, p.107).

Da síntese de Couty, ressalto que a pequena parcela da população economicamente ativa era de proprietários ou de seus descendentes, já associados a profissões liberais tradicionais, sem que houvesse maior diferenciação de interesses entre seus agentes. Isso equivale a declarar: a mínima parcela do que se chamaria de *intelligentsia* nacional não se distinguia, efetiva e ideologicamente, da oligarquia. (Isso permanecerá decisivo na fundação das universidades, que só aos poucos, e relativamente, se desvencilharão de um reacionarismo latente ou efetivo.) A declarada *intelligentsia* compreendia os chamados "bacharéis", a que, com a República, se incorporarão, nos termos de Eduardo Prado, os "bacharéis da espada". Tudo isso explica que à referência ao Encilhamento haja de seguir-se a menção mais extensa à oligarquia. Seu domínio era absoluto. Ao lado da facção dominante continuava a florescer a que estava fora do poder: "Os políticos, vencida a fase militar do regime, construíram oligarquias e contraoligarquias também oligárquicas. Grandes e pequenos Estados se aliaram e dissentiram, para a guerra das vantagens dos grupos dirigentes" (Faoro, 1975, v.II, p.611).

Qualquer que fosse o nome no poder, já estabelecido ou novo, nada mudava na exclusão da maioria da população. Ao tipo de mando correspondia a manutenção de uma linguagem pomposa e vazia. Dawid Danilo Bartelt, um dos autores que destacamos, exemplifica o cenário com o fim da guerra de Canudos:

> Prudente de Morais aproveitou a vitória de Canudos e a autoridade plena do cargo de Presidência para exaltar concepções básicas como "civilização e razão", "justiça e lei", "ordem e progresso", "paz" e principalmente "República". [...] A vitória seria a da República 'vigente' e implicaria a tarefa de dar continuidade a esta. (Bartelt, 2009, p.227)

A proclamação eloquente e oca só foi pontuada pelo inesperado assassinato do ministro da Guerra, que se sacrificou para salvar o presidente, trazendo para o governo no poder a consequência de reverter a balança que até então corria em favor de seus oposicionistas.[8] Mas a mudança efetuada seria de pouca monta. A balança que até então se inclinava em prol dos "florianistas", isto é, pelo retorno dos militares, volta a pender à oligarquia civil quando o domínio paulista do mando executivo incorpora Minas Gerais na alternância do poder. "A partir de então, o cargo de presidente era ocupado, ora por um grupo político, ora por outro" (ibid., p.230).

A contextualização mais ampla do espectro político foi empreendida por Edgard Carone. Ao historiador paulista são devidos dois esclarecimentos decisivos: "Ao sentido primitivo da palavra *oligarquia* – governo em que a autoridade está nas mãos de poucas pessoas – juntou-se, no Brasil, um conceito mais específico: o de governo baseado na estrutura familiar patriarcal" (Carone, 1975, p.268).

Dada a concentração do poder no âmbito familiar, mantida desde os engenhos de açúcar, no Nordeste, o fenômeno oligárquico se manifesta indistintamente nas dimensões federal, estadual e municipal: "O oligarca [...] é um coronel como qualquer outro – ou um representante dele – que se mantém pela liderança, pelo autoritarismo e pelos favores que concede a seus aliados" (ibid., p.269-70).

Quem não convive diariamente com essa realidade pode perguntar como, ante a exigência das eleições, funciona o monopólio familial. A questão será formulável apenas se se desconhecer o contexto em que as eleições se realizavam e continuam a se realizar:

> O controle do coronel é total em seu município ou zona. É natural que entre estes coronéis existam temperamentos mais ou menos amigáveis. A sua liderança significa domínio, e o desrespeito às regras pode levar, também, à quebra do seu status e ao seu desprestígio. O termômetro da sua afirmação regional está no *voto* popular. (Ibid., p.254)

---

8 Cf. Bartelt (2009, p.228).

Tendo as linhas anteriores sido escritas 44 anos depois da publicação de *A República velha*, a mudança menor a registrar agora concerne ao modo como a manipulação eleitoral se dá: ela pode poupar o coronel ou seus agentes pessoais, pois passa a ter um intermediário decisivo: a persuasão mediática. (Recentemente, a persuasão televisiva conheceria um revés inesperado: combinando-se ao poder crescente das igrejas evangélicas e da judicialização da política, na mais recente eleição nacional foram eleitos candidatos cujo direitismo excedeu o que a própria mídia favorecia.) Com ela, contemporaneamente, uma outra família se acrescentou à geografia dos oligarcas.

A relativa mudança incorporada nas décadas mais recentes não impede que sua sombra já desde antes se projetasse. Basta-nos umas mínimas referências. A relacionada a Canudos acentuava o pretenso caráter monarquista da insurreição de Conselheiro. Ela não só fora criada pela imprensa como era incrementada pela correspondência enviada aos jornais por militares de alta patente, participantes da quarta expedição. Para não entrarmos em detalhes ociosos, lembremos apenas as notas do comandante da quarta expedição, o general Artur Oscar: "Sempre que possível, Oscar boicotava o governo, mandando informações sobre o curso da guerra, por telegrama, à esposa no Recife, ao jornal *O Paiz* e a alguns políticos da oposição" (Bartelt, 2009, p.224).

Sua intervenção era provocada por estar ele ligado à oposição dos jacobinos. Seu parcialismo mostra-se explícito no informe ao jornal:

> Não tenho em mãos nenhum despacho relativo a remessas de munição enviada para a capital deste estado aos bandidos, nem me consta que o haja. Mas aguardo a hora da ocupação completa da cidade para tirar do arquivo a prova eloquente dos planos de restauração pela qual sob o rótulo de *novos cristãos*, alojados numa igreja, que é a muralha que os protege. (Apud Galvão, 1974, p.69)

Mais que o desconhecimento da realidade religiosa sertaneja que levava Conselheiro a identificar a República com a heresia, era a arrogância do oficial superior que o levava a afirmar que encontraria as provas do que queria quando o inimigo estivesse destroçado. Nada disso é hoje objeto de controvérsia; nem por isso é menos arbitrária, no próprio instante do combate, a prevalência que era exercida na cobertura jornalística. A ela recorremos não para ainda a asseverar, mas para destacar um aspecto da forma discursiva vigente. Seríamos, porém, tão arbitrários quanto o noticiário da época se não destacássemos trecho do correspondente do *Diário de Notícias* referente ao fim da resistência:

> Não há tinta para pintar nem qualificação real a dar à cena que todos nós presenciamos. Casas desmoronadas, o incêndio lavrando por toda a parte, baús abertos com roupas e diversos objetos carbonizados, fossos medonhos, cadáveres queimando, montes e montes de cadáveres, uns tendo as mãos postas, outros estorcidos... Dizendo o que são estes homens, ninguém acreditará. (Apud ibid., p.138)

Ao desmentido do caráter monarquista da insurreição corresponde a formação de outro *tópos*: a extrema bravura dos que foram sacrificados. Um e outro *tópos* serão incorporados à mesma frase bacharelesca, ou seja, reverberarão como fogos de artifício. O segundo *tópos* terá a mesma importância para compreender se o contexto discursivo de *Os sertões*. Antes de virmos a ele, debrucemo-nos um instante no arraial de Canudos.

Sua história começa antes da fundação do povoado de Belo Monte. Por ela, é responsável Antônio Vicente Mendes Maciel, mais conhecido por Antônio Conselheiro (1830-1897), que, desde por volta de 1870, pregava no interior nordestino. Seu catolicismo rígido, estrito e estreito se difundiu pelo interior do Ceará, de Sergipe e da Bahia, e, além das pregações, se cumpria na ajuda à reforma de igrejas e cemitérios e pela oposição às medidas republicanas do casamento civil e ao registro de mortos e nascimentos, considerados antagônicos aos preceitos cristãos (abundância de detalhes em Sampaio Neto, 1986). Conselheiro ora tinha o apoio de párocos locais, ora a antipatia deles. A ambiguidade desaparece diante de decisão da hierarquia eclesiástica, que, em 1882, o proíbe de pregar. Concorde é, de sua parte, a atitude da polícia, que lhe é adversa e chega a prendê-lo, obrigando-o a migrar de seu estado natal, assim como a oposição dos fazendeiros, que pragmaticamente temem que deles se retire parte da mão de obra. Em 1893, Antônio Conselheiro fixa-se em Belo Monte, próximo a Canudos. A situação geral da massa interiorana era bem descrita por Robert M. Levine:

> De 80% a 90% dos residentes não sabiam nem ler nem escrever e praticamente nenhum fundo existia às escolas. A cobrança de taxas sobre a terra ou não existia, ou era tão insignificante que chegava a ser inútil. A população do sertão, mesmo nos centros urbanos, era bombardeada pela disputa contínua acerca de questões como a propriedade da terra e o poder, travada, normalmente, por clãs rivais há décadas, ou mesmo séculos, divididos por hostilidades sanguinárias. Funcionários do governo viviam preocupados com o problema das propriedades potencialmente férteis deixadas improdutivas por senhores ausentes, enquanto grande parte da população rural permanecia sem terra. (Levine, 1995, p.128)

Ou seja, a unidade das autoridades em prol dos proprietários era provocada pela simpatia popular de que gozava Conselheiro. O carisma de Conselheiro crescia por sua vida ascética e sua profunda seriedade. Assim, religiosidade e falta de proteção da população o traziam para seu lado:

> A guerra já acompanhava a vida de Belo Monte mesmo antes de eclodir, três anos e meio após a fundação do arraial. O arraial surgiu precisamente como refúgio, após o embate com a polícia em Massété. Desde o início, os responsáveis preparavam Belo Monte para a defesa, pois tinham consciência de que um dia o lugarejo seria atacado. (Bartelt, 2009, p.73)

É proveitoso comparar a figura de Conselheiro à de um contemporâneo igualmente residente no interior cearense, o padre Cícero Romão Batista (1844-1934). Também pregador de um catolicismo rígido, veio a contar com oposição entre as autoridades eclesiásticas. Mas as atitudes de um e outro são contrárias, e a explicação, bem evidente. Diferentemente de Antônio Conselheiro, o padre Cícero era proprietário de terras e gado, condição que lhe servia de tráfico para suas alianças políticas ora com o governo, ora com o cangaço.

Sem deixar de ser correta, a oposição entre os dois religiosos é mais literal, a princípio, do que com o passar do tempo. Conselheiro, indubitavelmente, era um místico de religiosidade bastante conservadora – no contexto em que viveu, seria impossível pensar noutro tipo. Seu êxito em arregimentar milhares de seguidores se explicaria apenas pela extrema convergência religiosa. Dawid Danilo Bartelt distingue-se entre os analistas ao reconhecer que Conselheiro: "Não almejava poder político, mas, do ponto de vista estrutural, a melhor maneira de descrever seu papel, a partir dos anos 1890, é equipará-lo a um coronel – em princípio sem terras, mas, depois de 1893, dispondo de propriedade de fato e com uma parentela crescente" (apud ibid., p.39)

Para explicar o interesse que mobiliza, a figura institucionalizada do coronel serve mais de ajuda indicativa de aproximação efetiva. O conservadorismo das práticas religiosas de Conselheiro – evidente na questão do casamento civil ou, de um ponto de vista mais superficial, na restrição aos trajos femininos – não o impede de estar atento aos problemas sociais cotidianos dos que o cercam: "Em 1893, foi representante de um movimento de protesto contra nova onda de impostos sobre feiras do interior" (ibid., p.41). Sua oposição à cobrança de taxas abrange por extensão o comércio de gado.[9] A escuta que ele prestava aos interesses da sociedade sertaneja estava longe de chegar ao governo estadual da Bahia, muito menos ao federal. Só mediante tal descaso é possível entender a monstruosidade das

---

9 Cf. Bartelt (2009).

decisões que conduzem à guerra, monstruosidade que crescerá a cada uma das quatro expedições.

A primeira tem lugar em novembro de 1896 e consta de uma tropa de cem soldados estaduais, sob o comando de um tenente, que, em Uauá, enfrenta um grupo de conselheiristas. Três anos eram passados do enfrentamento em Masseté quando os canudenses respondiam à não entrega de material que já havia sido pago para a construção da igreja local. A vitória que se supunha fácil terminou com a derrota da tropa policial:

> Algumas testemunhas relataram que o rebanho, empunhando [...] rosários de coco, estandartes religiosos e uma grande cruz de madeira, estava longe de ser belicoso. A polícia [...], exausta após noventa dias de caminhada, atirou sem sequer um aviso ou uma provocação. Os camponeses usaram galhos de árvores, velhos rifles, ferramentas de fazenda, facas, barras de ferro e chuços para se defender. (Levine, 1995, p.222)

A notícia, agravada pela desproporção das forças, chega ao governo federal, que, em janeiro de 1897, prepara uma tropa de 450 homens, sob o comando de um major. Conquanto seus membros já estivessem mais bem preparados, são igualmente desbaratados. Cabe então à imprensa difundir a notícia de que se trata de uma sublevação de origem monarquista. Apenas cessado o hiato militar na Presidência da República, Prudente de Morais propõe-se um desfecho conclusivo. Nomeia o coronel Moreira César, famoso pelos massacres que promovera no Sul, para chefiar 1.300 soldados. O comandante e seu substituto, entretanto, são mortos em combate, e a terceira expedição tem o mesmo destino. Ferida em seus brios, a República civil envia, em março de 1897, a quarta expedição, sob o comando de um general ligado à reação florianista. O próprio ministro da Guerra, o marechal Carlos Machado de Bittencourt, faz parte da expedição, sem interferir no comando, reservando-se a organização do abastecimento e da comunicação das tropas em combate. "O Exército empregou contra Canudos, de 1869 a 1897, equipamento bélico atualizado, carabinas Mannlicher, metralhadoras Nordenfelt, canhões Krupp e bombas de dinamite. Foi uma guerra de extermínio [...]" (Ventura, 2003, p.170).

Ainda assim, a vitória repetidamente anunciada e reiterada, inclusive pela cobertura jornalística de Euclides, só se consolida quando os casebres de Canudos estão em chamas ou em ruínas. Só então noticia o correspondente da *Gazeta de' Notícias*, em 8 de outubro de 1897: "Enfim, está acabado" (apud Galvão, 1974, p.207). Isso não impedirá que, mesmo no fim do combate, permaneçam graves as perdas da tropa federal. Conforme o correspondente da *Gazeta de' Notícias*, "depois do assalto do dia 1º, em que perdemos 544 bravos, entre mortos e feridos, tendo destes falecido muitos depois, compreendi que a campanha estava terminada [...]" (ibid., p.208). Havendo permanecido no campo de batalha, Favila Nunes tem o mérito de reconhecer que não foram encontrados sinais do pretenso conluio monarquista: "Canudos teve a vantagem, a conveniência de revelar isto: Antônio Conselheiro era simplesmente um fanatizador e viveu com seus fanatizados, única e simplesmente, exclusivamente de seus próprios recursos" (ibid., p.223).

Seria excessivo requerer que o jornalista reconhecesse que o último clichê encontrava seu começo. A publicação das pregações de Conselheiro, por alguém que fora cirurgião da terceira expedição, em março de 1898, demonstra que o proclamado monarquismo apenas expressava sua obediência ao que considerava ser a ordem recebida do divino: "A República é o ludíbrio da tirania para os fiéis. Não se pode qualificar o procedimento daqueles que têm concorrido para que a República produza tão horroroso efeito. [...] É evidente que a República permanece sobre um princípio falso e dele não se pode tirar consequência legítima" (Conselheiro, 1898, p.176-7).

Enfatiza-o o comentário incisivo de Dawid Bartelt:

> A fundação de Canudos criou um espaço social livre destinado a um projeto religioso, um espaço situado na área de influência dos coronéis. Maciel não conseguiu fazer com que esse projeto

durasse muito tempo. Violou códigos particulares de poder no sertão, mas sem questionar os princípios da ordem estabelecida. (Bartelt, 2009, p.89)

O "fanatizador" rompeu por um curto período o poder viciado da oligarquia. O domínio da oligarquia local retornará por tempo bem mais longo:

> A "política dos governadores" consolidou até 1900 um sistema em que a lealdade mútua entre governantes em todos os níveis do poder era a condição determinante e o recurso que marginalizava a oposição política, de tal modo que só por meio da manipulação e da violência a oposição conseguia chegar ao poder. (Ibid., p.49-50)

Uma última reiteração: é incontestável a validez da anotação de Edgard Carone: "Este ramo das classes liberais – advogados, médicos – representa no Império, e até certo momento da República, uma continuação do poder territorial" (Carone, 1975, p.178). De modo ainda mais concreto: "O que une os paradigmas [...] é que recorrem explícita ou implicitamente a um paradigma duplo e superior de 'verdade' e 'normalidade'" (Bartelt, 2009, p.98).

Procuro em um rápido parêntese uma formulação mais contundente. Limitando-me a observações de Bartelt, presto homenagem ao analista que antecipa o ponto de vista a ser ressaltado. Considere-se como o sertão era apresentado em décadas próximas à guerra ou em sua duração. Os textos se referem

> à prisão de Maciel em Itapicuru, em 1876, mas quase sempre deixam de mencionar que sua inocência foi provada. Conseguem credibilidade com estereótipos do discurso da ordem do Estado ou da "segurança pública". [...] E a matriz interdiscursiva dá prosseguimento ao discurso sobre o sertão: a violência e a "energia criminal" da população sertaneja integram os paradigmas fundamentais. (Ibid., p.103)

Contra a permanência, que significação tinha a mudança de regime? Esta afetava apenas a ordem política formal, o dia a dia permanecia guiado pelas mesmas práticas.

Sem que fosse impossível a Euclides escapar de tais armadilhas, era ainda mais difícil neutralizá-las sem dispor de um meio intelectual, qualitativamente de ordem complexa e quantitativamente saliente. Pela abordagem comparativa de *Os sertões* com sua correspondência — a vida como via vivida no sertão —, vemos que chega à sua interpretação pela adoção de ponto de vista então firmado: não enfatiza o declarado fanatismo de Conselheiro ou mesmo sua suposta insânia, em favor de uma visão mais ampla. O sertão é a parte desconhecida da nacionalidade, a que acrescenta um toque afetivo: o Exército o esmagou. A representação oficial do litoral massacrou o Brasil interiorano. O cientificismo de Euclides dava lugar à percepção de um duplo Brasil. Em data recente, em diálogo com *Terra ignota*, Leopoldo Bernucci inicia outra tematização: mantém a noção de dupla inscrição de *Os sertões*, científica e literária, mas agora a converte em decorrente de que "a *impressão pessoal profundamente dramática* termina por sobrepujar suas faculdades críticas [...]" (Bernucci, 2008, p.30).

Baseando-se em passagem de Euclides que permanece não publicada, Bernucci reconhece as contradições apontadas em *Terra ignota*, por exemplo a propósito das ideias de Henry Maudsley. Tais contradições seriam inevitáveis porque, nos estudos sobre a loucura, no século XIX, "era impossível evitar as aporias, os paradoxos e as situações aparentemente contraditórias na descrição dos fenômenos psicopatológicos" (ibid., p.38). Concordo que está correto. Mas isso só seria suficiente para explicar *o envolvimento de conceitos com imagens*, não a identificação de uma permanência, como continua afirmado em Bernucci, de um discurso científico-literário; envolvimento com imagens, como já dizia Freyre em 1943, monumentais, escultóricas, que são antes retóricas que propriamente literárias.

Manter o tom de discordância com o ensaio referido não significa pôr em dúvida a qualidade do ensaísta. Lúcido e honesto, Bernucci levanta um questionamento que interessa não só à sua posição de intérprete. Ao analisar o comentário a Emmanuel Liais, observa que Euclides primeiro aceita sua impropriedade científica para, a seguir, reconsiderá-la:

> Nota-se [...] o efeito que a ideia de um mar no deserto pode provocar, quando o que verdadeira e esteticamente importa é exprimir a ilusão da abundância de água no deserto. [...] A concessão feita à ciência de Liais parece que teve o poder de encantá-lo, exigindo de Euclides a sua forte adesão ao imaginário sertanejo. (Ibid., p.32)

Bernucci defende a duplicidade interpretativa pelo compromisso que Euclides, mesmo sem o declarar, sustentava: ter uma visão científica, sem deixar de permanecer atento aos aspectos poéticos da paisagem sertaneja. A afirmação seria afinal aceitável se o discurso que Euclides primeiro rejeita para a seguir aproveitar como imagética houvesse, no entretempo, adquirido foros de cientificidade ou deles se aproximasse. Salvo o discurso estritamente ficcional, o discurso que se funda em imagens não é defensável em si mesmo, ao contrário do que sucede com o conceitual, mesmo porque é dependente da direção que o leitor lhe imprimirá. Daí a dificuldade peculiar do discurso que lança mão largamente do imagético. É o que sucede positivamente com Freud. Seu embasamento científico, isto é, psicanalítico, atrai seu lastro imagético e lhe concede uma direção precisa. De outro modo, a força imagética receberia a orientação que o leitor lhe emprestasse, e Freud se tornaria um ficcionista.

Noutras palavras, o grau de proporção que assumem as direções da conceitualidade e da metaforicidade é fundamental para saber-se para onde um certo discurso se inclina. A dominância do imagético pode provocar a multidirecionalidade do ficcional ou servir ao propósito do orador, propondo-se como retórica, ou ainda ao que chamamos de ensaio literário; a presença do conceitual "prende" o imagético à direção que a conceitualidade lhe concede. Mas não se pensemos que os traços de um e outro só trazem ou aquela relativa liberdade, ou essa "prisão". Essa mesma, porquanto exige da conceitualidade conviver com certos objetos precisos e com instrumentos, traz por vantagem sua operacionalidade.

O cientificismo, como Euclides o pratica, insurge-se contra a validade da alternativa. Seu cientificismo não se anula porque tenha deixado de seguir Comte, pois o fizera para acompanhar esta ou aquela outra teoria científica – sempre, afinal, como repetiremos ao tratar de Gumplowicz, falseando a posição que seguia –, mas permanece pela nítida hierarquia que estabelecia entre ciência e não ciência, conforme expressa claramente na já citada carta a Veríssimo.

Em suma, a subcena implica a dominância de uma cena que, não sendo estritamente literária, assume, por sua força imagética, uma feição literária; em Euclides, ela aparece ao lado de – e coabita com – descrições de pretensão absolutamente científica, causando a suposição de tratar-se de um discurso de dupla causação, científico-literário. Estaríamos, pois, de acordo com Bernucci se a dimensão científica da hipótese houvesse extrapolado o estágio conceitual insatisfatório em que estivera durante a confecção de *Os sertões* e se convertido em teoria testada. Sem essa extrapolação, tal dualidade discursiva é inimaginável.

O caso brasileiro de Gilberto Freyre, a ser analisado no capítulo seguinte, merece a respeito melhor atenção. Sua sociologia é falha. Seu elogio da mestiçagem permanece de ordem biológica, porque mantém a definição racial, e não, como declara, o substituindo pelo conceito de cultura; seu grau de cientificidade é manchado, sem que a obra deixe de ser reconhecida pelo poder inegável de sua disposição literária.

Sem ser absolutamente idêntico, o caso de Euclides apresenta alguma semelhança: tem-se reconhecido que a geologia, empregada na primeira parte de *Os sertões*, é falha, sua explicação dos estoques raciais do brasileiro é evidentemente contraditória, a tentativa de explicar a resistência inaudita do sertanejo recorre a um fator temporal – ter a miscigenação deixado de ser negativa no sertão, porque havia séculos não era mais praticada –, em inserção que a teoria racial não considerava, mas sua subcena alivia a apreensão do leitor e o leva a aceitar o caráter de "vingança" que o livro assume ante a barbaridade cometida. Em suma, a improcedência da teoria perfilhada era obscurecida e, assim, favorecida pela presença do mito, a que logo nos referiremos.

Em síntese, a discussão empreendida por Bernucci nos reforçou que era preciso voltar à tese apresentada em *Terra ignota*, até porque seu desenvolvimento oferecia novos argumentos.

4. A COBERTURA JORNALÍSTICA DE CANUDOS POR EUCLIDES

Já dissemos que a parte deste ensaio sob o signo do mesmo não terá outro mérito senão concentrar em um microcampo informações que várias obras anteriores tornaram legítimas. O suposto mérito seria igual a zero se pretendêssemos levá-lo à biografia do autor. Eloy Pontes (1938), Sylvio Rabello (1948) e Roberto Ventura (2003) pesquisaram com esmero a vida de Euclides. Para não repetirmos seus passos, a decisão sensata será de nos concentrarmos no contexto próximo a *Os sertões*, na tentativa de encontrar na cobertura jornalística de Canudos algo que importe para o exame do livro. Esse intento destacará sua intempestividade temperamental.

Em 4 de novembro de 1888, ainda quando estudava na Escola Militar, no momento em que os cadetes desfilavam em homenagem ao ministro da Guerra da Monarquia, Tomás Coelho, Euclides dá um passo adiante e tenta vergar o sabre que empunhava. O gesto de indisciplina era simbólico, mas bastante forte para que não tivesse graves consequências. (É aqui irrelevante que, para Ventura, seu desligamento do Exército tenha se dado "sob o pretexto de incapacidade física" e não simplesmente de indisciplina [Ventura, 2003, p.67].) Importa a intempestividade de seu ato, sintoma de decisões bruscas, pouco refletidas, congruentes com as contradições de seu grande texto maior. (Em vida, a maior delas o levará a balear e ser baleado, e então morto.)

Venhamos à sua cobertura de Canudos. Ela é solicitada no fim de julho de 1897 pelo diretor de *O Estado de S. Paulo*, Júlio

Mesquita, que pede fosse ele indicado adido ao estado-maior do marechal Bittencourt. O pedido é imediatamente aceito e, no começo de agosto, Euclides está a bordo do vapor *Espírito Santo*, rumo a Salvador. Permanecerá na capital baiana durante o mês de agosto e chegará a Monte Santo em 7 de setembro. Seus dois artigos intitulados "Nossa Vendeia" foram escritos em Salvador, em março e julho de 1897. Citados com frequência, refletem a impressão generalizada de que se tratava de um motim monarquista. Recebe autorização para deslocar-se a Canudos, aonde chega em 16 de setembro, sendo testemunha dos combates até 3 de outubro, quando, por estar enfermo, não presencia os massacres dos sobreviventes do arraial e o fim dos combates.[10]

Não se costuma prestar maior atenção às notícias e comentários que enviava. Eles serão insignificantes, em comparação com o livro que o tornará celebrado. Mas, compreendidos como um todo, oferecem o conjunto de *topoi* com que a mentalidade litorânea traduzia a realidade do interior do país. Ao pinçarmos seus elementos básicos, ressaltamos que não é só a morte que acompanha os passos da vida, mas também as formulações temáticas que, durante a vida, cada um escolhe. O primeiro desses tópicos, tanto mais acentuado quanto mais o autor se demora em Salvador, concerne à afirmação de Canudos como reduto monarquista. Destaque-se frase que reúne vários clichês:

> Identificados à própria aspereza do solo em que nasceram, educados numa rude escola de dificuldades e perigos, esses nossos patrícios do sertão, de tipo etimologicamente indefinido ainda, refletem naturalmente toda a inconstância e toda a rudeza do meio em que se agitam. [...] Como na Vendeia, o fanatismo religioso que domina as suas almas ingênuas e simples é habilmente aproveitado pelos propagandistas do Império. (Cunha, 1967, p.48)

A atenção a um clichê levará à compreensão dos outros. O monarquismo é subordinado, especificamente em Euclides,

---
10 Cf. Ventura (2003, p.174).

à geologia – "o homem e o solo" se justificam a si mesmos; as condições rudes da vida convergem no fanatismo de hipnotizados. Seria excessivo que o autor pretendesse relacionar a forma republicana às condições geológicas. O louvor da República e a afirmação da vitória serão antes motivados por uma eloquente adjetivação vazia. Curiosamente, o vazio é motivado pela indeterminação geológica. Uma e outra combinam entre si: o caminho da República é o da vitória. Ainda a bordo do *Espírito Santo*, o autor exaltava "o nosso grande ideal – a República – profundamente consolador e forte, amparando vigorosamente os que cedem às mágoas, impelindo-os à linha reta nobilitadora do dever" (ibid., p.59). E em Salvador: "É inverossímil que o nosso soldado, batendo-se dentro da própria pátria, chegasse ao extremo de considerar uma raiz de imbu como um regalo raro, de epicurista" (ibid., p.65).

O jornalista se estimula a si mesmo e vê no passado a lição que encaminha para o presente: "Há dias – escreve de Salvador – era o Batalhão Paulista que aqui saltava, definindo uma ressurreição histórica – a aparição triunfal dos *bandeirantes* [...])" (ibid., p.68), pois com o advento da República teriam sido superados os vícios do Império: "A organização superior da nossa nacionalidade, em virtude da energia civilizadora acrescida, repele, pela primeira vez, espontaneamente, velhos vícios orgânicos e hereditários tolerados pela política expectante do Império" (ibid., p.69).

Sente-se que alguma coisa falta nas afirmações do autor sobre a República. Seus intérpretes declaram que, tendo sido um republicano desde a primeira hora, já sob Floriano tinha se desiludido. Mas onde a falta seria sentida? Faoro bem dirá que os governos militares continuaram a manter a forma institucional da Monarquia: "O odiado poder Moderador, destruído o Senado vitalício e o Conselho de Estado, encarnar-se-á, sem quebra de continuidade, em Deodoro e Floriano" (Faoro, 1975, p.535).

As afirmações de Euclides não eram retoricamente menos carregadas que outras suas quaisquer. É verdade que, nas curtas notas enviadas para *O Estado de S. Paulo*, a vacuidade ia além da

República, dela se emancipava para se alojar na própria posição assumida pelos adjetivos. Ainda que ligeiro, seu exame demonstra a parcialidade do jornalista. Mais importante que notá-lo é observar a mudança de tom. Ele se tornará mais preciso a partir dos qualificativos reservados aos cada vez mais encurralados:

> As próprias igrejas, longos dias rudemente tratadas pela artilharia, conservam ainda as paredes mestras quase estruídas, como dois acervos *monstruosos* de pedras enormes. [...] [Canudos] lembra uma cidade bíblica fulminada pela maldição tremenda dos profetas. E quando os tiros dela partem, de todos os pontos, irradiando para todos os pontos da linha amplíssima do cerco, a fantasia apenas divisa ali dentro *uma legião* invisível e intangível *de demônios*. (Cunha, 1985, p.112, grifos nossos)

"Se, considerando esta aldeia *sinistra*, se avaliam todas as dificuldades de um combate travado em seu seio, observando os arredores vê-se que deve ter sido dificílima a investida feita contra ela pelas nossas tropas" (ibid., p.113, grifo nosso).

Ainda que louvasse a coragem dos defensores, nem por isso deixa de defini-los como "o mesmo inimigo, *intangível e rápido como um demônio* [...]" (ibid., grifos nossos). Mas aqui se nota um sinal de mudança: admite-se que o inimigo é intangível. Sua comparação com o demônio tem por limite que seu incrível valor já difere da plena identificação negativa. Ainda que o autor das crônicas mantenha distância quanto aos "fanatizados", não disfarça seu assombro: "Acredita-se quase numa inversão completa das leis fisiológicas para a compreensão de tais seres nos quais a força física é substituída por uma agilidade de símios [...]" (ibid., p.63).

Mesmo a restrição mental, responsável pela comparação "teológica", não se manterá: "O homem do sertão tem [...] uma capacidade de resistência prodigiosa e uma organização potente que impressiona" (ibid., p.94). Por isso, a mesma nota de 2 de setembro sente a necessidade de incorporá-lo à vitória: "Penso que a nossa vitória [...] não deve ter um caráter exclusivamente destruidor" (ibid.).

Entre os dois regimes, o da vacuidade infinita e o reconhecimento do valor dos sertanejos, a única exclusividade negativa é reservada a Antônio Conselheiro, "notável exemplo de retroatividade atávica" (ibid., p.69). Ela é fundamental para que o autor não consiga compreender o móvel da resistência. O que equivale a dizer: para que ainda não perceba a extensão do crime que se cometia. Por isso a feição do místico permanecerá "primitiva, incompreensível, misteriosa" (ibid.). A qualificação do que se apresenta como um dado atravessará este ensaio: a Conselheiro permanecerão válidas as três qualificações negativas então dadas.

Não é necessário tornar essas notas mais extensas. Apenas guardemos: o formato que as notícias assumiam recordava o alambicado da linguagem de contemporâneos – Coelho Neto, Rui Barbosa. Ou seja, a disposição jornalística era, à diferença do que hoje sabemos, próxima da escrita que se entendia como literária. A observação será adiante desenvolvida. Mas vale já agora dizer: *formalmente*, o que hoje se entende como literário não se confunde com o que se aceitava entre o final do século XIX e as primeiras décadas do século XX. Nesse sentido, há de se reconhecer o papel desempenhado pelo Modernismo, sobretudo graças a Mário de Andrade. A distinção, contudo, se restringe ao plano formal. *Teoricamente*, para a maioria dos intérpretes atuantes, há pouca, senão nenhuma, diferença para o que é aceito como literário.

A distinção permanece associada aos graus de nacionalidade e de expressão da subjetividade reconhecidos ou mesmo exigidos. Um e outro já se faziam presentes antes de 1922, mas o grau de nacionalidade continuará a crescer com Mário de Andrade, ao passo que o grau de expressividade aumentará, mais recentemente, por força do autocentramento do eu.

5. OS SERTÕES: LITERATURA E FORMAÇÃO DISCURSIVA

O leitor terá o direito de estranhar que os itens precedentes, de cunho historiográfico, sejam agora seguidos por outros, de evidente caráter teórico. Como a oscilação temática das seções continuará por todo o ensaio, cabe explicá-lo.

Este ensaio, sequência de *Terra ignota*, não pretende efetuar a análise separada de uma única obra, mas compreendê-la de maneira que se concretize seu contorno discursivo. Já por isso é imprescindível explicitar o que se entende por campo (ou formação) discursivo(a). Mas a questão aí não se encerra. A ambientação para o discursivo será o meio para que este ensaio afirme seu propósito decisivo: considera-se que a recusa da dupla inserção discursiva de *Os sertões* é o caminho mais adequado para sua apreensão analítica, de acordo com o que tenho escrito acerca do fenômeno da *mímesis*, no terreno que compreende a acepção extensa do termo "literatura". É certo que em livros anteriores já havíamos ensaiado, a propósito de Sterne, Conrad, Kafka, Celan, a aproximação concreta de obras suas. Mas aqui se trata de algo bem mais delicado: demonstrar que o entendimento quase unânime de *Os sertões* é merecedor de outro formato. Sua recolocação não tem por mera função rearrumá-lo de outro modo, mas, sim, verificar que, com Euclides, a relação da literatura com a ciência assume uma propriedade passível de mexer no mapa de toda a produção intelectual brasileira, ao passo que sua interpretação acatada exclui da investigação o investimento teórico e reflexivo que o termo "ficção" requer.

Umas poucas palavras sobre a maneira como se costuma empregar as diferenças discursivas. A menos que se considerem instituições cerradas – um convento, um asilo, uma prisão –, o dominante pragmático misturará ao linguajar mediático este ou aquele uso científico, acadêmico, jurídico, se não mesmo algum recurso ficcional. Se, entretanto, o uso da fala for de ordem profissional, a mistura será substituída por uma certa modelização, pelo emprego de um certo *frame*' – assim o médico associará a letra ilegível de suas receitas a combinações, nos diagnósticos mais elaborados, de raiz latina, o jurista relacionará uma linguagem que julgará refinada com expressões latinas, alguém ligado ao cinema, expressões técnicas em inglês, difundidas pela filmografia etc.

O formato do que se escuta varia com o meio social ou a procedência do agente que se ouve. Mas uma certa constância permanece: enquanto não se submete a um exame sério, cada falante parte do suposto de que sua forma discursiva é preferível às mais próximas. Assim o poeta acredita que o poema é superior à sua análise, o escritor se crê superior ao teórico, o sociólogo e o antropólogo ao ficcionista etc. A hierarquia constituída seria banal se não fornecesse o molde para os preconceitos mais gerais. Perceber essa deriva nos mostra que a função deste item é bem mais grave do que apenas instrumental.

Contra o hábito criador de hierarquias, partamos da própria unidade constitutiva dos discursos, o signo, em sua modalidade verbal. A palavra é um modo de representação, cuja estrutura "supõe sempre dois termos, o termo formal e o termo referencial, um e outro tomados no elemento da presença" (Marin, 1971, p.61). Declará-lo diminui, de algum modo, o embaraço criado pelo termo "representação", pois, não sendo a reduplicação da coisa referida, falar de representação supõe que se lhe adscreva uma certa especificidade. No *Discurso do método*, Descartes bem dizia que "não há imagem que deva em tudo se assemelhar aos objetos que representa pois de outro modo não haveria distinção entre o objeto e sua imagem" (Descartes, 1996, p.113).

Porque não podem ser idênticos, para que melhor se conjuguem, signo e coisa representada precisam se separar. Mas a antecipação cartesiana da concepção do signo como arbitrário era contrariada pela própria epistemologia cartesiana, que, tendo por base a proeminência da ciência física, implicava uma "constituição (que) substitui os signos naturais pelo modelo mecânico" (Marin, 1971, p.102).

O modelo mecânico de ciência, vitorioso com o cartesianismo, provoca em contraparte a premência que dita o presente item. Ante cada palavra se impõe a cautela. Supondo que o primeiro obstáculo tenha consistido em tomar o signo como um tipo de decalque do que referencia, é de se crer que ele tenha sido eliminado. Logo então nos encontramos no interior da dispersão discursiva. Para entender por que se fala em dispersão, precisamos remeter, ainda que sumariamente, à obra que melhor a definiu, *L'Archéologie du savoir*.

O que chamamos de discurso é formado pela combinação qualquer de enunciados, que "é sempre um evento que nem a língua, nem o sentido pode esgotar" (Foucault, 1969, p.40). A instância do evento enunciativo se caracteriza "por não remeter a operadores de síntese que fossem puramente psicológicos (a intenção do autor, a forma de seu espírito, o rigor de seu pensamento, os temas que o obsedam, o projeto que atravessa sua existência e lhe concedem significação)" (ibid., p.41). Noutros termos, a base da formação discursiva, "l'instance de l'évenement énonciatif", tem como condição não haver sido pensada enquanto atividade de um sujeito, isto é, em termos psicológicos. Para assim cumprir, uma exigência árdua se impõe: a extrapolação da indagação puramente temática. Isso equivale a perguntar-se pela formação do objeto discursivo, por suas "superfícies de experiência".

Notemos com mais cuidado como elas se formam. Importa desde logo onde se constituem. O analista responde: na família, no meio do trabalho, na comunidade religiosa (ibid., p.56). Como se formam? A própria formulação foucaultiana explicita a mobilidade das unidades com que opera:

> No caso em que se possa descrever, entre um certo número de enunciados, um sistema semelhante de dispersão, no caso em que entre os objetos, os tipos de enunciação, os conceitos, as escolhas temáticas, poder-se-ia definir uma regularidade (uma ordem, correlações, posições e funcionamentos, transformações), dir-se-á, por convenção, que se tem a ver com uma *formação discursiva*. (Ibid., p.53)

Em vez do emprego de um método, que supõe a recorrência de uma intensa regularidade, é mais adequado falar em sensibilidade para o mutável:

> As condições para que apareça um objeto de discurso, as condições históricas para que dele "se possa dizer alguma coisa" e que várias pessoas dele possam dizer coisas diferentes, as condições para

que ele se inscreva em um domínio de parentesco com outros objetos, para que se possa estabelecer com eles relações de semelhança, de vizinhança, de distanciamento – estas condições [...] são numerosas e pesadas. (Ibid., p.61)

Não são os objetos que permanecem constantes, nem o domínio que formam; não são mesmo seu ponto de emergência ou seu modo de caracterização; mas seu relacionamento das superfícies em que possam aparecer, em que podem se deliminar, em que podem se analisar e se especificar. (Ibid., p.64)

A constância não é dos objetos, mas, sim, dos conceitos que são aproximados por "o relacionamento das superfícies". A opção discursiva implica a subordinação da prática mecânica da regularidade, "trata-se, por certo, de ir além das 'coisas'. De 'despresentificá-las'" (ibid., p.65). O discurso aponta o lado inverso das coisas, porquanto "o que pertence propriamente a uma formação discursiva e que permite delimitar o grupo de conceitos, no entanto disparatados, é a maneira como estes diferentes elementos se relacionam entre si" (ibid., p.80).

L'Archéologie apareceu em um instante decisivo de elaboração do pensamento contemporâneo. Entre 1958, com a *Anthropologie structurale*, e 1971, com *L'Homme nu*, tendo 1962, com *La Pensée sauvage*, na intermediação, Lévi-Strauss elaborara o estruturalismo antropológico. Fundado na extensão da abordagem fonológica do mito, ele se estabelecera em uma base estável e expansiva. O trajeto estabelecido por Foucault será diverso. Em 1961, 1963 e 1967, respectivamente com a *Histoire de la folie à l'age classique*, *Naissance de la clinique* e *Les Mots et les choses*, de que *L'Archéologie* representa a teorização da análise, Foucault desenvolvia um estruturalismo de base oposta, a partir da rebeldia a esquemas generalizáveis e coerentes com uma orientação asseguradamente científica. É certo que ambos se opunham às interpretações diacrônicas de "longa duração", mas seu contraste não será por isso menor.

A distinção entre os dois pensadores não se realiza na escala de valor, porém de estratégia argumentativa – mais assimilável ou menos ao caminho reconhecido como da ciência –, muito embora não se deixe de notar que a orientação foucaultiana não provocou outra obra de mesmo naipe que os quatro volumes das *Mythologiques*. (Ainda que se declare o quanto este ensaio deve ao estruturalismo rebelde, não se pretende que se pratique seu modo de operar.)

Conquanto a presença de Foucault seja sentida em *La Critique du discours*, é evidente que a demanda da obra de Louis Marin é bastante diversa por se concentrar no confronto entre *Logique* e *Grammaire de Port-Royal* e Blaise Pascal.

Ainda que vá além do que este item se propõe, é oportuno lembrar que a diversidade entre os dois estruturalismos acentua a diferença de duas apropriações de Kant: a de Lévi-Strauss é evidentemente da Primeira Crítica, ao passo que a de Foucault, da Terceira. Antecipando o que será dito sobre Hayden White, seu *Metahistory* (1973) assegurará a presença contraposta de Hegel. Se a tese de *Metahistory* não será aqui aceita, nem por isso é menor o mérito do pensador canadense de trazer à discussão a relação, então esquecida, entre história e literatura.

A referência aos três modelos assinala o instante capital que o pensamento ocidental vive entre as décadas capitais de 1960 e 1980. Apenas o cunho de anotação sumária não justificaria que se omitisse a relação da história com a poesia provocada, no final do século XX, pela reflexão de Reinhart Koselleck.

O livro de Louis Marin se impôs à nossa reflexão por contraste operacional com Foucault, mas também por tematizar a questão básica da ideologia. O autor remete ao fundamento clássico da ideologia como "teoria genética das ideias", a seu respeito melhor precisando que "a ideia constituirá um *intermediário* entre a coisa e o espírito, a realidade e o sujeito. [...] A ideologia é desde então o sistema destes intermediários, destas representações que dominam o espírito de um homem ou de um grupo social" (Marin, 1971, p.21). Para que a afirmação seja decisiva faltará acrescentar com Marx: "Se, em toda a ideologia, os homens e suas relações aparecem de cabeça para baixo como em uma câmara escura, este fenômeno deriva do seu processo da vida histórico, tal como a inversão dos objetos na retina deriva de seu processo de vida diretamente físico" (Marx, 2019 [1845], p.6).

A função do discurso crítico, em sua busca por estabelecer as relações efetivas na realidade, será revelar e acentuar a inversão que o discurso efetua quanto a uma certa ideologia. Ao dizê-lo, tocamos em um ponto muito sensível. Na própria obra de Marx, é de se indagar se o discurso crítico do ideológico não era confundido com aquele que não só busca, mas estabelece a verdade. Tal identificação se tornará rotineira com o marxismo stalinista e, creio, será um dos grandes fatores para que a corrente se confunda com uma crença religiosa e, desse modo, favoreça a identificação do marxismo com o antagonismo à democracia e, portanto, com regimes ditatoriais. A concentração aqui feita no ideológico equivale a afirmar que o ideológico é uma marca que, exceto a estrita elaboração matemática, se mostra presente na construção de qualquer discurso, motivada porque todo ele concerne a uma sociedade desigual, em que a posição social de quem fala terá um peso decisivo no que pensa e como pensa.

A questão do ideológico é demasiado grave para que nos contentemos com um esclarecimento muito sumário. O próprio fluxo da História impede que se pense a matéria histórica como tão só maleável, mutável às situações da vida. Mas, para que alguma coisa seja maleável, não é preciso que se tenha estabelecido que ela era anterior ao que se indaga? Não, no histórico, a modalização do que aí se vê como forma é conjunta e simultânea ao ato de ser.

A afirmação é séria, mas ainda incompleta. Na história conhecida, nunca se terá ouvido falar senão de sociedades bastante desiguais. Isso implica que a convergência entre modalidade e hecceidade se realiza em posições que se constituem em agrupamentos socialmente desiguais. Daí decorre a generalidade da ideologia como discurso que impõe o disfarce do que seja possível. Ainda que diversas, não deixa de haver a ideologia do vencido e a do vencedor, a do inferior e a do superior.

Dizê-lo não equivale a confundir a formação discursiva com a presença do falso, mas, sim, que a ideologia se manifesta por diferentes graus do falso, a questão sendo como percebê-lo e que armas empregar contra sua atuação. Por isso mesmo, o enunciador e o receptor do discurso crítico devem sempre estar prevenidos contra a mancha ideológica que a maleabilidade dela lhes apresentará. A irremediável presença do ideológico impede que algum discurso se confunda com a verdade; sua armação crítica nunca será bastante para isentá-la. O que não equivale a dizer que todo discurso seja ideológico. Ao dizê-lo, tenho o cuidado de observar ser óbvio que as armas de que dispõe o analista de agora não são idênticas às que Euclides procurava acompanhar pela leitura de obras de cientistas europeus.

Vale a pena comparar o ideológico com o religioso. O pecado, no âmbito religioso, tem uma proximidade arquitetônica com o ideológico: ambos se ressentem da sedução exercida pelo mundo. O pecador ainda lhe guarda vantagem – sua "vítima" costuma ser identificada com uma pessoa, sem que alguma dele se isente –, já a afirmação ideológico atinge o que, em princípio, se estende a uma comunidade, a uma subclasse ou, mais usualmente, a toda uma classe.

6. HISTÓRIA E POESIA: *METAHISTORY*

De origem canadense, Hayden White encontrou entre críticos e historiadores contemporâneos falantes do inglês e de dimensão teórica a fama que, no século XX, esteve reservada a Northrop Frye e Kenneth Burke. Seu renome vai além do âmbito anglo-saxônico menos por conta de *Tropics of Discourse* (1978), *The Content of the form* (1987) e *Figural Realism* (1999) do que de *Metahistory* (1973). Tal destaque não foi ocasional. Pelo livro de 1973, Hayden White rompeu a ausência de indagação sobre as relações entre a narrativa historiográfica e a literária, que dominara e se mantivera pelo século XIX, em detrimento da linhagem seguida por um Michelet.

É possível pensar que o autor canadense tenha pagado por sua antecipação. Sem haver declarado que a escrita historiográfica é uma modalidade literária, era essa a direção para a qual se inclinava. Seu leitor tende a considerar que assim sucedia quando, na verdade, White apenas dá a entender que a escrita da História não contém uma modalidade discursiva própria.[11] É o que se depreende a partir do papel positivo que concede à adoção do modelo de elaboração do enredo por Northrop Frye, em *Anatomy of Criticism* (1957). A concordância termina por prejudicá-lo porque a admissão subordina a escrita historiográfica às formas literárias. Isso teria sido evitável se houvesse alertado para o relato historiográfico como diverso do ficcional. Com efeito, a referência teórica à ficcionalidade não lhe estava historicamente disponível, e sua própria falta de indagação especificamente teórica pesou-lhe contra. Por isso associou sua concentração nas modalidades historiográficas do século XIX com a abordagem que lhe parecia mais adequada: a de ordem literária.

No princípio de *Metahistory*, White alerta para a questão da ficção, antes para contorná-la do que para enfrentá-la: "Ao contrário de ficções literárias como o romance, as obras históricas são feitas de acontecimentos que existem fora da consciência do escritor" (White, 1973, p.21). Com isso, a validade das distinções de Frye, estabelecidas exclusivamente para os gêneros literários, permanecia intacta, como se ele não as houvesse destinado às obras literárias.

Venho a um argumento mais frontal. Frye concebia quatro modos de elaboração literária: a estória romanesca, a tragédia, a comédia e a sátira. É indispensável a longa passagem:

> A estória romanesca é fundamentalmente um drama de autoidentificação simbolizado pela aptidão do herói para transcender o

---

11 A dúvida, se não for melhor dizer a hesitação, desaparece em ensaio de 1976, "The Fictions of Factual Representation", republicado em *Tropics of Discourse: Essays in Cultural Criticism* (1978), no qual declara: "Vistos simplesmente como artefatos verbais, histórias e romances são mutuamente indistinguíveis" (White, 1978a, p.122). Para romper com a indistinção verbal, é fundamental dispor da análise discursiva, de que aqui se apresenta um esboço.

mundo da experiência, vencê-lo e libertar-se dele no final [...].
É um drama do triunfo do bem sobre o mal, da virtude sobre o vício, da luz sobre a treva, e da transcendência última do homem sobre o mundo em que foi aprisionado pela Queda. O tema arquetípico da sátira é o exato oposto desse drama romanesco da redenção; é de fato um drama da disjunção, drama dominado pelo temor de que o homem é essencialmente um cativo do mundo, e não seu senhor, e pelo reconhecimento de que, em última análise, a consciência e a vontade humanas são sempre inadequadas para a tarefa de sobrepujar em definitivo a força obscura da morte [...]. A comédia e a tragédia, porém, sugerem a possibilidade de libertação ao menos parcial da condição da Queda, e de alívio provisório do estado dividido em que os homens se acham no mundo. [...] Na comédia, a esperança do temporário triunfo do homem sobre seu mundo é oferecida pela perspectiva de reconciliações ocasionais das forças em jogo nos mundos social e natural. [...] Na tragédia não há ocasiões festivas, salvo as falsas ou ilusórias; em vez disso, há sugestões de estados de divisão entre os homens ainda mais terríveis do que aquele que incitou o trágico *agon* no início do drama. Todavia a queda do protagonista e o abalo do mundo que ele habita ocorridos no final da peça trágica não são considerados ameaçadores para aqueles que sobrevivem à prova agônica. Para os espectadores da luta houve uma aquisição de conhecimento. E pensa-se que essa aquisição consiste na epifania da lei regedora da existência humana que a pugna vigorosa do protagonista contra o mundo produziu. (White, 1973, p.8-9)

Acrescente-se "a explicação por argumento formal". O relacionamento com a poesia é tocada de passagem:

Tomo por enquanto ao pé da letra a afirmação do historiador de estar fazendo *a um só tempo* arte e ciência, e a distinção habitualmente traçada entre as *operações investigativas* do historiador, de um lado, e sua *operação narrativa*, de outro. Admitimos que uma coisa é representar "o que aconteceu" e "por que aconteceu como aconteceu", e outra bem diferente é prover um modelo verbal, na forma de uma narrativa, de modo a explicar o *processo de desenvolvimento* que conduz de uma a outra situação recorrendo às leis de causação. (Ibid., p.12)

A escrita da história teria, pois, uma propriedade combinatória que a faria ultrapassar o limite de fronteiras. Logo a seguir o autor a justifica pelo caráter protocientífico do objeto que estuda. Não existe acordo entre os historiadores sobre o que destacam dos acontecimentos, muito menos acerca do modo de fazê-lo. Assim sucede porque "a História permanece no estado de anarquia conceitual em que estiveram as ciências naturais durante o século XVI, quando havia tantas diferentes concepções de 'o empreendimento científico' quantas eram as posições metafísicas" (ibid., p.13).

Na caracterização assim feita, pesa outra vez a opção descritiva. Ela aqui se manifesta pela concepção de ciência como propriedade das disciplinas naturais. Pensar na possibilidade de ciência quanto à historiografia só poderia conduzir a tal resultado porque a indagação historiográfica, por extensão, das ciências sociais requer apreender-se a própria condição de quem o faz. Em vez de refletir sobre a separação entre ciência e protociência – o que vale dizer: como pensar o empreendimento científico quando o sujeito que dele se ocupa faz parte do objeto que estuda –, White considera a superposição inevitável porquanto a historiografia implica um posicionamento ético, e este não condiz com o científico. Em síntese mais abrangente: "Em minha opinião, um estilo historiográfico representa uma *combinação particular de modos de elaboração de enredo, argumentação e implicação ideológica*" (ibid., p.29).

A presença do ideológico é resultante da inevitável presença da ética na argumentação historiográfica. Penso que a posição assumida por White é contestável por efeito de sua conexão com o cunho protocientífico do objeto a que o humano se estende. O científico estaria reservado àqueles objetos em que o sujeito não precisa examinar-se a si mesmo. E o ideológico se reserva àqueles objetos em que o analista não pode se desvencilhar de sua própria condição humana. Parte-se do suposto que o biólogo, o físico, o químico não depararia com tal incômodo porque seus objetos não se confundem com o humano.

Isso ainda será admissível se for viável a separação rigorosa entre o objeto da indagação e o propósito com que ele é feito. Pois o decisivo, na concepção que analisamos, é a exclusão do ideológico da plataforma estritamente científica. Para torná-la evidente, precisamos, porém, haver passado pela exposição de Hegel e, portanto, empreendido uma pequena curva. Ela consistirá na atenção a partes fundamentais de *Meta-história*. Na primeira, assinalam-se as diversas concepções que atravessam o século XIX, com ênfase em Hegel. Na segunda, detalham-se os autores apontados antes de Hegel, diferenciados de acordo com o critério de Frye; na terceira, distinguem-se, de acordo com a teoria dos tropos, Marx, Nietzsche e Croce.

Antes de nos determos em Hegel, estimado entre todos, consideremos os quatro tipos de tropos, cuja caracterização será capital para a classificação de White:

> A metáfora é representacional [...]. A metonímia é redutiva [...], enquanto a sinédoque é integrativa [...]. A metáfora sanciona a prefiguração do mundo da experiência no plano da relação objeto-objeto, a metonímia no da relação parte-parte e a sinédoque no da relação objeto-todo. [...] Em contraste com esses três tropos, que qualifico de "ingênuos" (uma vez que só podem expandir-se na crença na capacidade da linguagem para apreender a natureza das coisas em termos figurados), avulta o tropo da ironia como um equivalente "sentimental" (em contraparte ao sentido schilleriano de "autoconsciente"). (Ibid., p.36-7)

Na caracterização de cada tropo, nota-se a diferença concedida em prol da ironia: "A ironia é, em certo sentido, metatropológica [...]. Ela pressupõe a ocupação de uma perspectiva 'realística' da realidade, de onde se poderia oferecer uma representação não figurada do mundo da experiência" (ibid., p.37).

Precisaríamos ter-nos dado um espaço bastante maior para nos estender sobre os contornos propostos pelos critérios de classificação referidos, sobretudo pela teoria dos tropos. Como isso não era imprescindível, tornei curto o caminho. Ele não deixará de ser abstrato para dar conta do que deveria precisar; isso para não se assinalar que o caráter metatropológico concedido à ironia faz com que ela se inclua em um plano que não nos parece que inaugure.

Penso que incluir a ironia em plano que não é o seu resulta da insuficiência da caracterização historiográfica das concepções derivadas dos tropos: "Os 'Realismos históricos' de Michelet, Tocqueville e Ranke consistiram em pouco mais do que rebuscamentos críticos de perspectivas supridas por essas estratégias tropológicas para processar a experiência por meios especificamente 'poéticos'" (ibid., p.40).

O que vale dizer que as designações estritamente tropológicas ou valeriam para as formas de filosofia da história que White considera na terceira parte, ou para os tipos de Realismo que julga insuficientes. A consequência do abstracionismo decorre do esforço do analista em encaixar as diversas concepções em rótulos que só serão bastantes se acatarmos de antemão que seu objeto não extrapola o estado protocientífico, porquanto

> visto de dentro do próprio processo, e não fora dele à luz de preconcepções genéricas, o mundo histórico é uma pletora de formas singulares, universais concretos, nenhum dos quais é igual a qualquer outro, mas cada um dos quais testemunha a presença de um princípio informador dentro do todo. (Ibid., p.76-7)

Dito isso, passemos para o que White considerava a concepção mais elaborada: o pensamento hegeliano. Destaco a formulação de abertura:

> O pensamento de Hegel sobre a História começou pela ironia. Ele pressupôs a História como um fato primeiro de consciência (como paradoxo) e existência humana (como contradição), e, em seguida, passou a uma consideração do que os modos metonímico e sinedóquico de compreensão podiam fazer de um mundo assim

apreendido. No percurso, relegou a compreensão metonímica à condição de base para explicações físicas e científicas do mundo e, posteriormente, limitou-a à explicação daquelas ocorrências que podem legitimamente ser descritas no plano das relações de causa e efeito (mecânicas). Concebeu a consciência sinedóquica como tendo aplicabilidade mais geral – isto é, aos dados da natureza e da História –, visto que tanto o mundo físico quanto o mundo humano *podem* ser legitimamente compreendidos em termos de hierarquias de espécies, gêneros e classes, cujas inter-relações sugeriram a Hegel a possibilidade de uma representação sincrônica da realidade em geral [...]. (Ibid., p.81)

Saltemos para sua aproximação com o poético. Ao passo que Hegel diferenciava muito claramente uma certa base para o poético – "O conceber, o configurar e o dizer permanecem *puramente' teóricos* na poesia. A finalidade da poesia não é a coisa e sua existência prática, mas, sim, a imagem e a linguagem ('das Bilden und Reden')" (Hegel, 1986 [1832], p.15, 241)[12] –, White prefere uma alternativa: "Não é só a maneira com que a história é *escrita*, mas, sim, a natureza de seu *conteúdo* que a faz prosaica" (ibid., p.258).

A alternativa poderia pertencer ao correto se, para o autor, a escrita da História não se situasse entre a poesia e a oratória. Daí as dificuldades que se acrescentam. Para Hegel, o modo épico e o satírico seriam impróprios, enquanto a comédia e a tragédia seriam os únicos modos corretos de elaborar os processos históricos com a relação de consciência no mundo.[13]

Discordamos da excelência que White concedia à conclusão de Hegel porque só se pode declarar que as elaborações cômica e trágica são simplesmente apropriadas se não se considerar que, na apreensão humana das cenas do mundo, o componente ideológico nunca está ausente. Por isso não podemos

---

12 Embora a diferença seja mínima, prefiro à tradução citada por White, à página 86, a que faço do próprio original (Hegel, 1986, p.15, 241).
13 Cf. White (1973, p.93).

acatar que, *a priori*, em termos absolutos, uma concepção histórica seja superior a outras. A atribuição de superioridade só é válida de um ponto de vista descritivo. Para que White defenda a posição hegeliana será preciso que não questione a concepção homogênea de povo. Daí, em apoio à concepção hegeliana, ainda reiterar:

> Um povo impõe a si mesmo uma tarefa, que, considerada em sentido geral, há de simplesmente ser *alguma coisa* de preferência a nada. Sua vida inteira está presa a essa tarefa e sua coerência formal característica se expressa em sua dedicação (consciente e inconsciente) a ela. (White, 1973, p.117)

A posição de White nos parece autocontraditória: para supor a superioridade de certa concepção historiográfica, precisava aceitar que a visão histórica concebida por um povo seja melhor que outras, ao mesmo tempo que identificava a historiografia como inserta no plano do protocientífico. Sem que White percebesse, acatar o primado do povo provocava a manutenção da primazia hegeliana do espírito, a que o historiador canadense se mantinha preso, sem que o ressaltasse.

Em suma, o mérito de Hayden White não justifica ou que se ignore sua *Meta-história*, ou que se mantenha seu implícito veto à reflexão teórica. Em lugar de uma coisa e outra, é de se sugerir que se veja *Meta-história* como uma obra que ficou na metade do caminho que abriu.

7. O TERRITÓRIO DA FICÇÃO

Ao chegar a seus últimos tópicos, este ensaio deverá mostrar que *Os sertões* nos importa enquanto análise de uma abordagem concreta de cunho historiográfico, que, em certas partes, se aproxima da operação mimética, constituindo-se para seu estudioso o problema de como essa dupla e diversa orientação poderá ser coerentemente combinada, e não apenas adicionada.

Em favor da melhor compreensão de *Os sertões*, se não da *mímesis*, a tematização que aí se operará haverá de considerar o elo estreito da nuclearidade da *mímesis* com a produção ficcional.[14] De outra parte, é impossível efetuar-se uma abordagem da *mímesis* sem um prévio encaminhamento filológico, mesmo que venhamos a não nos contentar com ele. A abordagem filológica se propõe a explicitar os aspectos temporais do que estuda, neles compreendendo sua dimensão conceitual implícita. É a dimensão conceitual implícita que leva à concordância ou à discordância com a abordagem filológica – a visada concordante ou discrepante constituindo-se na dependência de o lastro conceitual filologicamente ressaltado ser aquele que lhe oferece o pensamento grego antigo.

Devendo aqui efetuarmos um rápido retrospecto da discussão clássica da *mímesis* de que partimos, sem ressaltarmos a plena discordância com a proposta da *imitatio*, pareceu-nos justa a homenagem à obra de seus intérpretes, a serem representados por Hermann Koller, com *Die Mimesis in der Antike* (1954), e Stephen Halliwell, com *The Aesthetics of Mimesis: Ancient Texts and Modern Problems* (2002).

Partamos do filólogo alemão. Ao longo de sua reflexão, Koller apresenta a *mímesis* originária como ação imediata dos sentidos, entendidos como sensações que atuam sobre a alma. A ação

---

14 Alerte-se que tal conexão nuclear da *mímesis* com a ficção pode levar a descaminhos. Sua nuclearidade é incontestável nos gêneros em prosa e verso presentes na literatura. Isso não significa que a obra literária seja necessariamente dotada de uma ficcionalidade eficaz. As espécies documental e testemunhal costumam não passar de uma ficcionalidade pálida e subterrânea. Mas o que mais importa: em seu sentido extenso, a literatura não se define como forma discursiva centrada em si, porque a presença do ficcional aí entra em cena pelo uso eficaz, mas subordinado, do metafórico. Para efeito de simplicidade, consideramos a literatura extensa constituída pelo ensaio. Tenha-se bem claro: o gênero ensaístico, no caso, supõe que a obra ali presente mais propriamente pertence a outra clave discursiva – à filosofia (ou à sua subespécie: a teoria), à religião, à ciência, à história –, mas, por sua qualidade metafórica, mostra afinidades secundárias com a ficção literária.

é tida por altamente eficaz em termos terapêuticos, o que então lhe confere um aspecto eminentemente ético-prático e medicinal. A música e a dança eram empregadas com finalidades psicagógicas, ou seja, como instrumentos a favor de uma determinada "configuração do espírito", a ser provocada ou invocada sobre o "paciente por meio de processos miméticos de emulação artística de certos estados emocionais ou 'patéticos'".

Por conseguinte, para os gregos o processo da *mímesis* se relaciona a eventos que, a princípio, estão muito mais próximos do âmbito imediatamente sensorial da vida cotidiana do que daquilo que hoje entendemos por experiência estética ou artística. Tratar-se-ia de um fenômeno definido por sua espontaneidade, a exemplo da gargalhada coletiva ou do bocejo no interior da família, assim como da capacidade infinitamente elástica de imitação social, apresentada sobretudo pelas crianças menores de todos os grupos humanos, e da maneira contagiante com que determinados padrões sensoriais, rítmicos, melódicos ou coreográficos se estabelecem e se difundem em determinados momentos da história cultural de uma sociedade qualquer.

A ação referida ocorre em um nível pré-representacional de comunicação que escapa ao controle ontológico pressuposto na tripartição platônica de modelo, cópia e simulacro. Na medida em que não se esgota ou não se decifra inteiramente, nem por sua natureza, nem por seus efeitos, no processo linguístico de significação; ou seja, sem se deixar capturar plenamente pelo signo, enquanto mediador semântico entre percepto e conceito, a *mímesis* é um fenômeno que necessita de controle, condições e normas éticas de seu uso e aplicação sociais. Dentro desse quadro, podemos entender o advento da tragédia ateniense como um concurso patrocinado pela pólis e sob suas rédeas, em que a possibilidade de participação era austeramente considerada como um dever cívico, e não como ofício artístico.

Tratemos de imediato mais especificamente de 'Die' Mimesis in der Antike'. Chama a atenção a distinção de Koller em relação à maioria dos filólogos de sua geração e contemporâneos: ele recusa a validade de falar-se em "imitação" como reduplicação pela obra de um formato existente antes de sua concretização.[15] A sede anti-imitativa de Koller encontra sua primeira fonte na dança, mais amplamente, na música, cuja teorização é postulada a partir de Dámon. "*O centro de significação (da mímesis) está na dança, mimeisthai significa primariamente: pela dança provocar a apresentação (Darstellung). A dança grega sempre esteve ligada ao ritmo, ao acompanhamento musical e à palavra do relato*" (Koller, 1954, p.119). (Seja pela extensão de tratados sobre a música, seja porque ela abrange as artes relacionadas, Koller sempre falará em música.) A diferenciação de ritmos musicais estará associada às distinções anímicas, desde a alegria até a raiva, passagem que conduz a música a ver-se próxima da natureza humana. "Esse fundamento da música e dos ritmos musicais na natureza humana é de tal significação para toda a construção teórica da doutrina da ética que devemos, tanto quanto possível, dirigir para aí todos os testemunhos" (ibid., p.136); "A dança grega como ligação entre palavra, melodia, ritmo e gesticulação forma, de fato, a unidade naturalmente dada da expressão humana. A *mimesis*, por isso, permanece sempre ligada ao homem, de que é o cadinho formal" (ibid., p.210).

Passemos a alguns destaques das obras gregas decisivas.

Com o Livro III d'*A República*, ingressamos no plano do que Koller chama de Ethoslehre [doutrina da ética]. Trata-se de uma reflexão teórica e não de uma descrição analítica: a ética tem por função corrigir a visão tenebrosa do Hades e da morte: "Quanto mais poeticamente belas forem (as passagens sobre a morte e o Inferno), menos indicadas serão para rapazes e homens que tenham de viver livres e recear mais a escravidão do que a morte" (Platão, *A República*, III, 387 B). Por isso: "Fazemos bem [...] em tirar dos varões ilustres as lamentações para

---

15 É significativo que a primeira citação de *Die Mimesis* seja de um filólogo que escrevera em 1876: "Nachahmung ist Nachahmung (sic), ou seja, um modo de criar [...] e, na verdade, aquele gênero *cujo modelo não só esteve no pensamento do criador, como é levado a cabo objetivamente no mundo das aparências*" (apud Koller, 1954, p.215).

dá-las às mulheres [...] e aos homens de pouco préstimo [...]" (ibid., 388 a) e "Não poderemos [...] admitir que poeta algum nos apresente homens respeitáveis dominados pelo riso, e muito menos deuses" (ibid., 389 A).

Todo o argumento explicita a alta consideração em que são tidas a verdade e a justiça:

> A verdade [...] deve ser tida em alta consideração. Se estávamos certos no que dissemos há pouco, e a mentira é realmente inútil para os deuses, porém de alguma utilidade para os homens, à guisa de medicamento, é evidente que seu uso deve ser reservado aos médicos [...]. (Ibid., 389 B)

e:

> Seríamos obrigados a dizer [...] a respeito dos homens que tanto os poetas quanto os oradores cometem os mais graves erros, quando afirmam ter sido felizes muitos homens injustos, e infelizes muitos justos [...]. Tudo o que os mitólogos e os poetas contam não é um relato de fatos passados, presentes ou futuros? – Que mais poderiam ser?, perguntou – E não conseguem esse desiderato ou por simples exposição, ou por imitação, ou por ambos os modos ao mesmo tempo? (Ibid., 392 B e D)

Pois não é o belo em si que preocupa Platão, mas o que denigre a virtude.

Embora não fosse Homero ou o teatro seu objeto principal, não é estranho que o poeta não estivesse entre os tópicos de destaque? A continuação da última passagem citada acrescenta sobre os modos como poetas e mitólogos se exprimem que exposição ou imitação se mostram pelo uso do discurso direto – aquele em que fala o próprio autor – ou indireto. O suposto fingimento correlato à *mímesis* depende de o autor se omitir a si próprio, emprestando a voz a um personagem.

Se a ética não se opõe categoricamente à *mímesis* verbal, não menos a cerceia. Na República idealizada pelo filósofo, teremos de recorrer a um poeta ou contador de histórias mais austero e menos divertido, que corresponda aos nossos desígnios, só imite o estilo moderado e se restrinja em sua exposição a copiar os modelos que, desde o início, estabelecemos por lei, quando nos dispusemos a educar nossos soldados. (Ibid., 398 B)

Prescindimos do restante do Livro III, pois o comentário feito é suficiente para reconhecer-se uma dificuldade evidente: ela se refere à relação entre ética e *imitatio*. Por um lado, o já exposto basta para reconhecer que a disposição ética é inerente à condição humana. Por outro, a ética tem uma dimensão normativa que induz a *mímesis* a repetir seu feitio. Ainda que Koller não o diga explicitamente, sua reflexão mostra que a força inequívoca da ética condiciona a conversão da *Darstellung* (apresentação) em *Nachahmung* (*imitatio*).

Seguindo a orientação expositiva do autor, considere-se o que o filósofo expunha em *Crátilo*. Para Crátilo, o signo é motivado pela natureza de seu referente, ao passo que, para o outro interlocutor, Hermógenes, o signo é arbitrário – "Nenhum nome é dado por natureza a qualquer coisa, mas pela lei e pelo costume dos que se habituaram a chamá-la dessa maneira" (*Crátilo*, 384 d).

Pela maneira como o diálogo principia, com Sócrates perguntando a Hermógenes se concorda com Protágoras que o homem é a medida de todas as coisas, e ante a resposta de Hermógenes – "Já me aconteceu, Sócrates, de algumas vezes [...] ser levado a adotar a opinião de Protágoras. Contudo não me parece que seja muito certa" (ibid., 386 a) –, tem-se a impressão de que a postura de Sócrates-Platão seria a de Crátilo. Quando assim se pensa, não se percebe que o critério correto está na dependência do princípio da verdade. Mas a própria eleição do critério cria problemas. A divergência torna-se mais patente com a negação que Sócrates apresentará a Hermógenes: "O nome [...] é a imitação vocal da coisa imitada, indicando quem imita, por meio da voz, aquilo mesmo que imita. – Hermógenes: Necessariamente, penso. – Sócrates: Pois eu não, por Zeus! A meu ver, camarada, essa explicação ainda não serve" (ibid., 423 b-c).

A rejeição socrática faz com que o *mímema* seja definido por estar três graus afastado da verdade e pela correspondência da Ideia com a verdade, assim como pela afirmação paralela da "essência própria" de cada coisa.[16] A discordância se aprofunda com a diferenciação de Crátilo entre a *mímesis* verbal e a pictórica (ibid., 430 e). O enunciado de Crátilo, já no final do diálogo, reforça a discordância: "Sou de parecer, Sócrates, que os nomes instruem, sendo-nos lícito afirmar com toda a simplicidade que quem conhece as palavras conhece também as coisas" (ibid., 435 d).

A exposição antecipada de *As leis* ao Livro X d'*A República* facilita a armação lógica do argumento porque a posição platônica já era naquela plenamente justificada. Assim sucede pelo contraste entre Platão e Aristóteles: "Para Aristóteles, faz falta o pressuposto mais importante para a *mímesis* = imitação (*Nachahmung*); só a conexão com a Ideia admite para o conceito platônico de *mímesis* sua significação secundária para a poesia" (Koller, 1954, p.104).[17] A antecipação d'*As leis*, além do mais, facilita a síntese do Livro X: "Sendo assim, firmemos desde logo este ponto: todos os poetas, a começar por Homero, não passam de imitadores de simulacros da virtude e de tudo o mais que constitui objeto de suas composições, sem nunca atingirem a verdade, o que também se dá com o pintor [...]" (*A República*, X, 610 A). Acatar a *mímesis* como plena imitação – manutenção de um formato já alcançado antes da existência do *mímema* – equivalia a dizer que a *mímesis* não se funda (*geschaffen*) a si mesma, mas recebe seu formato da tradição antes estabelecida.

Koller procura diminuir o "monstro dialético", como chama a dedução platônica, ao relacioná-lo com o privilégio da dança e da música.[18] Na verdade, a teoria das Ideias concretiza o rumo que se fundamentou na generalização absoluta da concepção de

---

16 Cf. *Crátilo* (423 e).

17 Em termos mais claros: para Platão, a concepção proposta da *mímesis* depende da primazia da Ideia; para Aristóteles, da *indagação consequente* da *Nachahmung*, não de *sua aceitação*.

18 Cf. Koller (1954, p.66).

verdade, tendo como subproduto a concepção de essência. O prestígio que Platão manterá no pensamento ocidental é fundamental para explicar que, tantos séculos passados, *mímesis* e *imitatio* conservem-se próximas. E, no entanto, Koller não considera que a integração de uma com a outra faça parte de seu legado. Entre *mímesis* e *imitatio*, interpõe-se o plano das Ideias. Estas não pertencem à reiteração naturalista. As Ideias afirmam, sim, um formato de aproximação com o que está na realidade, mas submetem esta ao ideativo. Ou seja, em vez de Platão subordinar o *mímema* ao que a natureza promoveu, considera a arte dependente do que o espírito concebeu. Seu idealismo era de cunho ético. Podemos mesmo dizer que, em si, a *mímesis* supõe um excesso, o descontrole da *inventio*. É contra isso que investe o pensador, ao passo que *imitatio*, no sentido com que com frequência se entende *Nachahmung*, implica reiteração, embora não coincidente com cópia. Em Platão, a *mímesis* encontrava seu grande adversário, tanto pela configuração idealista do pensador quanto porque essa configuração, facilmente, é empanada e confundida por sua teorização reiterativa – se é que não se pode dizer que refaz a reiteração em bases humanas e mentais. Portanto, desde Platão, a concepção de *mímesis* remetia ou a um Naturalismo que a negava, ou ao idealismo ético das ideias. A partir de Hegel, sua orientação reduplicativa deixará de apontar a natureza e assentará na sociedade.

O processo que Platão realiza no livro X de *A República* é assim compreendido como uma consequência lógica da necessidade de controle social da *mímesis*, enquanto visualizada como um fenômeno da realidade social. O que se encena na famosa passagem platônica é o embate incessante entre *éthos* e *mímesis*, embate em que, apesar do embasamento platônico, a última não se deixa subsumir pelo primeiro, porquanto, mesmo podendo ser pensada pela medida da razão (*logos*), dispensa e até mesmo se esquiva a qualquer tradução exata em palavras. Pois, em última análise, dizemos que a *mímesis* encontra seu fundamento em um uso da linguagem pelo qual o signo não se resume a representar um referente.

É pela impossibilidade de tal tradução, que incide no interior da própria razão, que Platão tenta a sutura, pela inscrição da *mímesis* em um processo hierarquicamente organizado de reduplicação do cosmo, a partir de seus modelos primordiais, as Ideias. O conceito platônico de *mímesis* assim procura conter o processo de reprodução potencialmente desenfreado de formas espontaneamente perceptíveis pelos sentidos, os simulacros, pela operação cosmológica de criação de cópias pelo demiurgo, isto é, pela *mímesis* já entendida como representação lógica das formas do universo, a partir de seus modelos idealmente reais. Com a noção de simulacro, o aspecto fantasmático do contágio mimético é enfatizado em detrimento de seu aspecto terapêutico, assim fazendo com que o erro e a ilusão sejam automaticamente associados à noção de uma reprodução descontrolada dos processos miméticos, ao passo que as descobertas da verdade e do bem estariam relacionadas à possibilidade (e à necessidade) de uma ordenação racional do campo sensorial da percepção. A *mímesis* platônica funciona, portanto, como barreira onto-política contra o contágio e a proliferação do erro. Neste sentido, a alegoria da caverna descreve uma verdadeira máquina de inscrição subordinante da diferença na *semelhança*, máquina mediada pela representação.

A subsunção do segundo polo, a diferença, pelo primeiro, a semelhança, caracteriza a história do pensamento ocidental, em suas diversas manifestações. Isso nos leva à questão da preeminência marcante, em nossa tradição crítica, das formas de expressão plástico-literária nas formas de expressão musical, sonora e corporal, a exemplo da dança.

Por que a conexão originária entre a *mímesis* e o elemento rítmico-expressivo, presente de maneira intensa na música e na dança, se debilita ao longo da história desse conceito? Pelo mesmo motivo que nos permite pensar a tentativa platônica de semantização integral da *mímesis* não só como um mecanismo de controle exterior à *mímesis*, mas, e sobretudo, como uma tendência inerente ao próprio fenômeno, porquanto, ao mesmo tempo que se furta incessantemente ao processo de semantização que lhe é imposto pela filosofia e pelas relações sociais, a *mímesis* implica e imanta a mesma possibilidade de semantização a que se submete. O que vale dizer que o próprio impulso mimético demanda e provoca a necessidade social de semantização de suas formas – processo que se engendra para liberação da música que independe da semantização de suas partes; a *mímesis* habita a própria tensão que estabelece entre os domínios da expressão e da significação; furta-se a ser explicitada pela semantização, ao mesmo tempo que a incita e a expande.

No correspondente ao grego antigo, "teatro" é o nome da tendência da *mímesis* à ampliação semântica. A função maior do diálogo platônico é justamente ensejar a depuração filosófica do "teatro" em teoria. Para Platão, o teatro é um lugar de produção de simulacros, ou seja, da observação enganosa do falso e do ilusório, através de todo e qualquer tipo de trapaça ou ludíbrio, enquanto a Academia seria o lugar de produção das Ideias, como modelos perenes para a contemplação teórico-filosófica da verdade.

Se Platão tenta subordinar inteiramente a *mímesis* à esfera do ético, através da filosofia, Aristóteles procura manter a tensão entre o ético e o mimético a partir de considerações sobre o efeito psíquico da catarse. A inflexão aristotélica pode ser pensada a partir da função epistemologicamente afirmativa que atribui aos efeitos da *mímesis* teatral: pela purgação coletiva dos afetos, mediada pela descarga emocional provocada pelo contágio mimético. A contemplação da ação teatral desperta, em Aristóteles, um processo psíquico contagiante em que as sucessivas peripécias do protagonista provocam na audiência sensações diversas de identificação e estranhamento, mas o elemento expressivo e não redutível à semântica da *mímesis* vê-se, afinal, contido e convertido em tesouro pelo rigor formal da representação.

Para Aristóteles, a tragédia ateniense clássica configura uma determinada ação a partir da unidade indissolúvel entre os elementos visuais e literários da encenação. *Mythos* e *morphé* devem apresentar ao público um motivo claramente semantizável, pois a narrativa, no sentido técnico de enredo, é mais importante para a tragédia do que os personagens considerados em si, da mesma maneira que um desenho em preto e branco que representa a ação é mais importante do que uma bela imagem concebida ao acaso. Trata-se, tanto em nível verbal quanto visual, de encontrar a *idía morphé* (forma própria) de uma determinada ação a ser representada, moldando sua figura como uma "forma própria", objetivamente reconhecível como tal.

A inter-relação estabelecida pela tragédia grega entre o verbal e o visual corrobora a proximidade entre os termos "teatro" e "teoria": ambos contêm uma referência ao papel da visualidade enquanto lugar do conhecimento. Para Aristóteles, a imagem não se apresenta necessariamente como uma modalidade de engodo, pois a possibilidade mimética da *idía morphé* permite pensar a imagem como mediadora conceitual entre fenômeno e essência, conectando percepções e ideias, de maneira lúdica e prazerosa. O domínio mimético do visual nos permite entrar em contato com realidades fundamentalmente desagradáveis, assim como a *mímesis* teatral nos propicia um contato com emoções que, para não se tornarem descontroladas, hão de ser sublimadas pela catarse. O valor político e epistemológico da *mímesis* é, por conseguinte, inestimável para Aristóteles:

> A ação de mimetizar se constitui nos homens desde a infância, e eles se distinguem das outras criaturas porque são os mais miméticos e porque recorrem à mimese para efetuar suas primeiras formas de aprendizagem, e todos se comprazem com as mimeses realizadas. – Prova disso é o que ocorre na prática: com efeito, quando observamos situações dolorosas, em suas imagens mais depuradas, sentimos prazer ao contemplá-las; por exemplo, diante das formas dos animais mais ignóbeis e dos cadáveres. A causa disso é que conhecer apraz não apenas aos filósofos, mas, de modo semelhante, também aos outros homens, ainda que participem em menor grau. Pois sentem prazer ao observar as imagens e, uma vez reunidos, aprendem a contemplar e a elaborar raciocínios (*syllogízesthai*) sobre o que é cada coisa, e dirão, por exemplo, que este é tal como aquele. (Aristóteles, 2015, p.4, 10 e ss.)

A não ser diante de um platonismo rígido, Aristóteles apresenta a possibilidade de uma integração epistemologicamente útil da *mímesis* à ontologia platônica. Contra Górgias e os sofistas, preserva a subordinação socrática do *percepto* ao *intelecto*, sem, entretanto, desvalorizar por completo o primeiro frente ao segundo. À *mímesis* poética cabe a tarefa de auxiliar o filósofo na descoberta conceitual do fundamento dos fenômenos, pois a *idia morphé* afasta os traços acidentais da representação e dela mantém seus aspectos fundamentais. A *phantasia* (imaginação) é o veículo desse processo, que se legitima pela associação do prazer sensível à compreensão racional.

Compreende-se assim por que o conceito aristotélico de *mímesis* não pode ser assimilado por inteiro à noção moderna de metáfora: não se trata ainda de um circuito infinitamente aberto a diversas séries de múltiplas interpretações, mas, sim, de uma subordinação da expressividade mimética ao *logos*, em que *mythos* e *morphé* configuram iconicamente a possibilidade de contemplação da verdade. (Não se explora aqui a restrição que Aristóteles impõe à catarse: dela só se fala a propósito da tragédia. Seu limite repercute na insuficiência da *mímesis* aristotélica.)

* * *

Para evitarmos que a homenagem prestada à tradição dos intérpretes pela referência a Koller e Halliwell possa promover uma compreensão equivocada, devemos ainda acrescentar umas poucas palavras. É altamente louvável a tensão contida na própria *mímesis* entre a promoção de uma semantização integral e a subtração dessa integralidade. Daí decorre o esforço de entender a restrição platônica à poesia como tentativa de estabelecer uma barreira ontopolítica contra o erro – o que irá diferençá-lo de Aristóteles. Em poucas palavras, a aproximação da *mímesis* quanto à sociedade que a envolve é uma operação tão minimamente indispensável quanto maximamente arriscada. É o enfrentamento do risco que torna fascinante sua indagação. A seu respeito, sabemos desde logo que a procura converte-se em desastre quando o que se entende por dimensão ética se confunde com a prática moral de uma comunidade. Quando assim sucede, a ameaça do controle já é realidade. Ora, como não é desejável o desligamento da dimensão ética, temos de contar com seu contágio e, na medida do possível, descontá-lo.

Por questão de espaço, o propósito inicial de estender a Stephen Halliwell a homenagem prestada a Hermann Koller não deve concretizar-se. À diferença de seu colega alemão, Halliwell não parte dos gregos, mas do artigo com que Goethe abria a revista *Propyläen* (outubro de 1798). Alguns séculos eram passados, e permanecia evidente a proximidade mental dos interessados na arte no pensamento grego. É o que mostra a tentativa goethiana de diferençar entre a "coisa em si" e a "imitação", de postular a distinção entre "parecer verdadeiro" e "possuir uma aparência de verdade", a qual se afirma sem se confundir com a capacidade de enganar.[19] Posta nesses termos, a problemática goethiana consistia em reinterpretar a *mímesis* como "imitação da natureza" sem a confundir com reduplicação da natureza. Como bem demarca Halliwell: "Goethe aparentemente quer escapar do que se poderia chamar de um princípio de ilusionismo fenomênico, um ilusionismo de 'meras' aparências, que parece querer subsistir por uma espécie de ilusionismo espiritual" (Halliwell, 2002, p.3).

A introdução de uma modalidade de ilusionismo não era preferível à solução aristotélica, sem que esta deixasse de ter limites. Destacar a propriedade temporal de uma e outra equivale a ressaltar sua restrição interna. Ela é inevitável pelo caráter de *esboço de* conceito que peculiariza a *mímesis*. Quando acentuamos o papel das formas discursivas e, particularmente, da ficção, operamos com a modalidade que, contemporaneamente, se mostra mais eficaz contra o risco do imitativismo, que sempre acompanha a *mímesis*. O mais difícil a seu respeito é reconhecer a força da *mímesis* e, simultaneamente, a limitação humana de

---

19 Cf. Halliwell (2002, p.2).

entendê-la. A provisoriedade constante de seu entendimento é o complemento da carência que nos define.

8. FICÇÃO EXTERNA E HISTORIOGRAFIA

Ao lado de um primeiro motivo – a declarada dupla inscrição de *Os sertões* que remete à questão da *mímesis* –, dois outros provocaram a extensão deste ensaio: a ficção e a escrita da História. Ademais, como penso que a ficção tem uma relação interna com a *mímesis*, o leitor talvez não estranhe que ficção e *mímesis* estejam de volta em item próximo. Por ora, basta observar que o traço decisivo da mais estrita ficção consiste em que o que nela se diz não implica a afirmação de nenhuma verdade, sem que por isso se declare que uma ficção se confunda com o falso. À ficção estrita chamamos de ficção interna. Sua modalidade externa apresenta uma particularidade que extrapola o estrito ficcional.

Procuro concretizá-lo por um exemplo. Ao chegar a um certo local, nele já encontro pessoas de algum modo conhecidas. Preciso cumprimentá-las. As palavras pouco variarão de: "Tudo bem? Como vai?". Ninguém pensará que meu propósito seja mais do que convencional. Mas, se duvidarmos, tentemos ao chegar a outro lugar não cumprimentar os presentes. O resultado será no mínimo surpreendente. A menos que eu seja um desconhecido e as suposições formadas a meu respeito sejam as mais variadas, alguém tenderá a me perguntar se passo bem, se estou de mau humor ou o que, afinal, elas me fizeram.

Ou seja, a convencionalidade da pergunta usual não se confunde com uma verdadeira indagação, mas, se ela falta, as complicações logo se mostrarão. Estamos diante de uma ficção externa. Sua primeira característica está em ser uma *convenção obrigatória*. Pode-se declará-la uma modalidade pragmática, mas bastante específica: é uma convenção, sim, que, contudo, não pode ser evitada. Posta no interior do fluxo de comunicação, a ficção externa não afirma verdade alguma, tampouco se confunde ou com o falso, ou com a invenção do estritamente ficcional, pois supõe firmes (pequenas, mas não necessariamente pequenas) verdades. (Se pensarmos que a ficção externa é rara e incomum é porque pouco entendemos de comunicação ou porque supomos que trafegamos apenas entre os extremos de constantes verdades ou falsidades.)

A distinção, de fácil entendimento, é, no entanto, fundamental para compreender o embaraço no uso do termo "literatura". Por um lado, ele abarca os gêneros propriamente literários – a lírica, o drama, a comédia, a sátira, hoje só excepcionalmente, o épico. Por outro, ainda abrange o ensaio, que não se restringe a ser uma manifestação literária. Se aceitarmos que o primeiro traço do ensaio é opor-se ao tratado, ou seja, à abordagem sistemática de um tema ou objeto, perceberemos que o que se nos apresenta como ensaio literário pode ter como primeira referência obras expressamente relacionadas à filosofia, à ciência, à religião. O caráter ensaístico de parte das análises de Freud significa que a valia conceitual de sua obra psicanalítica não impede que o autor ainda se destaque pela força imagética de sua linguagem. Apenas para uma mente estreita, a qualidade da linguagem de Freud faz com que se confunda com um romancista ou que a mesma qualidade prejudique Nietzsche no sentido de ser reconhecido como filósofo.

O esclarecimento deve ser suficiente para nos introduzir na questão da ficção externa. Devemos aguardar mais um pouco para trazer *Os sertões* ao âmbito da discussão.[20] Para passarmos à escrita da História, cabe contextualizarmos a oposição entre ficção e realidade. Está implícita a larga História aí contida.

Na Antiguidade romana, que se prolonga até o cristianismo medieval, o termo *fictio*, embora admitisse o sentido de "fazer", "criar", à semelhança do grego *poien*, tinha, na maioria dos empregos, a acepção de ilusão, falsidade, mentira. Durante

---

20 A discussão que ultimamente se tornou frequente das chamadas *fake news* não se confunde com a ficção externa, pois se trata de uma inverdade apresentada sob as vestes de algo incontestável.

o Renascimento, a redescoberta dos clássicos ajudou a suspensão da suspeita religiosa contra as chamadas "belas-letras". Mas a legitimação destas por meio das normas retóricas, assim como o acréscimo do prestígio da *imitatio*, ajudou a impedir que *fictio* tivesse uma valorização efetiva.

É a partir do século XVIII que a oposição entre realidade e ficção assume outro perfil, conquanto não favorecedor da *fictio*. O antagonismo com a realidade se reforça na medida em que o termo "realidade" se confunde com a forma enunciativa da comunicação referencial.

Com a abertura dos tempos modernos, a oposição entre ficção e realidade implica a manutenção do caráter negativo atribuído ao primeiro termo e a valorização do segundo, sempre confundido com o realce moderno da consciência e dos procedimentos científicos nascentes. Onde é mais complexo o reconhecimento da presença da razão, ou seja, na Terceira Crítica kantiana, seus limites são entendidos como "sabedoria" (*Weisheit*) e "entendimento artístico" (*Kunstverstand*) (& 85), o que ainda não é bom caminho para o reconhecimento da ficcionalidade – e Kant não é, por certo, a melhor fonte para entendê-la.

Por economia de tempo, não tratarei da ênfase progressiva na subjetividade individual, manifestada nos *Ensaios* (1580-95), de Montaigne, bastião da relevância da ficcionalidade, em fins do século XVIII.

Em consequência do exposto, nossa segunda premissa encurta bastante no âmbito histórico que abordaremos. Tal redução temporal, contudo, acarreta um problema que toca na história da historiografia. Formulado sinteticamente: se a concepção de realidade e, com ela, a ideia de verdade se modificam durante o século XVIII até praticamente se confundir, no final do século, com a afirmação do cientificamente estabelecido, como se pode entender que as crônicas da conquista espanhola fossem tomadas como manifestação da verdade histórica se tal concepção não era considerada quando foram escritas? Como sabem os leitores mexicanos, esse é o tema que Alfonso Mendiola explora em seu livro sobre Díaz del Castillo. Limitemo-nos a observar: as mudanças sofridas pela expressão "teoria do conhecimento"[21] impedem que se pense uma história da historiografia que, partindo de Heródoto e Tucídides ou desde o Antigo Testamento, chegasse sem descontinuidade aos nossos dias.

---

21 A expressão "teoria do conhecimento" é aqui introduzida de maneira abrupta, grosseira, para não dizer amadorística. Para justificá-la, pareceria oportuno recordar um lugar-comum: a filosofia antiga até o século XVIII tinha uma pretensão absolutista que foi perdida pelo menos desde Kant, Hegel e seus continuadores de relevo. Por conseguinte, a teoria do conhecimento de antes não teria o que fazer em uma tentativa contemporânea como a que aqui se sustenta, a partir do objeto literário. Bem sei que essa área tem sido tão desprezada que ainda se poderia supor que uma velha terminologia pudesse lhe expressar um tanto de dignidade.

Poucos meses de reflexão bastaram para o reconhecimento de que a justificação precisava ser trabalhada. A retificação aqui proposta deriva de algumas observações feitas com base em Habermas – em seus *Perfis filosóficos e políticos*, na tradução francesa: *Philosophisch-Politische Profile* (1971). Partindo da drástica redução moderna da filosofia à atividade crítica, inclusive da própria ciência, Habermas assinala que a teoria do conhecimento passa a funcionar como reconstrução *a posteriori* do método científico. Ora, no caso da teoria da literatura, a afirmação seria descabida porque, como temos especificamente aqui apontado, o objeto literário se diferencia de qualquer método científico porque tal objeto é constituído sobretudo com o eixo verbal oposto ao conceito, a metáfora. Portanto, para considerar a teoria da literatura relacionada à teoria do conhecimento, há de se entender de maneira diversa da usual, isto é, como uma atividade fundamentalmente guiada por um rigor de ordem não pura ou dominantemente conceitual.

Ainda de acordo com a reflexão desenvolvida pelo filósofo, pareceria mais fecundo pensar a relação da teoria da literatura com a epistemologia, como sua visão: "Por epistemologia, entendo uma metodologia conduzida no espírito da concepção cientista do mundo, [...] ou seja, a convicção de que não podemos mais considerar a ciência como *uma* das formas possíveis de conhecimento, mas, ao contrário, é preciso identificar ciência e conhecimento" (Habermas, 1974, p.44). Evidentemente, a dificuldade pareceria idêntica à que acompanhava o uso da expressão "teoria do conhecimento": o fato de o objeto literário não ser composto por recursos científicos. Como, estritamente, tampouco as ciências sociais tratam de objetos adequados a uma reflexão "cientista", porquanto "não produzem saber tecnicamente explorável, mas apenas um saber que permite orientar a ação", para elas também não seria tranquilo o uso

Em data recente, a socióloga italiana, de formação alemã, Elena Esposito fez uma observação pontual que valerá como ponto de partida. Na abertura de *Probabilità improbabili: La realtà della finzione nella società moderna*, Esposito assinala que "o cálculo das probabilidades e o romance moderno [...] nascem praticamente juntos". De fato, os princípios da teoria da probabilidade se estabeleceram com Fermat e Pascal por volta de 1665, enquanto *La Princesse de Clèves*, de Mme. de Lafayette, foi publicado em 1678. Sem considerarmos os riscos que continuaram a perseguir a ficção mesmo no apogeu do romance, durante o século XIX, perguntemo-nos: que poderá significar essa quase simultaneidade?

Para Esposito, fiel à fonte de sua orientação intelectual, o pensamento de Niklas Luhmann, a quase simultaneidade aludida decorre de uma *Realitätsversdoppelung* [reduplicação da realidade] que, a partir de então, se desenrola no Ocidente. Sua passagem é decisiva para o desdobramento da argumentação:

> É sabido que no século XVII a noção de realidade não era nada pacífica. Em finais de 1600, mal se saía da inquietação e dos dilemas da época barroca, com todos os tormentos, enigmas e

---

epistemológico (ibid., p.46). Assim, a preferência que pareceria inclinar-se a favor do termo "epistemologia" encontra objeção mais séria quando, acompanhando-se Habermas, se verifica que o termo em que se funda a prática que o filósofo chama de *cientista* favorece os "bloqueios da consciência tecnocrática", cada vez mais fortes no mundo contemporâneo.

Em palavras mais diretas: a vantagem que o termo "epistemologia" parecia de início levar se inverte por completo quando se percebe que, em nome de uma filosofia próxima da indagação científica, dá-se a sua capitulação ao tecnocratismo. Não é, portanto, ocasional que Habermas volte a falar em *teoria do conhecimento* a propósito da linhagem crítica de Horkheimer, Marcuse e Adorno (ibid., p.48). Em poucas palavras, o que aqui se expõe não se confunde com a justificação de uma expressão de uso antigo, em detrimento de outra mais apropriada aos tempos de agora, mas, sim, da verificação do que se mostra mais cabível em uma reflexão que, a propósito da literatura (melhor seria dizer da ficção literária), rejeita a velha e lastimável identificação do belo com o bom e verdadeiro.

experimentações resultantes da ruptura da relação clássica entre aparência e realidade. Nas épocas anteriores, essa relação de fato inexistia, ou antes parece que não era observada: a aparência era uma expressão da substância[22] e não tinha nenhuma liberdade para que com ela se defrontasse – era uma marca do real. O Barroco, em troca, exprime o desconcerto e o êxtase frente à descoberta de uma relação não necessária entre aparência e realidade, que conduz a interrogar-se de vários modos sobre a independência e as relações recíprocas entre os dois níveis; enganos e ornamentos, simulações e metamorfoses, perspectivas e paradoxos, natureza e artifício. Por volta de 1700, começa a estabilizar-se uma série de respostas a tais questões, que permanecem como pressupostos da evolução semântica dos séculos seguintes – soluções [...] que passam a configurar formas em que a contingência e a incerteza, conquanto assim permaneçam, parecem dispor de critérios e de alguma regularidade. (Esposito, 2008, p.9)

Ao longo do comentário à passagem, haverá ocasião de desenvolver o que já se escreveu sobre a ficção externa. Mas, antes de fazê-lo, outras explicações serão indispensáveis. Desde logo, perguntamo-nos por que tal reduplicação da realidade se efetua naquele momento.

Duas contestações, provenientes de frentes diversas, são parcialmente proveitosas. Do ponto de vista sociopolítico, o mundo antigo fundava-se em uma estrutura social estável. Por mais drásticas que fossem as mudanças políticas – com a derrubada de reis e imperadores ou a expansão imperial da ordem romana por quase toda a Europa –, isso não afetava a base de uma ordem aristocrática, sustentada sobre o trabalho escravo, a prática da guerra e a exploração agrícola. De outra parte, de um ponto de vista epistemológico, desde a Grécia clássica até o advento do pensamento moderno, o conhecimento se erigia sobre uma base essencialista ou no mínimo substancialista. Isso significava que se partia do

---

22 Na verdade, a questão da ficcionalidade só se estabelece a partir do século XIX, quando a concepção substancialista da realidade perde sua auréola.

princípio de que as coisas tinham uma natureza distinta, cada uma com a sua, própria e estável. Dito de maneira mais precisa: cada coisa não só está aí, como *é*. Para falar com os gregos, a *ousia* (essência) supunha um *eidos* (forma).

Parte daí, quase na abertura de seu livro, a afirmação de Espósito: "L'apparenza era un'espressione della sostanza e non aveva alguna libertà nei confronti di essa" (ibid., p.9).

Por isso, estabilidade sociopolítica e epistemológica concordavam. Ademais, o termo "ficção" não só era fundamentalmente entendido como ilusão ou mentira, como também desinvestido de qualquer dignidade filosófica. Assim se compreende por que a concepção de literatura enquanto discurso ficcional não tinha sentido na *longue durée* pré-moderna.

Também não cabe supor que, desde seus princípios, o pensamento moderno haja abrandado o desprezo tradicional reservado à ficção. Dizê-lo seria fantasioso. Para Bacon, a ficção se confundia com a vigência de obstáculos ao conhecimento, ancorada nos *eidola* (da tribo, da cova, do fórum, do teatro), e que compreendiam o que, desde antes, com Juan Luis Vives (1492-1540), fora designado de *veritas fucata* (verdade lambuzada). Muito menos Descartes concedia maior estima à ficção, porquanto o *cogito* tinha por princípio distanciar-se das inutilidades privilegiadas por seus contemporâneos: seu gosto por "belas-letras", viagens, aprender outras línguas e costumes, aprofundar-se na história dos povos.

Assim como descartamos o *nonsense* de uma concepção continuísta da história da historiografia,[23] também haveremos de

---

23 Já se observou a descontinuidade na hesitação habitual de tomar-se Heródoto ou Tucídides como o verdadeiro pai da história – tamanhas são as diferenças entre eles. Também se reitera o exemplo saliente que nos é dado pelas crônicas espanholas da conquista, que, a partir do exemplo de Diaz del Castillo, Alfonso Mendiola mostra ser falso tomá-las como documentos automaticamente utilizáveis pela historiografia. Sobre as obras escritas nos séculos XV e XVI, é decisiva a passagem de Paul Oskar Kristeller: "A escrita das obras históricas, de acordo com os padrões do bom estilo e dos historiadores antigos, fazia parte da atividade literária dos humanistas e, em muitos casos, sua ocupação

evitar uma história de valoração do termo "ficção". Esqueçamos ambos os desvios para voltarmos ao evento assinalado por Esposito: a quase simultaneidade do surgimento do cálculo de probabilidades e da ficção romanesca.

Embora aqui não nos aprofundemos na ficção interna, uma vez que temos designado os gêneros da literatura propriamente dita, devemos tratá-la um pouco. É obrigatório remeter a Hans Vaihinger (1852-1933), cuja *Philosophie des als ob* [Filosofia do como se] (1911) tornou-se uma referência obrigatória ao se tratar da ficção. Se consideramos o caso de uma ficção interna, desenrola-se um enredo do que, não tendo sucedido, não tem passado e de que não se antecipa algum futuro presumível, embora também fosse possível que sucedesse. (Mesmo sem nos determos, vale lembrar a diferença na história da *mímesis* entre semantização integral e a subtração nela feita, por pressão do próprio fenômeno mimético.) Sem repetir as palavras de Faulkner, é legítimo dizer que a ficção interna faz da irrealidade uma probabilidade, sem a converter em um fato irrefutável.[24] A ficção interna dá a aparência de remeter uma parcela do existente a algo não existente, no entanto concebido como semelhante ao que já poderia haver sido. Ela tira partido da instabilidade sociopolítica e epistemológica que a realidade incrementa nos tempos modernos, e, jogando com a realidade, apresenta-se sob o suposto de que, embora não haja sido, é passível de provocar a sensação do que foi. A ela, pois, cabe reiterar o que Coleridge

---

principal. [...] Os discursos fictícios inseridos eram uma herança da historiografia antiga, e, a seu respeito, as regras teóricas eram aplicadas com cuidado especial" (Kristeller, 1979, p.250-1). Essa descontinuidade, ademais, torna-se mais palpável se recordarmos que, na França, contemporaneamente a Montaigne, desenvolveu-se toda uma linhagem de historiografia (G. Budé, A. Alciato, F. Baudoin, F. Hotman, Étienne Pasquier etc.) que, talvez por influência da guerra religiosa, se distanciava do modelo retórico dominante no Renascimento italiano (cf. Costa Lima, 2009).

24 As palavras de Faulkner eram: "They talked at once, their voices insistent and contradictory and impatient, making of unreality a possibility, then a probability, then an incontrovertible fact" (Faulkner, 1987 [1929], p.72).

tinha dito sobre a poesia: ela impõe *a wishful suspension of disbelief*; que seria o contrário tanto do ceticismo quanto da fantasia permissiva.

O parêntese foi breve para nos concentrarmos na ficção externa. Comecemos pela interrogação: que encontra Esposito entre o surgimento da ficção romanesca e o cálculo de probabilidades?

Já não parece bastante saber que o contexto sócio-histórico era de um mundo que havia perdido sua estabilidade. A reflexão matemática de Fermat e Pascal esteve, porém, próxima de algo distinto como *La Princesse de Clèves* porque "a pressuposição (de probabilidade) consiste em que é uma hipótese *ante facto*" (Esposito, 2008, p.26). Dito mais explicitamente:

> A verdadeira vantagem do cálculo está em tornar (ficticiamente) transparente a opacidade do futuro: é possível calcular as probabilidades e, em consequência, decidir com a garantia de poder afirmar, em seguida, que se calculou e agiu corretamente, embora a realidade se cumpra de outro modo. (Ibid.)

As duas citações conduzem a uma afirmação preliminar: a concepção de fictício pressuposta pelas passagens não é distinta da maneira como a ficção interna foi concebida? Uma e outra têm a propriedade de esclarecer uma dimensão temporal que, enquanto subordinada ao eixo do tempo, permaneceria indevassável. Mas essa propriedade comum assume direções diversas: o que a ficção interna explicita não é algo que antecipa o que um discurso sociológico posterior verificará. A ficção interna não declara o que, sob a forma de casulo, já passara a partilhar da realidade. Se é admissível que os relatos de Kafka prenunciavam o ocaso da gestão liberal, ou mesmo a vinda das próximas ditaduras, sem que seus diários mostrassem que disso tinha consciência, que podemos dizer que houvesse antecipado *Madame Bovary* ou *Crime e castigo*? Todo o contrário do que se passa com a formulação do cálculo de probabilidades. O cálculo é "uma hipótese *ante facto*", pois necessariamente avança sobre a opacidade do futuro. É próprio da ficção interna apresentar resultados imprevistos; a imprevisibilidade lhe é inerente – se algo por ela declarado se realiza é por absoluta imprevisibilidade. Na ficção externa, em troca, ainda que algum desvio se estabeleça ante a previsão calculada, a opacidade do futuro é sempre afetada em alguma medida – ante a pergunta que lhe é dirigida, alguém diz que está bem, mas, de súbito, inesperadamente, cai desmaiado ou morto.

A resposta é justa, mas não esgota a questão. Ao manifestar-se sob a forma de desvio, a imprevisibilidade da ficção externa não ajuda a reiterar a suspeita de equivalência do ficcional com o ilusório? Em consequência, não deveríamos contentar-nos em afirmar a ficção dos textos estritamente literários e, para sossego dos historiadores, deixar a historiografia livre dessas arriscadas indagações?

Chegamos ao cume das dúvidas. Para enfrentá-las, teremos de concordar que, alcançado este ponto, Esposito apresenta duas formulações a serem bem explicadas.

O primeiro enunciado declara: "No enfrentamento com os presentes futuros e então com o âmbito indeterminado do possível, a construção das probabilidades revela os limites de seu caráter de ficção: não serve para antever o futuro" (Esposito, 2008, p.40, grifo nosso).

A imprevisibilidade é paralela ao fato de o ficcional se abstrair do que a realidade efetivamente cumpre. Não se poderia declarar que o resultado é surpreendente. Por outro lado, a continuação imediata do argumento, logo depois de ressaltar que "o cálculo de probabilidades, em sua acepção normativa, havia gerado a ilusão de uma solução", acrescenta: "Já se sabe que o planejamento estimula o desvio e a investigação das vantagens que podem daí derivar: exatamente por se saber que os outros esperam que as coisas sigam de certo modo, algumas vezes convém fazer de maneira distinta" (ibid., p.41).

Ao motivar o desvio resultante de que o cálculo não haja previsto corretamente o que ia passar ou porque induz ao erro, "a probabilidade (ensina que) é uma ficção, mas justamente por isso pode funcionar e oferecer orientações que a 'realidade real' não está mais em condições de oferecer" (ibid.).

Os dois enunciados citados ajustam-se melhor entre si quando se nota que a ficção oferece um entendimento diverso do que se entende por causa. Toma-se a causa como engendradora de um ou mais efeitos; ou seja, como um dispositivo que opera linearmente. Se pensamos em termos historiográficos, a causa é vista como um *fato* que provoca consequências na sociedade; fato que, por isso, lhe confere o caráter de verdade, estimada e estimulada. Ora, essa concepção estritamente material do *fato* já não tem significado para uma certa historiografia – não importa que ela seja mais de ponta do que dominante – desde que se reconheceu que não *há fato puro*, pois todo ele, exceto o estritamente patente, está articulado a uma interpretação.

A probabilidade enquanto ficção permite que se compreenda imediatamente o desastre daquela concepção de causa. Mais explicitamente, ao provocar o desvio na realidade, o planejamento não se confunde com um cálculo falso, mas se transforma em motivador de um efeito que modifica a causa primeira. A causalidade linear, correspondente à "aceitação normativa" da probabilidade, implicava que um certo planejamento teria um determinado efeito – daí o frequente engano no uso de estatísticas. Vale dizer, a normatividade torna o cálculo rígido e, consequentemente, inútil. A probabilidade é acusada de falsa e provocadora de desastre quando, com efeito, o desastre esteve em não se indagar de antemão de sua natureza. As estatísticas convertem-se em crenças mágicas, e as coincidências, em crenças que a realidade mediática procura socializar, para assim melhor se justificar.

Se, em vez dessa linearidade, o planejamento provoca um desvio, isso, na verdade, quer dizer que um certo efeito, agora presente no plano da realidade, age em sentido contrário do habitual e modifica o elemento deflagrador. Em vez de uma ordem linear, passamos a ter uma cadeia: (a) causa planejada – (b) efeito imprevisto – (c) revelação/aparecimento do não considerado. A causa, ao provocar um efeito imprevisto, se investe do caráter de um efeito bumerangue.

Gostaria de acrescentar que uma historiografia que já não pretenda ser teleologicamente dirigida só pode ser beneficiada pela renúncia às explicações lineares, por então compreender que é formada por uma rede complexa de contingências, inclusive de bumerangues.

Se assim sucede, pergunto-me se, implicitamente, tal historiografia não está acentuando que, entre seus constituintes, opera a área do ficcional. A conclusão ter sentido significa que, enquanto continua a operar a oposição absoluta entre realidade e ficção, o segundo termo perde o sentido dominante de ilusão, falsidade ou mentira. Em vez de conceber a realidade a partir da oposição absoluta à ficção, será mais proveitoso entendê-la como uma superfície com vazios. A ficção se oculta e se disfarça nesses ocos, sem que a capacidade de previsão do historiador consiga evitá-la. Cada espécie de ficção interage de maneira própria com a realidade: a ficção interna revela aspectos desconhecidos da realidade "real", mas não é capaz, por si mesma, de interferir na configuração do real. O contrário atua na ficção externa: partindo de uma hipótese *ante' facto*, é capaz de retroceder sobre ela, provocando efeitos imprevisíveis.

Modificada, a oposição entre realidade e ficção é mantida; admitir, ademais, que esta tenha um raio de ação mais amplo do que normalmente é suposto quer dizer que: (a) se nega a chamada panficcionalidade – o mesmo raciocínio valeria à não menos ridícula autoficção. As ficções atuam sobre a realidade, partindo dos vazios referidos e *não se' põem em seu lugar*. A panficcionalidade apenas inverte a presunção da Antiguidade a propósito da realidade absoluta. A panficcionalidade converte-se em inutilidade; (b) se a teoria de probabilidades nos serviu para vermos a atuação da ficção externa, *excluímos* do espaço das ficções o campo das teorias em geral. Uma teoria supõe que uma conjectura se transformou em uma hipótese, que foi verificada, sendo considerada operacional até ser afastada em prol de outra de maior alcance. A teoria que haja sido superada não se torna, por isso, ficção. Galileu não transformou Copérnico em ficção; a física quântica não fez de Newton um poeta.

Passemos a uma rápida consideração final.

No prefácio à versão condensada de sua biografia sobre Hitler, o historiador inglês Ian Kershaw afirma que o conceito weberiano de carisma "está inequivocamente no núcleo de (sua) investigação" (Kershaw, 2008, p.8). Consideremos a formulação de carisma feita pelo próprio Weber:

> É decisivo para a validez do carisma o reconhecimento por parte da autoridade. Esse reconhecimento é concedido e garantido pelo que se considera uma prova, originalmente sempre um milagre, e consistente na devoção à revelação correspondente, no culto do herói ou na confiança absoluta no líder. (Weber, 1976 [1921], p.242)[25]

A maneira como o conceito de carisma é construído apresenta algumas singularidades. Não possui de imediato univocidade de sentido, potencial característica de um conceito científico. Se o carisma tipifica um tipo de liderança, os traços destacados por Weber podem se aplicar a uma liderança política, religiosa ou de alcance pouco significativo (um bando de rua, de assaltantes, de contrabandistas etc.). Embora Kershaw o empregue numa exclusiva acepção política, não é acidental que a prova do carisma seja originalmente dada por um milagre, o qual, considerada a exigência de univocidade científica, deveria ser reservado ao campo religioso. É certo que o religioso e o político são vasos comunicantes, mas, dado que não são equivalentes, para que a univocidade científica se mantivesse, seria indispensável a presença de um elemento que, entre eles, funcionasse como diferenciador.

Em troca, se comparamos a formulação weberiana com a caracterização que faz Esposito do cálculo de probabilidades, vemos que a ambas cabe a particularidade de serem fenômenos descritíveis *ante facto* e, como tal, passíveis de apresentar

---

25 Conhecida a dificuldade da sintaxe weberiana, optamos por traduzir de sua versão para o inglês.

resultados não coincidentes com a realidade. Queremos com isso ressaltar que o cálculo e o carisma apresentam um traço idêntico de ficcionalidade. Ambos se arriscam a tornar provável o improvável. Ambos podem proporcionar uma causalidade bumerangue ou simplesmente não alcançar seu objetivo. Nem por isso se põem na margem da não cientificidade. O erro estaria em considerá-los científicos à maneira das ciências da natureza. Assim reiteramos a conclusão a que já chegamos: a manutenção da oposição entre realidade e ficção não implica entendê-la como a antinomia completa de dois blocos. Há, por certo, uma abordagem da realidade que, por sua maneira de proceder, não admite ficcionalidade – a abordagem das chamadas *hard sciences*. A historiografia a ela não pertence, tampouco se integra à ficção interna.

Uma última observação: ao distinguirmos a escrita da História tanto da ficção literária quanto do espaço das ciências da natureza, parecemos chegar a um resultado pobre por se diminuir (a) o relevo da escrita da História e (b) por retirá-la da hierarquia que concede ao conceitual a posição mais alta entre os discursos. Manifesto meu desacordo com a primeira formulação, porque o ficcional só é inferior se levarmos em conta apenas o ponto de vista pragmático. Não há, por conseguinte, nenhuma inferioridade concedida à escrita da História ao aceitar-se o papel a que se integra pela utilização de imagens. Discordo também da segunda, porque consideramos o que Hans Blumenberg mal enunciou em sua *Teoria da não conceitualidade*: "O conceito não é capaz de tudo que a razão demanda. [...]. É preciso considerar se a perfeição do conceito não estorva ou não inibe bastante a consumação das exigências da razão" (Blumenberg, 2007, p.11).

Lamenta-se que Blumenberg não tivesse vivido o suficiente para desenvolver a formulação. Será imaginável chegar-se a uma época que transformará a compreensão geral dos discursos e, com ela, o significado do que faz o homem? Enquanto não chegar tal momento, consideraremos que os discursos estabelecem uma hierarquia, em que um deles ocupa a posição maior. Na Idade Média até o século XVII, o auge discursivo era ocupado pela teologia. A partir do XVIII e, em ascensão contínua, essa posição passou paras as ciências, sobretudo as chamadas exatas. O privilégio menor das ciências sociais e da historiografia se cumpre pela desconfiança ou, ao menos, pela incerteza mantidas em face do ficcional.

9. A QUESTÃO DO FICCIONAL

Há na historiografia uma questão do ficcional porque, apontava Koselleck, os que viveram o que sucedeu não se manifestaram a respeito. Daí que, numa estranha solidariedade, o que se declara como fato decorre da impossibilidade de confirmar-se o que houve – que se daria pela escuta dos que o experimentaram. Por que, no entanto, essa impossibilidade não bastaria para conduzir a uma compreensão reduzida? Não seria suficiente porque, em um argumento que transcende o campo historiográfico, só há fato a partir da expressão verbal. E a expressão verbal de sua parte se esmera em ter por unidade algo que é arbitrário: a palavra. Ser o signo verbal arbitrário, como se reconhece desde a publicação do *Cours de linguistique générale* (1915), implica que entre o signo e o referente só há uma relação acidental. Por conseguinte, o que se considera real tem uma imediata natureza cultural, portanto bastante variável. O que vale dizer que, salvo a formulação matemática que se expressa paralelamente à suposta coisa-em-si, nenhum enunciado verbal ou semiológico deixa de conter um aspecto fictício. A questão ainda se complica quando se admite que o fictício não se confunde com o inventivo, pois ainda contém a "consciência falsa" do ideológico. Isso muito menos deixa de valer para o enunciado historiográfico. Admite-se, porém, que a parcela do fictício é nele menos decisiva que o puramente fático. O mesmo raciocínio é válido para o ficcional, apenas com a inversão de suas proporções. Não há propriamente um relato que seja "realista", embora se concorde que, naquilo que é assim chamado, o aspecto fático se mostra dominante.

Os escalonamentos precedentes nos levam ao plano do ficcional. A consideração dos gêneros literários nos mostra por que precisamos diferençar o ficcional interno do externo. A base comum da ficcionalidade supõe a comunicação entre a transgressão do que culturalmente se entende e aceita por realidade e o que Hegel dizia contrastivamente da poesia. Repito a citação já feita: "Na poesia, conceber, configurar e dizer permanece *puramente* teórico. A finalidade da poesia não é a coisa e sua existência prática mas sim a imagem e a linguagem ('das *Bilden* und *Reden*')" (Hegel, G. W. F.: 15, 241). Ou seja, a transgressão da realidade é paralela ao que estabelece a linguagem própria da poesia.

A formulação hegeliana embasa o que temos dito da ficção interna. Ela compreende os gêneros prosaicos da literatura e em verso. Mas a literatura ainda abrange o ensaio, que pode ou não ser membro da literatura. Assim, como já lembramos, Pascal, Nietzsche e Freud, ainda que pertençam de direito a formas discursivas outras, não têm sua inscrição filosófica e científica conturbada por também se destacarem por sua construção da linguagem. Sua força poética ajuda a aumentar sua capacidade de reflexão. Dito de modo mais preciso: pertencem propriamente a outros territórios discursivos, sem que por isso deixem de ser poeticamente notáveis.

* * *

O completo abandono das várias versões da *imitatio* seria bastante justificado se, em 1972, não houvesse aparecido *La Violence et le sacré*, de René Girard. O autor, que começara sua carreira com *Mensonge romantique et vérité romanesque* (1961), deixa de centrar-se na crítica literária para envolver-se em uma reflexão antropológica, que tem por meta o papel da religião na sociologia. Será então decisivo para sua abordagem o descaso que cerca o religioso na visão moderna do Ocidente. Daí, com razão, Hayden White, em resenha sobre o livro de Girard, haver chamado a atenção para o caráter de continuação da visada que fora desenvolvida por Xavier de Maistre e De Bonald. Por ela, Girard procura "estabelecer como verdade que o Iluminismo solapou a necessidade da crença religiosa para a saúde social e, sem ela, a inevitabilidade do caos social" (White, 1972, p.2).

A visão de Girard é a quintessência de uma concepção conservadora e contrária aos representantes da modernidade. Para tanto, empenhar-se-á em um posicionamento estritamente de acordo com os moldes científicos, muito embora sua demonstração tenha antes um caráter mítico do que verificacional. Vejamos suas linhas.

O próprio livro abre com a afirmação da ligação estreita do sacrifício com o sagrado: "Se o sacrifício mostra-se como uma violência criminosa, não há, em contrapartida, violência que não possa ser descrita em termos de sacrifício, como na tragédia grega" (Girard, 1972, p.13).

Dela resulta a inter-relação da violência não saciada com a vítima alternativa, provocadora do sacrifício ritual: "A criatura que excitava sua fúria é repentinamente substituída por outra, que não possui característica alguma que atraia sobre si a ira do violento, a não ser o fato de ser vulnerável e de estar passando a seu alcance" (ibid., p.14).

Entre a violência primordial, que Girard toma como uma espécie de instinto, e o sacrifício ritual estabelecem-se os termos da conexão extrema, entre a violência e o sagrado, porquanto "o objetivo da substituição sacrificial é poupar o que seria objeto da violência, com a desgraça da vítima inocente": "No Antigo Testamento e nos mitos gregos, os irmãos são quase sempre irmãos inimigos. A violência que eles parecem fatalmente destinados a exercer um sobre o outro só pode se dissipar quando aplicada a vítimas terceiras" (ibid., p.17).

"Nestas sociedades, os males que a violência pode causar são tão grandes, e os remédios, tão aleatórios, que a ênfase é posta na prevenção. E o domínio do preventivo é primordialmente o domínio religioso. A prevenção religiosa pode ter um caráter violento. A violência e o sagrado são inseparáveis" (ibid., p.33).

Daí ser decisiva a função da escolha da vítima do sacrifício ritual – a incompreensão da vítima implica a da própria violência, que passa a não dispor de armas contra si: "O pensamento moderno, ao expulsar completamente o sacrifício para fora do real, continua a ignorar a violência" (ibid., p.27).

A incompreensão moderna do mecanismo da violência relaciona-se estreitamente ao papel desempenhado pelo Judiciário na sociedade não primitiva: "No final das contas, o sistema judiciário e o sacrifício têm [...] a mesma função, mas o sistema judiciário é infinitamente mais eficaz" (ibid., p.37).

As considerações precedentes têm como pressuposto a violência como primordial e sua conexão com o sagrado. Seu relacionamento é explicitado em: "O sagrado é tudo o que domina o homem, e com tanta mais certeza quanto mais o homem considere-se capaz de dominá-lo" (ibid., p.46).

> Ainda não sabemos como os homens conseguem pôr sua própria violência fora deles mesmos. No entanto, uma vez que isso tenha ocorrido, uma vez que o sagrado tenha se tornado substância misteriosa que vagueia ao redor deles, investindo-os de fora sem se identificar verdadeiramente com eles próprios, atormentando-os e brutalizando-os, um pouco como as epidemias ou as catástrofes naturais, os homens se defrontam com um conjunto de fenômenos aparentemente heterogêneos, mas que apresentam notáveis analogias. (Ibid., p.47)

Resulta do aparato montado o reconhecimento da *mímesis* por Girard e de sua força reduplicadora (a *imitatio*, na acepção clássica do termo). O autor reitera a tese que já expusera em *Mensonge*: "*O sujeito deseja o objeto porque o próprio rival o deseja.* [...] O desejo é essencialmente *mimético*, ele imita um desejo-modelo" (ibid., p.180). A afirmação é decisiva para justificar-se a presença da vítima: "Esse desejo mimético coincide com o contágio impuro; motor da crise sacrificial, ele destruiria toda a comunidade se não houvesse a vítima expiatória para detê-lo e a *mímesis* ritual para impedi-lo de se desencadear" (ibid., p.183).

Na análise da resenha de Hayden White, ainda é ressaltada a relação estabelecida entre mito e arte. Em mínimas palavras: "A arte manifesta o verdadeiro que o mito oculta" (White, 1978b, p.5).

Por essa mesma razão, a leitura proposta por Girard contraria o modo como a etnologia contemporânea tem trabalhado e as conclusões que tem oferecido, assim como se contrapõe a Lévi-Strauss e, por extensão, a Freud. Tal contraste torna mais evidentes o papel confiado à imitação e, no mesmo rumo, a força concedida à religião. Dessa força decorre a função decisiva transmitida às grandes obras literárias. "Elas têm por função penetrar nos disfarces principescos dos verdadeiros príncipes para melhor revelar a realeza que esses disfarces significam além de suas superfícies" (ibid., p.6). Essa realeza, acrescenta o grande resenhista, "não é senão a visão religiosa de uma reconciliação entre o indivíduo e o mundo, entre homem e o sagrado". Em suma, sem o reconhecimento da função primordial do religioso, a violência perde a possibilidade de ser domada. Portanto, a reiteração girardiana da *imitatio* implica mais do que outra qualquer o abandono de invenção ou *poiesis*, em que é extremado nosso cuidado com a ficção, para, em troca, reinvestir-se na forma discursiva que lhe parece adequada para controlar a violência: a forma que se concretiza no aparato da religião.

Pelo duplo reconhecimento de estarmos em linhas bem opostas e do mérito argumentativo do texto de Girard, estivemos certos de que o seu *La Violence et le sacré* não podia aqui passar sem rasto. No entanto, que fique claro que o propósito do autor – corrigir o legado da modernidade, propiciar que a religião volte a ter condições de controlar a disseminação da violência – tem como condição prévia que a *mímesis* volte a se identificar com a *imitatio*. Em suma, a referência aqui a Girard tem um caráter paradoxal: o reconhecimento de sua qualidade é, ao mesmo tempo, a explicitação de nossa discordância: sua defesa da *imitatio*. Se ela se contrapõe a tudo que aqui desenvolvemos, isso tem, entretanto, o mérito indiscutível de assinalar o risco que a dinâmica desestabilizadora da modernidade traz consigo.

10. TRAVESSIA (SARMIENTO E EUCLIDES)

O interesse comparativo de Euclides com Sarmiento não é novidade. Conforme assinala Foot Hardman, em vez de constante, ele tem se dado por ondas. A primeira sucede nos anos 1930-40, "marcada pelo perfil nacionalista-autoritário da era Vargas" (Foot Hardman, 2010, p.473); a segunda, nas décadas de 1950 e 2000, com as obras *A imitação dos sentidos* (1995), de Leopoldo M. Bernucci, e *Civilização e barbárie n'Os sertões: Entre Domingo Faustino Sarmiento e Euclides da Cunha* (2001), de Miriam V. Gárate. Se acrescentássemos a bibliografia argentina, seria imediata a constatação de que a ideia de dupla inscrição, historiográfica e literária, tem sido tomada por válida também para Sarmiento.

Das fontes argentinas, basta-nos lembrar o premiado ensaio *Sarmiento*, de Ezequiel Martinez Estrada. Nele, o destaque do político – "O ensino significa para ele um instrumento político mais do que um aperfeiçoamento espiritual, em função da cidadania" – correspondia à ênfase pelo que entendia por literatura: "Suas obras se leem como o romance e o ensaio, por seus méritos literários, como se não fossem ainda, antes de mais nada, doutrinas e programas de governo e de cultura" (Martinez Estrada, 1946, p.23, 67).

Venhamos à abordagem decisiva: Ricardo Piglia acentuará que a possibilidade de tematizar diretamente o ficcional era, em Sarmiento, sufocada pela exorbitância da vida política. As duas passagens de Martinez Estrada o indicavam pela valoração diferenciada entre ensino e política e apreciação literária. Aqui ainda acrescentemos o prólogo que Jorge Luis Borges fazia à edição de 1974. A literariedade do *Facundo* não é explicitamente declarada, sem que fosse viável negar que não a acatasse: "Como todas as gêneses, a criação poética é misteriosa" (Borges, 2007, p.153); e, por admitir que permanece a "melhor história argentina" (ibid., p.149), corresponde-lhe reiterar, como havia dito Alberto Palcos, "suas formidáveis aptidões literárias" (ibid., p.152).

A permanência da dupla inscrição é reiterada por fonte brasileira: "É justamente quando o *Facundo* se quer mais imaginariamente representacional que ele se mostra, irresistivelmente, também histórico ou sociológico" (Bernucci, 1995, p.40). Em vez de insistirmos sobre o óbvio, é conveniente nos perguntarmos o que motiva a tradição.

A recorrência a Wolfgang Iser então se converte em fundamental; com ela, passam a transparecer duas questões básicas: a que concepção de literatura correspondia aquela visão? Que derivava dela quanto ao modo de interpretá-la?

A primeira pergunta conduz à afirmação: o extraordinário prestígio de que a literatura gozava ao longo do século XIX tinha uma razão eminentemente social:

> A literatura equilibrava as deficiências resultantes de sistemas que postulavam validez universal. Em contraste com épocas passadas, em que dominava uma hierarquia mais ou menos estável de valores, essa hierarquia ruiu no século XIX em virtude da crescente complexidade dos sistemas particulares de interpretação, assim como pelo número crescente desses sistemas e pela concorrência entre eles. (Iser, 1996, p.1, 28-9)

Iser falava dessa força da literatura como decorrência de ser ela a peça central da "religião da arte". Daí extraio uma consequência paralela: o realce da literatura preenchia o vazio deixado pela progressiva perda de influência da esfera religiosa. Enquanto o religioso presidira a escala estável dos valores da sociedade, a literatura e, por extensão, a música e a pintura usufruíam de um prestígio subordinado, sem que seus cultores sentissem a necessidade de extremar a formulação do que as particularizava. Isso bem se conformava com a *imitatio*, que, particularmente difundida desde o Renascimento, só encontraria resistência sistemática com o Romantismo alemão. A mencionada estabilidade assegurava ao artista uma posição social de destaque, como ainda era usufruído por um Victor Hugo, em contraste com a carência vivida por Baudelaire.

É sabido que a situação só tenderá a piorar: Rimbaud, ao abandonar a poesia e a Europa pelo contrabando de armas e pela

África, assinala a incerteza que se apoderava da vida do artista. Nas décadas finais do século XIX, a expansão das relações capitalistas, como começa a ser acentuado tanto por Marx quanto por Flaubert, conforme aponta Ricardo Piglia, será perturbadora para o artista. A enorme perda de poder do religioso encontrava seu ápice por sua substituição pela mais-valia. A substituição efetuada afetará a relevância que tinha a literatura, cujo critério de apreciação será então modificado. Iser bem dirá: "A importância da ficção como equilibrador de déficits de saber e de explicação começou a se ampliar" (ibid., p.29). Como o mesmo capítulo o ressalta, com *The Figure in the Carpet* (1896), o destaque da ficção é fortemente tematizado por Henry James. Vale detalhá-lo.

A novela tem três focos diretores: o personagem-narrador, seu amigo Corvick e o romancista Verek. Cabe desde já recordar que "textos ficcionais respondem a situações de sua época, à medida que produzem algo que está condicionado pelas normas vigentes, mas que já não pode mais ser captado por elas" (ibid., p.23). Para o narrador, enquanto resenhista de obras literárias para jornais, sua tarefa consistia em conseguir a redução dos textos ficcionais "a uma significação referencial" (ibid., p.27). Isso significava que o texto literário era entendido como composto pelo encobrimento de algo que se convertia em segredo, cabendo ao crítico desvendá-lo.

A formulação da literatura como ficção, a ser acentuada desde o final do século XIX e ressaltada nas primeiras décadas do XX, supunha a destruição do critério antes dominante, assim como a exigência progressiva de uma teorização manifesta. Em vez de a leitura visar à descoberta de um segredo, agora incide por excelência sobre o papel da imagem – com frequência uma metáfora. (Observe-se que a leitura fundada na decodificação do contexto era de mesmo tipo da que buscava um segredo.) Daí, outra vez, o acerto das palavras de Iser:

Se a princípio é a imagem que estimula o sentido que não se encontra formulado nas páginas impressas do texto, então ela se mostra como produto que resulta do complexo de signos e dos atos de apreensão do leitor (ibid., p.33).

A função agora dada ao efeito da leitura – tão bem enfatizada pela teorização de Iser – será decisiva na caracterização que então se propunha. (Observe-se de passagem: o reconhecimento do impulso ficcional no discurso abordado, como ato que aposta na pluridimensionalidade do texto, encontra na atualidade que vivemos um obstáculo de monta: a difusão da ficção, digamos, industrial. No caso: os seriados, a propagação das telenovelas, *os sketches* de pretensão cômica, a *science' fiction* etc.) A literatura perdeu a ênfase no segredo, e, décadas mais próximas de agora, a ficção passou a ser popularmente vista como idêntica à montagem de um enredo.

O antagonismo entre as duas modalidades de leitura explica, na novela de Henry James, o choque do personagem-narrador com o romancista. Aquele se decepcionará ao ouvir o descrédito que Verek dera à sua resenha. Este, de sua parte, procura abrandar a contundência de seu comentário. Não que a resenha houvesse deixado de captar o segredo de sua obra; mas é que não há segredo a desvelar. Como dirá Iser, a imagem não se traduz na referencialidade, "pois ela não descreve algo existente de antemão, mas, sim, concretiza uma representação daquilo que não existe e que não se manifesta verbalmente nas páginas impressas do romance" (ibid., p.32). Mas o resenhista não estava em condições de entender o que transtornaria todo o modo que estabelecera de conceber seu próprio ofício. Dá-lhe uma inflexão menos danosa e traduz para seu amigo Corvick, outro resenhista de jornal, o que escutara, como prova de que o texto em que o procurara não chegara à decifração desejada.

Como os resenhistas falam a mesma linguagem, Corvick e sua futura esposa sentem-se investidos da tarefa de alcançá-la. A habilidade inigualável do texto de Henry James consistirá em resguardar a suposição de que o autor é o detentor intencional de um segredo em cuja captação Corvick encontrava a tarefa da vida. Por certo não caberia a James decifrar o pretenso enigma. Isso emprestaria à *Figura no tapete* um lamentável caráter didático. Em troca, para o leitor do *Ato de' leitura*, a tarefa tornou-se mais simples. Trata-se de reconhecer que a ficção não tem por meta remeter a uma discursividade referencial. Acrescente-se: tampouco o autor dispõe da chave decifrativa do que teria feito, até porque a rede de imagens que congregou em seu texto não se esgota no fundo semântico que a acompanha. Como já se disse, as imagens são realimentadas pela semântica nelas encerrada e pelos "atos de apreensão do leitor". Em formulação diversa, mas de consequência idêntica: esses atos interferem na carga semântica do texto por estabelecerem dentro dele um prisma de seleção, não idêntico ao que acompanha as palavras em estado de dicionário.

Ao dizê-lo, estamos de acordo com o princípio orientador da estética do efeito: o resultado da leitura vai além do que traz o texto, porquanto envolve a sensibilidade, a agilidade mental e a erudição do leitor. Sua distinção com as leituras fundadas no *close reading* converte-se em fundamental: estas privilegiam o analista previamente reconhecido como poeta, artista ou homem de letras, ao passo que a ênfase no efeito, e não mais na erudição de quem lê, ressalta o leitor em geral. A consequência é ainda maior: não só se mostra a parcialidade da concepção que entendia o texto ficcional traduzir-se em termos referenciais, o que o tornaria simplesmente compatível com os termos da realidade – nos termos do *Dom Casmurro*, o mistério se resolveria em verificar-se que Capitu traíra Bentinho ou se Bentinho era um narrador inconfiável –, como, em seu lugar, se declara que é próprio do ficcional a sua inexauribilidade interpretativa. Não se conclui daí que se converta em permanente sua existência; em vez disso, a duração de certa ficção depende de contar com valores, temporalmente mutáveis. O fato de não terem a literatura e as artes uma dimensão pragmática faz com que sua permanência esteja sempre sob risco de perecer.

É de esperar que o leitor entenda a volta cumprida. Antes de explicitarmos o braço extensível ao *Facundo*, considere-se a dobradinha a ser estabelecida com a formulação que Iser extrai da novela de Henry James. Ela é decisiva para todo o capítulo. Reitere-se com mais precisão: sem que a história por si só seja capaz de satisfazer o propósito interpretativo, se dela não partirmos a explicação, não iremos além da ordem formal. Será, portanto, o quadro histórico da Argentina e do Brasil entre 1845 e 1902, datas de publicação de *Facundo* e *Os sertões*, que servirá de guia para os passos a serem ensaiados. A orientação histórica é a base para se entender a dupla inscrição que tem sido concedida às duas obras, assim como para a divergência que aqui nos move. Não se trata, por conseguinte, de declarar que a concepção criada em torno das duas obras seja falsa, senão que sua insuficiência se estabelece e se impõe a partir do momento em que já não corresponde ao que se compreende por literatura.

Partamos, pois, da pergunta: não é verdade que Sarmiento e Euclides condensavam o processo de formação de seus países por conta de um conflito – Canudos – ou de uma dicotomia determinada – civilização ou barbárie? Sua proximidade geográfica e a prévia condição comum de colônia sinalizam uma aproximação. Foot Hardman já reconheceu que "o esquema terra-homem-luta é comum aos dois monumentos literários [...]" (Hardman, 2010, p.474) e que já provocou ondas de abordagem comparativa.[26] Também não se deve esquecer que as duas obras sofrem do mesmo fascínio pela Europa, que se traduz na identificação da civilização como polo positivo irrestrito e, em Euclides, pela antropologia biológica. Sem a negar, a eficácia analítica ganhará em vantagem se formos além de critérios generalizadores. Para fazê-lo, deixemos de lado observações menos específicas e nos concentremos no ensaio capital de Ricardo Piglia, "Sarmiento, escritor" (2010).

O romancista e ensaísta argentino dá um passo inédito na bibliografia de Sarmiento ao ressaltar o metafórico "olhar estrábico" dominante em *Facundo*: "Um olho é o *aleph*, o próprio Universo; o outro olho vê na sombra dos bárbaros o destino sul-americano. O olhar estrábico é assincrônico: um olho mira o passado, o outro está posto no que virá" (Piglia, 2010, p.15).

Ante a tradição criada, o desenvolvimento será inédito. Suas consequências afetam a abordagem das duas obras. Para bem

---

26 Cf. Hardman (2010, p.473-4).

acentuá-lo, explicitemos a ligação com *The Figure in the Carpet* e "Partiale Kunst: Universalistische Interpretation". Já reiteramos, com relativos detalhes, a novidade contida na irônica narrativa de James. Sua plena compreensão, contudo, depende do acréscimo analítico do crítico alemão. Graças a ele, percebemos que, em vez do que continua a ser geralmente pensado, "o sentido não é mais algo a ser explicado, mas, sim, um efeito a ser experimentado" (Iser, 1996, p.34). Dizê-lo, obviamente modifica drasticamente o impacto da obra. A ficção já não pode ser lida e entendida sob o modelo de um romance policial.

Fixemo-nos no texto de Piglia. Sua contribuição é decisiva porque amplia à expressão escrita oitocentista latino-americana uma problemática que poderia parecer adstrita à ficção de ponta desenvolvida no século XX.

O que Ricardo Piglia chamou de estrabismo de Sarmiento não se restringe a termos sociológicos. Mostra-o a divisa que recorda de Esteban Echeverría: "Deve-se ter um olho na inteligência francesa e o outro cravado nas entranhas da pátria" (apud Piglia, 2010, p.15), porquanto se estende ao que seja de ordem discursiva. "Esse lugar indeciso determina um aspecto incerto à obra de Sarmiento: *o uso deslocado da ficção*" (ibid., grifos nossos). Ainda em referência a *O matadouro*, de Echeverría, que divide com *Facundo* o caráter de obra argentina inaugural, escreverá que nele "se oculta uma metáfora do lugar deslocado da ficção na literatura argentina" (ibid., p.17).

Estrabismo e ficção do mundo enquanto propriedade do bárbaro afirmam-se e condicionam-se reciprocamente. Porque, exclusividade da ficção, o mundo bárbaro faz com que a linguagem da prosa de Echeverría seja a linguagem oral e popular. Entre nós, Machado de Assis romperá a barreira, mas, como prova da vigência do interdito, contará com a reserva do principal crítico entre seus contemporâneos, Sílvio Romero.

Para evitar qualquer mal-entendido, ainda se transcreva: "A forma do romance se define (basta pensar em *Dom Quixote*) quando é possível conceber uma existência mais intensa em outro mundo justaposto ao da vida cotidiana" (ibid., p.25). E, se ainda for preciso indagar-se por que a ficção se reveste de tal intensidade, a resposta se encontraria na vigência da concepção que Henry James denunciava como dominante entre seus contemporâneos: o texto literário remetia a um segredo e nele se concentrava porque era genericamente pensado em termos unilineares: à sua formulação no texto editado só caberia acrescentar uma chave explicativa, que já deveria estar contida nele mesmo. Tal unilinearidade coincidia com a visão tradicional ironizada por James. Mas não podemos passar da contextualidade europeia para a latino-americana com um mero passo. A visão da complexidade será igualmente comprometida se a aproximação das obras de Sarmiento e Euclides não considerar sua diferenciação interna.

É aqui que se há de considerar a problemática básica do caso latino-americano. Na Argentina, ela compreende tanto o exemplo de Echeverría quanto o de Sarmiento. Como se explicita em *Facundo*: "A unidade bárbara da República será iniciada por causa de um *gaúcho mau* que andou de província em província [...]" (Sarmiento, 1845, p.222). Não menos que em Echeverría, ela é evidente em Sarmiento. Como Piglia bem acentuou: "A literatura não exclui o bárbaro; ela o ficcionaliza, ou seja, o constrói tal como imagina o sujeito sobre o qual escreve" (Piglia, 2010, p.21). Mas, e n'*Os sertões*? Ainda que o termo "bárbaro" não apareça, haveria alguma dúvida de sua presença? Só que sua constituição será diversa. Em *Facundo*, a barbárie contamina a própria capital, enquanto *Os sertões* fixa-se na oposição entre litoral e sertão. Passo imediato é o seguinte: por mais que se reitere o caráter literário da obra de Euclides, não se ousaria a ele estender a formulação de Piglia sobre *Facundo*: sua "condição formal básica [...] é ficcional" (ibid., p.33). As décadas que se passam entre as duas obras provocaram o destaque do científico em Euclides. Assim só não se daria por atraso ao que ecoava da Europa ou por rebeldia criadora; em ambos os casos, considerava-se que o que aqui se produzia supunha um olho virado para o lado em favor do que dizia o pensamento europeu.

Será preciso nos determos na diferença. Borges já notara que, em Sarmiento, não havia bastado a figura de seu mais terrível adversário, Juan Manuel Rosas, "um rústico anônimo", e que buscara "uma figura de mais relevo, que pudesse personificar a barbárie" (Borges, 2007, p.151). Ao passo que o terror provocado por Rosas derivava de uma mente fria e calculista, a barbárie do próprio Facundo era espontânea. Isso não o impedia de estimular reações afetivas e louváveis. Sarmiento, assim, dispunha de um horizonte expressivo bastante amplo. Se a ficção tinha expressão direta nas manifestações da barbárie, "a resistência à ficção" se expunha onde antes havia a confluência do inimigo com a possibilidade de expressão do autobiográfico. Por isso, se o olhar de Sarmiento é estrábico, encarando o passado ou o futuro, a pergunta é: onde está o presente? Daí indagar-se com mais precisão: por que a ficção tem dificuldade de mostrar-se no presente? (Responderíamos: porque a expressão do presente se dá em um "é", que, verbalmente, recusa a ficcionalidade.)

Ora, em *Os sertões* é evidente que não se pretenderia que "sua condição formal básica" fosse ficcional. Portanto, sob esse aspecto, as duas obras estão em polos distintos. Mas essa distância ainda contém outra dimensão. Em Sarmiento, a atração pelo ficcional era possível porque a abordagem dos caudilhos não excluía o tratamento autobiográfico, pois os atos de Facundo Quiroga continham um aspecto também afetivo e, por isso, aceitável. Nada de semelhante ocorre em Euclides. Dito de modo brusco, o ficcional provoca em Euclides sua restrição, cuja raiz se manifesta na opção pela maneira dissertativa com que conduz o argumento de seu livro. O dissertativo espelha o fascínio por aquilo que, em nome da ciência, rejeita. O fascínio do reprimido se apresentará pela subcena. Como dela já tratamos, apenas nos perguntemos de onde advém a força repressiva e como ela se prova. A resposta sumária é a mais precisa: na atração pela literatura.

A resposta parecerá enigmática. Para deixar de sê-lo, precisamos recordar que a maneira convencional de entender a literatura supunha que seu texto se condensava em um só plano, que continha o segredo que cabia ao crítico descobrir. Entendia-se usualmente que a literatura implicava uma estruturação oposta à pragmática do cotidiano. (Nem sequer se cogita que fosse pensável algo oposto à pluridimensionalidade do ficcional, decorrente da dominância do metafórico.)

Acrescente-se em rápido parêntese que a ênfase na constituição discursiva da linguagem não se opõe à dimensão social, como se costumava afirmar nos nossos anos 1970, quando se entendia como abordagem marxista o que antes deveria chamar-se marxismo parnasiano.

Em síntese, o "uso deslocado da ficção" por Sarmiento e a recusa da ficção pela indagação científica de Euclides eram faces de uma mesma moeda. Em ambos os casos, por uma maneira menos ou mais tortuosa, chegava-se à literatura. Entre nós, de modo explicitamente mais estreito. A presença do filão mítico, acentuada por Nélida Piñon, permitia estabelecer-se a ponte entre as dimensões historiográfica e literária. Em uma primeira síntese, o que chamamos de "travessia" não se há de entender como a relativa transposição de uma interpretação inédita, a de Piglia, para outro autor, mas, sim, como uma construção por certo laboriosa, embora não muito complicada. Por ela, ademais, procura-se mostrar que a oposição à chamada dupla inscrição de Os sertões não significa negar que haja no livro uma dimensão literária extensiva – expressiva em curtas passagens, mas generalizável enquanto ambiência mítica –, mas, sim, questionar em que condições ela pode se cumprir, sem obscurecer sua dimensão historiográfica mais evidente. Na interpretação que proponho, o literário em Os sertões não pode constituir uma segunda inscrição, porque sua presença é bastante secundária quanto à inscrição "científico"-histórica.

Em uma segunda síntese, são as condições sociais que impõem o desenho discursivo, e a estrita oposição entre marxismo e análise discursiva não passa de uma manifestação de estreiteza de ambas as partes.

A maneira como o ficcional se precipita em Facundo *e é reprimido em* Os sertões *deriva da forma como seus autores pensam o outro.* O outro, em Euclides, é o sertanejo, bárbaro entendido em termos de raça, mestiço de raças que se pretendem dotadas de quocientes diferenciados, tido por fanatizado pela ação de

Antônio Conselheiro. Ainda que o mestiço seja visto a distância, não podendo dar lugar à proximidade com algum traço autobiográfico – não porque Euclides deixasse de ser mestiço, mas pelo preconceito com que a mestiçagem era tratada –, seu extermínio provoca a indignação do autor, tendo *Os sertões*, nas palavras do autor, o caráter de uma vingança pela atrocidade que a população sertaneja sofreu. Isso não impede que Conselheiro seja o negativo irredutível:

> Todas as crenças ingênuas, do fetichismo bárbaro às aberrações católicas, todas as tendências impulsivas das raças inferiores, livremente exercitadas na indisciplina da vida sertaneja, se condensaram no seu misticismo feroz e extravagante. Ele foi, simultaneamente, o elemento ativo e passivo da agitação de que surgiu. (Cunha, 1985 [1902], p.206-7)

É bem diversa a posição do outro em Sarmiento. Ele se confunde com o perfil do argentino a que o autor procura salvar dos caudilhos, cuja multiplicidade se sintetiza em Facundo e Rosas. Rosas é o inimigo pessoal de Sarmiento, Facundo, o que, com atitudes ainda provocadoras de simpatia, permite também a confluência com o autobiográfico. Por isso, diferentemente de Conselheiro, o outro na narrativa de Sarmiento é um *fantasma*, passível de se prolongar em uma ficção, porque não tem meramente traços negativos: "Sombra terrível de Facundo, vou evocar-te, para que te ergas, sacudindo o pó ensanguentado que cobre tuas cinzas e nos expliques a vida secreta e as convulsões internas que dilaceram as entranhas de um povo nobre" (Sarmiento, 1845, p.49).

Sombra que, embora próxima do inimigo do autor, com ele não se confunde: "Provinciano, bárbaro, valente, audaz, foi substituído pelo general Rosas, filho da culta Buenos Aires, sem o ser ele próprio" (ibid., p.50). Por isso, como Piglia bem observou, não se cogitaria que a imagem de Facundo estivesse por completo afastada de expansão autobiográfica que a obra de Sarmiento contém.

Se, portanto, em Euclides, o sertanejo e Conselheiro são separados por uma linha firme e estável, em Sarmiento, no dístico "civilização e barbárie", o primeiro termo contém toda a positividade sufocada pela barbárie: "Nós [...] queríamos a unidade na civilização e na liberdade, e nos tem sido dada a unidade na barbárie e da escravidão" (ibid., p.75).

As considerações imediatas precedentes permitem outro desenvolvimento. Se Facundo Quiroga e Rosas expõem o sinal invertido da civilização, a recusa radical de Conselheiro é o polo oposto da representação (fantasiosa) da ansiada nacionalidade. Só na aparência as duas formulações são idênticas. Na verdade, as obras de Sarmiento e Euclides se afastam entre si por efeito de sua diferença temporal. Na precisa formulação de Miriam V. Gárate:

> Entre 1845, data de aparição de *Facundo*, e 1902, data de publicação de *Os sertões*, a posição dos intelectuais nas engrenagens do poder de Estado – a posição dos homens "decentes" e "sem fazenda", da "aristocracia do espírito", como gostava de chamá-lo Sarmiento – já sofrera um desgaste significativo. (Gárate, 2001, p.26)[27]

Daí "o caráter visivelmente disfórico das páginas euclidianas, em evidente contraste com a euforia sarmentina" (ibid., p.23).

No argentino, Quiroga e Rosas são os paladinos opostos para o futuro. Em Euclides, do território da nacionalidade não se pode extirpar a figura combatida de Conselheiro. As consequências

---

27 A observação da autora sobre a diferença nas relações da *intelligentsia* com a engrenagem do poder, na Argentina e no Brasil, entre a metade do século XIX e o começo do XX, merece ter o desenvolvimento que aqui não é feito. Ficando só com o caso brasileiro, a conversão do Euclides florianista para o cético na República implica uma descontinuidade que terá outros similares. Prova-o o processo contra diplomatas, por exemplo de João Cabral de Melo Neto, acusado de pertencer a uma célula comunista, afastado do Itamaraty em março de 1953 e só reintegrado em setembro de 1955, e os afastados pelo golpe militar de 1964, como Antônio Houaiss, assim como a posição antigolpista assumida, no mesmo período, por professores de ciências sociais e letras da USP.

são terríveis: porque Conselheiro é o precipitado de disposições raciais espalhadas por todo o país, a nacionalidade que Euclides almeja, como permanecerá ainda em Oliveira Lima, dependeria do fluxo migratório que compensasse os males causados pelas raças tidas por inferiores. Mais ainda: diferentemente da possibilidade encontrada em Sarmiento, a exaltação do nacional não se faz por algum ressalte do imaginário porque este se encontra *a priori* comprometido pela repressão do ficcional; em lugar da exploração do imaginário, o inegável empenho euclidiano está no cálculo científico efetuado acerca da formação do país.

Em suma, o lugar de exceção ocupado pela ficção, na obra euclidiana, resultante de sua repressão e provocando sua localização ornamental, na de Sarmiento, constituindo sua "condição formal básica", era correlata à adesão irrestrita de ambas as obras ao vetor civilizacional; n'*Os sertões*, identificado com a catastrófica antropologia biológica, na outra, com fatores sociais genéricos: "A vida no campo [...] desenvolveu no gaúcho as faculdades físicas, mas nenhuma das pertinentes à inteligência" (Sarmiento, 2010, p.93).

Derradeira nota: não é intrigante que a repressão à ficção fosse, em Euclides, a porta de entrada para a literatura? Pelo cuidado em evitar algum desvio prescindível, apenas ressaltemos o caminho mais direto: a repressão provoca, n'*Os sertões*, o realce de imagens singularmente destacadas do grosso da narrativa. Elas são responsáveis por uma nítida diferença com *Facundo*, em que a narrativa conserva um curso igual:

> Sua característica básica é a justaposição e a mescla de gêneros fragmentados: simultaneamente, o ensaio, o jornalismo, a correspondência privada, a crônica histórica, a autobiografia. [...] Os gêneros são posições de enunciação que garantem os critérios de verdade. (Piglia, 2010, p.35-6)

Porque *a oscilação entre os gêneros tem por contrapeso a manutenção do critério de verdade* explica-se, em *Facundo*, a conservação do mesmo andamento do relato. Em *Os sertões*, diferentemente, as passagens singulares tornam indisfarçável o propósito de diferençar momentos da textualidade em que, para glosar palavras já citadas, se impunha distinguir da "aridez característica das análises e das experiências" a "síntese mais delicada" do "trabalho literário".

É evidente que, ao dizê-lo, estabelecemos uma diferença marcante entre ficção e literatura. A ficção, enquanto exploração de eventos possíveis e não só identificáveis com fatos, é constitutiva de uma modalidade discursiva específica; a literatura é uma designação genérica porque passível de conter, em sua acepção extensa, manifestações discursivas outras. Elas hão de ser bem caracterizadas, se quisermos tratá-las com alguma precisão. A exigência se impõe como modo de separar a literatura da praga de entendê-la como sinônimo de "isso quer dizer que", com que tudo se converte em discurso referencial. Afinal de contas, o objeto deste ensaio se limita a uma questão de precisão.

11. UMA CURTA MENÇÃO: *TERRA IGNOTA* (1997) E POSFÁCIO (2019)

Havendo a guerra de Canudos chegado ao fim e Euclides estando de volta a São Paulo para retomar o exercício da engenharia, que pensaria a propósito do que testemunhara? A intensa pesquisa a que durante anos se dedicou demonstra que não lhe interessava apenas narrar o que ali vira, mas também inseri-lo ativamente na História do país, cuja interpretação científica seria intentada.

Em favor de seu propósito, contava com os aportes da geologia, da geografia, da climatologia, da hidrografia, da psicologia social, no máximo de ciências particulares que conseguisse integrar à antropologia biológica e, de antemão, com uma concepção de essência, que pareceria inatacável. Consequência do traço filosófico era a suposição, para Euclides indiscutível, de que a ciência tinha um alcance totalizante. Pouco importa quando deixou de ser positivista, para preferir a influência de Haeckel, Alexander von Humboldt, Maudsley etc. etc. O plano geológico foi aquele em que Euclides encontrou maior colaboração. José Carlos Barreto de Santana acentua a importância das pesquisas geológicas de Hartt, secundadas por Emmanuel Liais e Agassiz.[28] Mais recentemente, Marcus Vinícius de Freitas ressalta que, n'*Os sertões*, Euclides se apropria de passagens de *Geology and Physical Geography of Brazil*, de Frederick Hartt,[29] indicando concretamente o quanto as ciências naturais e a visão romântica da literatura estavam de acordo com a visão ideológica da nação que se procurava consolidar, depois da Guerra do Paraguai. Em troca, o nome de Liais aparece n'*Os sertões* sem que pareça se respaldar na primeira parte de *Climats, géologie, faune et géographie botanique du Brésil* (1872). (Não posso falar de seu *L'Espace céleste* (1881) porque não o encontrei.)[30]

Quaisquer que sejam os cientistas que absorveram a atenção de Euclides da Cunha, nenhum deles o fez duvidar do caráter totalizante da ciência. Por isso, mesmo que distinga o papel da escrita literária, este não pode ser senão ornamental e secundário.[31] A aproximação de Euclides da literatura e dos cientistas naturais tinha razões biográficas e sociais suficientes: ainda estudante, ele compôs versos, o que não era incomum. Para que já não estivessem em sua memória, seria preciso que houvesse sucedido uma reviravolta de gosto e o mais que se desconhece; desde o final da Guerra do Paraguai, integrantes do poder monárquico, com a presença do próprio dom Pedro II, ao lado de cientistas naturais, de posse de resultados de suas pesquisas,

---

28 Cf. Santana (2001).
29 Cf. Freitas (2002, p.220).
30 A referência ao livro de Marcus Vinicius de Freitas foi feita em espaço que não permitiu acentuar o destaque de seu capítulo VI para a verificação da "*convivência* entre ciência, história e literatura num mesmo espaço institucional", particularmente incrementado na década de 1870 (cf. Freitas, 2002, p.193). Ao lado do que mostra Miriam Gárate, este oferece um outro acervo para o estudo em profundidade das relações entre a *intelligentsia* e o poder político no Brasil.
31 Cf. passagem da carta a José Veríssimo, de 3 de dezembro de 1902.

juntavam suas vozes para que fosse mais visível o estímulo da Monarquia à Exposição Antropológica Brasileira, realizado por patrocínio do Museu Nacional do Rio de Janeiro, e demais estímulos a outras instituições científicas. Os dados que Vinicius de Freitas bem apresenta no estudo sobre a presença de Hartt no Brasil mostram com clareza que o avanço das ciências e o apoio do monarca tinham efeitos positivos na concepção que se constituía da jovem nação.

Não nos deteremos na visão totalista da ciência porque não há nada a acrescentar ao que já havíamos escrito em *Terra ignota*. Limitemo-nos a acentuar que a espinha dorsal de *Os sertões* é formada pela integração de dois focos maiores: (a) uma concepção de ciência que se vincula à antropologia biológica, desenvolvida a partir do evolucionismo darwinista; (b) que se realizava pelo que os intérpretes d'*Os sertões* têm entendido como uma dupla inscrição discursiva. É evidente que não estamos de acordo com os que assim pensam. Cabe reiterar que o desdobramento da recusa da dita dupla inscrição se inclui no processo de questionamento da *mímesis*, daí a ficção em suas modalidades literária e não dominantemente literária, vindo-se, por fim, ao que, em *Terra ignota*, examinamos como subcena.

A tese amplamente defendida por Euclides da antropologia biológica teve seu interesse prejudicado por deixar de ser considerada, a partir dos anos de 1930 – exceto pelos adeptos do nazismo –, de cunho científico. Na ambiência do cotidiano, isso não impede que o racismo – uma de suas decorrências – seja menos praticado. Como segundo foco do livro, a pretensa dupla inscrição discursiva é articulada à tese antropológica de que a "guerrilha" sertaneja é, por sua mobilidade, uma tática mestiça, que se combina a seu extremo conhecimento do terreno; a manutenção de sua referência pelos analistas tem sido no mínimo ajudada pela exclusão da antropologia biológica. Mesmo por essa razão, restringiremos a presença desta ao respaldo que Euclides encontrava em *A luta das raças*, de Ludwig Gumplowicz. Reutilizaremos aqui a argumentação desenvolvida na parte final do posfácio de 2019.

Não é costumeiro notar-se a posição de destaque que Euclides reservava ao sociólogo polonês, cuja obra deverá ter lido na tradução francesa, *La Lutte des races* (1893). Antes de tudo, coordene-se o que Euclides destacava em Gumplowicz com o realce, no caso brasileiro, dado ao mestiço, apenas diferenciado entre as modalidades litorânea e do interior.

Na "Nota preliminar", Euclides escrevia: "A civilização avançará nos sertões impelida por essa implacável 'força motriz da História', que Gumplowicz, maior do que Hobbes, lobrigou, num lance genial, no esmagamento inevitável das raças fracas pelas raças fortes" (Cunha, 1985 [1902], p.86).

Para o sociólogo polonês, a espécie humana foi formada por várias raças. Desde o princípio da história que se conhece, declara, "deparamo-nos com um *grande número* de raças humanas, que se encaram entre si como estrangeiras pelo sangue e pela diferente descendência" (Gumplowicz, 1883, p.54). Cada comunidade fora constituída pela fusão de raças diversas, tendo como denominador comum a "organização do poder" e a articulação de interesses e conquistas (ibid., p.170). Destacava, portanto, ao lado (e acima) do fator biológico, os fatores sociopolíticos, o princípio do poder e a subordinação de toda a comunidade ao grupo dominante. Por efeito desses dois traços diversos, a junção com outros grupos, da mesma ou de outras famílias raciais, bem como a conquista, o massacre e o extermínio de grupos diversos do que ocupava o poder, determinava o processo histórico natural.

Gumplowicz era um darwinista moderado. Ou seja, seu evolucionista biológico era minorado pelo reconhecimento da importância do caráter sociológico do processo. Assim, de acordo com a exigência feita na época às ciências, sua diferença quanto às direções mais fielmente darwinistas não o impedia de ser tão formulador de leis quanto aquelas; portanto era considerado como igualmente "científico". Daí que escrevesse: "[As] fases constitutivas [da sociedade] devem necessariamente haver sido sempre e em todas as partes semelhantes àquelas que observamos, considerando esse processo durante todo o lapso de tempo [que nos oferece] a história conhecida e a época atual" (ibid., p.172).

A história é impulsionada pelo conflito, e o conflito se nutre da heterogeneidade étnica das comunidades. Por isso a guerra é "natural e inevitável". "Se a guerra alcança sua meta, produz-se, entre os elementos heterogêneos, uma relação de dependência ou de dominação" (ibid., p.176). É desse sentido preciso que deriva o título da obra, pois "estas lutas constituem a essência do processo histórico" (ibid., p.193).

Gumplowicz não discutia o papel desempenhado pelo biológico, desde que fosse aceito seu caráter dependente ao fator sociológico: os laços constitutivos do poder. Se então afirma que "a unidade de sangue" é "o cimento que mantém a unidade grupal" (ibid., p.192), por todo o ensaio insiste em ver em toda comunidade humana "o processo de assimilação dos elementos heterogêneos" (ibid., p.183). Mais ainda: a própria unidade de sangue não é concebida *a priori*, mas, sim, em decorrência da dominância de certo grupo racial sobre outros. Ou seja, o fator racial é promovido como justificação dos interesses dominantes. Em poucas palavras, para Gumplowicz, biologicamente falando, as raças são sempre mestiças, dado que formadas por grupos heterogêneos, que, assim, deixam de ser vistos ao se ajustar à mesma "circulação intelectual". Opondo-se então ao evolucionismo dominante, o sociólogo polonês escreve taxativamente: "A coincidência das classes e das castas profissionais com as diferenças étnicas e as diferenças de raças na população de um Estado provém de que é unicamente em vista da divisão econômico-política do trabalho que é por força preciso organizar a dominação" (ibid., p.210).

Nada assim impede que "inúmeros países independentes, Estados ou territórios, ou apenas partes de Estado, nos apresentem" a inversão dos polos dominante e dominado.

Partindo dessa síntese, é cabível acrescentar que parece estranho que Euclides não houvesse entendido uma formulação tão clara; ainda depois de *Os sertões*, em carta a Araripe Júnior, diria: "Sou um discípulo de Gumplowicz, aparadas todas as áreas duras daquele ferocíssimo gênio saxônico" (Cunha, 1967). Comparada à leitura que também faria do psiquiatra inglês Henry Maudsley ou de Alexander von Humboldt – o que aqui é ocioso –, nota-se que, talvez pela falta de interlocução, era frequente Euclides procurar amoldá-los à sua visão preestabelecida. Quaisquer que sejam as razões, Euclides inverte a posição assumida por seu declarado mestre: a raça deixa de ser vista como auxiliar para a montagem do poder na sociedade e é declarada determinante.

Para Euclides, a formação brasileira é marcada por um fator decididamente biológico, a dominância do mestiço e suas consequências negativas. A formulação é reiterada diversas vezes. Basta-nos a mais incisiva:

> A mistura de raças mui diversas é, na maioria dos casos, prejudicial. Ante as conclusões do evolucionismo, ainda quando reaja sobre o produto o influxo de uma raça superior, despontam vivíssimos estigmas do inferior. A mestiçagem extremada é um retrocesso. [...] De sorte que o mestiço – traço de união entre as raças, breve existência individual em que se comprimem esforços seculares – é, quase sempre, um desequilibrado. (Cunha, 1985 [1902], p.174)

Tal mistura, apenas nos estados do Sul bem mais amena, se estende por todo o país pela constituição de duas espécies distintas, o *degenerado*, do litoral, produto de cruzamentos que permanecem ativos, que o tornam progressivamente mais fraco; e o *retrógrado*, o do sertão, que, pela dificuldade de acesso, teve a função de provocar a cessação dos cruzamentos, firmando a fusão positiva do branco com o selvagem, de que herda a familiaridade com o meio físico.

A particularidade de o cruzamento no sertão ter cessado havia bastante tempo explicava a Euclides a tenacidade mostrada pelos defensores de Canudos – ela só não se reitera quando a resistência for considerada de todo inexplicável. A dificuldade de acesso físico então provoca o grau menos negativo do mestiço do sertão. Por isso, a mesma regressão étnica explica o suposto monarquismo de Conselheiro e de seus adeptos: *a República é considerada um regime superior à capacidade de entendimento de mestiços*. Por essa razão, aumentava a distância entre a população do país e a forma de poder que lhe era imposto: "Fugindo ao transigir mais ligeiro com as exigências da nossa própria nacionalidade, [tornamos] mais fundo o contraste entre o nosso modo de viver e o daqueles rudes patrícios mais estrangeiros nesta terra do que os imigrantes da Europa" (Cunha, 1985 [1902], p.249).

Estamos por isso forçados a contar com a lenta passagem do tempo. "A Guerra de Canudos foi um refluxo em nossa História. Tivemos inopinadamente, ressurrecta e em armas em nossa frente, uma sociedade velha, uma sociedade morta, galvanizada por um doudo" (ibid., p.248). Mas a vitória sobre o "refluxo" era paradoxal: mostrava que nossas instituições eram de empréstimo, que só o lento desenrolar temporal propiciaria a formação de uma sub-raça nossa. A vantagem relativa do mestiço do sertão faz com que a fusão com a etnia mais forte lhe transmita "as tendências civilizadoras", sem lhe impor "a civilização".[32]

Daí a facilidade oferecida a Euclides em inverter os fatores que Gumplowicz destacava. O evolucionismo biológico o fazia crer que tinha a chave explicativa não só da resistência de Canudos, como também da extrema peculiaridade negativa da sociedade brasileira:

> Enquanto mil causas perturbadoras complicavam a mestiçagem no litoral revolvido por imigrações e pela guerra; e noutros pontos centrais outros empeços irrompiam no rastro das bandeiras – ali, a população indígena, aliada aos raros mocambeiros foragidos, brancos escapos à justiça ou aventureiros audazes, persistiu dominante. (Ibid., p.171)

Desse modo, o evolucionismo impunha ao autor uma carga desconhecida nos países europeus em que se originara. A lição não desaparecerá com o desprestígio da antropologia biológica, pois a marca das "raças inferiores" continuará reiterada pela permanência do preconceito, o qual, de sua parte, com a conversão

---

32 Cf. Cunha (1985 [1902], p.154).

de "raça inferior" em complexo de inferioridade, tem sua permanência garantida pelas condições político-sociais que provocam a forçosa subordinação do pensamento aqui constituído ao que se desenvolve nos países avançados.

Em vez de continuarmos a bater nessa tecla, acentuemos uma outra perspectiva: *como seria concebível Os sertões caso não se tivesse afastado da interpretação sociológica, dominante em Gumplowicz? Sem ter dela se afastado, a destruição de Canudos não seria considerada uma inevitabilidade histórica, e o sertanejo não estaria destinado a formar "uma grande raça", tampouco estaria condenado a desaparecer.* Em troca, a acusação ao governo e ao Exército não encontraria ressalva. Graças, pois, sejam dadas ao desentendimento.

Tudo, em suma, poderia se tornar mais nítido e claro, salvo o conjunto de *Os sertões* que, reduzido à indignação moral do autor, não justificaria a amplidão de suas duas primeiras partes. Além do mais, estando o livro reduzido a "A luta", seria injustificada a preocupação com o momento biológico presente ou futuro do país. Sabemos que as duas primeiras partes servem de terreno para que nele viceje uma teoria evidentemente comprometida com a expansão de nações europeias – primeiro as ibéricas, então Holanda, França, Inglaterra, e, a seguir, para transtorno da supremacia europeia, a situação que promove o choque com a Alemanha, que não se aceitava excluída da expansão territorial. Mas Euclides não percebeu nem o caráter político da antropologia biológica, nem a força do mito que, sem querer, mobilizava. É o seu próprio texto que o supera e impõe as indagações.

Por isso é oportuna a interpelação da leitura daquele que Euclides tomara como mestre. Não implica diminuí-la a obra euclidiana tê-la deslido. Fazê-lo também contribuiu para a suposta integração entre ciência e arte, história e literatura.

Como Euclides concebe a ciência? Pensa que ela se presta a uma função ora pontual, ora totalizante. Pontual, realiza correções e acertos particulares, de cuja articulação deriva o que se espera seja uma verdade. Assim, a propósito das expedições militares não se cansa de insistir que repetem as mesmas falhas.

O fracasso da primeira decorrera do número ínfimo de soldados, já por si só prova da falta de informações do governo baiano. De antemão enfraquecida pela carência de meios materiais e de planejamento, logo passa a sofrer da falta de preparo dos comandantes, que não advertem que o desaparecimento dos habitantes do pequeno povoado por onde passam denunciava que estavam a par dos movimentos da tropa e se encontravam "sob o domínio de Canudos" (Cunha, 1985 [1902], p.270). Por isso, a tropa é atacada quando os soldados ainda dormem. A surpresa promove sua instantânea derrota. O despreparo só não termina no completo extermínio pela extrema superioridade de armamentos. Embora o combate termine com a retirada dos sertanejos, o comandante prefere não os perseguir. Assim declarava seu fracasso. "A travessia para Juazeiro fez-se a marchas forçadas, em quatro dias. E, quando lá chegou o bando dos expedicionários, fardas em trapos, feridos, estropiados, combalidos, davam a imagem da derrota" (ibid., p.274).

Como nada é aprendido, os erros se repetem com a segunda expedição. Reitera-se a falta de informação sobre as condições do meio, agravada pelo modo grosseiro como os oficiais haveriam manipulado os manuais de guerra, ao passo que os sertanejos "compensavam a falta de livros por serem exímios conhecedores do terreno" (ibid., p.311).

A terceira expedição, sob o comando de Moreira César, repete os erros de estratégia, deslocamentos, inadequação ao meio, pressa no reconhecimento dos acidentes topográficos, medição das distâncias. A autoconfiança na vitória só era comparável à grosseria dos enganos materiais. E a incompetência militar do chefe só encontrava paralelo em sua ignorância da psicologia do sertanejo: "Arrojando à batalha toda a sua gente, parecia contar menos com a bravura do soldado e competência de uma oficialidade leal que com hipótese duvidosa: o espanto e o terror dos sertanejos em fuga, colhidos de improviso por centenas de baionetas" (ibid., p.351).

O desastre consequente à morte do comandante envolvia de ridículo toda a campanha. Absurdo e incompetência se abraçavam.

Depois de tantas mortes e desperdícios, os erros são parcialmente corrigidos pela quarta e vitoriosa expedição. Mas o autor continua a anotar as inconsequências que permanecem. O general Artur Oscar "só tem uma tática – a da imobilidade" (ibid., p.434). Mesmo na véspera da destruição do arraial, acumula más decisões. Ressalte-se que, para Euclides, as falhas tinham uma razão estrutural: provinham de um poder que vivia "parasitariamente [...] dos princípios civilizadores elaborados na Europa", supondo o domínio da ciência militar, que eram apenas imitados. Em suma, as grosserias cometidas se explicavam por princípios firmados da ciência – as expedições eram formadas pelos mestiços degenerados do litoral. As falhas recorrentes desvendavam uma totalidade. A ciência era o plano que a revelava. Por isso a sua autoridade não se encerra nas manobras impróprias das expedições, mas ainda importa na explicação da conduta dos sertanejos. Às estratégias imitativas dos oficiais de carreira, os chefes sertanejos opõem táticas de luta fundadas no conhecimento profundo de sua terra. Sua melhor adequação às condições da luta constitui, no entanto, apenas um detalhe do que a antropologia biológica permitiria explicitar. Reitera-se: a mestiçagem é o traço que marca o brasileiro. Os embates ali travados eram combates entre tipos de mestiços. Mestiço retrógrado, o sertanejo levava vantagem sobre o proteiforme do litoral. Ainda assim, mesmo o retrógrado não se equiparava às raças civilizadas. É rebelde e indisciplinado, não se ajusta às táticas desenvolvidas pelas raças estáveis. Destaca-se, portanto, a função totalizante da ciência: as massas, mestiças ou não, são subjugadas, quase magnetizadas, por seu chefe. Em concordância com Gustave Le Bon, Euclides declara que o coletivo humano é fácil presa da imitação.[33]

A explicação oferece uma imagem adequada da concepção que Euclides fazia da ciência e, portanto, o papel que desempenhará no que se entende como duplo caráter historiográfico e

---

33 Cf. Le Bon (1895).

literário de *Os sertões*. Podemos então passar a considerar o papel que o autor concedia à arte verbal.

Como a história literária do século XIX mostra, entendia-se que a arte verbal tinha por princípio a apreensão sintética e englobante da realidade afirmada pela sociedade a que pertencia. Mais especificamente pelo romance, a ficção do século XIX preenchia o vazio de uma visão integrada de mundo, aberto pelo domínio da ciência. Reitere-se que, em *O ato da leitura*, Wolfgang Iser anota a "importância da ficção como equilibradora de déficits de saber e de explicação que começava a se ampliar" (Iser, 1996, p.29).

Os percursos do romance e da lírica apresentavam uma pequena diferença. O romance se realiza por um enredo em que estão registrados os dilemas e tensões da sociedade, enquanto a lírica visa à expressão da psique autoral. Nos dois casos, por conseguinte, operava a *imitatio*, distinta da afirmada em séculos passados por ter como meta a sociedade e não mais a natureza. Ora, na concepção euclidiana da ciência, a função imitativa, no caso da natureza, nela se concentrava. Onde, pois, a arte verbal encontraria sua meta justificadora? Não era por acaso que o autor pretendesse se separar do que chamava de visão romântica do país, pela qual o sentimento e a emoção seriam a base para a reconfiguração da sociedade. Estabelece sua distinção pela formulação presente na carta a José Veríssimo. Partindo de que "o consórcio da ciência e da arte [...] é hoje a tendência mais elevada do pensamento humano", acrescenta: "Eu estou convencido [de] que a verdadeira impressão artística exige, fundamentalmente, a noção científica do caso que a desperta, diferenciando-se dos (trabalhos) científicos, apenas, por uma síntese mais delicada" (Cunha, 1997b, p.143-4).

A supremacia do tratamento científico era indiscutível. À arte se reservava a função secundária da elaboração sintética e de agrado do leitor. Pouco depois do lançamento, conforme já se assinalou, em resenha de *Os sertões*, Araripe Júnior confirmaria o alcance do alvo. Como a formulação de Euclides estivera em uma correspondência privada, acentue-se a coincidência do que declarava pretender com a afirmação de Araripe Júnior de que esse era o juízo corrente entre os letrados.

De posse desses esclarecimentos, é indiscutível que, para Euclides, a expressão literária tinha uma posição adjetiva. Porque se restringia a ser "uma síntese mais delicada", era menos que um princípio. A diferenciação assim estabelecida permitia que justificasse para si mesmo a presença dela em *Os sertões*. A designação se justifica por ser dependente e fundada em uma razão menor do que um princípio específico. Que razão menor seria senão a dada pelo tratamento estilístico? E por que menor senão porque não específica de alguma modalidade discursiva? Assim, recordando a observação de Gilberto Freyre – "O monumentalismo [...] quase nunca o abandona" (Freyre, 1944, p.29) –, é sintomático que, em passagens destacadas da subcena, o monumentalismo já não apareça. Ou seja, como na subcena a qualidade da expressão literária é inquestionável, verifica-se que, sem ser um traço que pudesse estar também na cena principal, de pretensão científica, *na subcena, o estilo aparece em lugar de um princípio*. Assinalo a passagem capital de "A luta". O narrador se detém na "via-sacra dos sertões", construída sob o olhar de frei Apolônio de Todi:

> (A) Ilusão é empolgante. – Veem-se as capelinhas alvas, que a pontilham a espaços, subindo a princípio em rampa fortíssima, derivando, depois, tornejantes, à feição dos pendores, alteando-se sempre, erectas sobre despenhadeiros, perdendo-se nas alturas, cada vez menores, diluídas a pouco e pouco no azul puríssimo dos ares, até à última. No alto... – E quem segue pelo caminho de Queimadas, atravessando um esboço de deserto, onde agoniza uma flora de gravetos – arbustos que nos esgalhos revoltos retratam contorções de espasmos, cardos agarrados a pedras ao modo de tentáculos constritores, bromélias desabotoando em floração sanguinolenta –, avança rápido, ansiando pela paragem que o arrebata. (Cunha, 1985 [1902], p.289)

Na inteireza do texto original, o encanto depende da distância: a ilusão "é empolgante ao longe". A distância fecunda o arredondamento lírico. Quando ela se converter em proximidade, o encanto se transformará no reconhecimento de imperfeições e em sinais de ruína. Ora, é explicável que, em um contexto de pretensão científica, para ganhar direito de entrada, uma passagem sem tal pretensão necessitará que seu encanto esteja previamente explicado. Com efeito, a explicação já havia sido dada: "A religiosidade ingênua dos matutos ali talhou, em milhares de degraus, coleante, em caracol pelas ladeiras sucessivas, aquela vereda branca de sílica, longa de mais de dois quilômetros, como se construísse uma escada para os céus..." (ibid.).

É assim explicado que a formação do *topos*, bem como sua dissolução, era orientada pela explicação que o próprio Euclides oferecera, na carta a Veríssimo. Apenas se acrescente: o desprestígio que, poucas décadas depois, atingiria o evolucionismo faz com que seus intérpretes, sem que precisem negar a pretensão científica da obra, antes insistam em sua qualidade estilística. (Cientificismo e ênfase no refinamento retórico da linguagem são os índices em que se tem fundado a compreensão de *Os sertões*.)

Antes de dizer algo mais apropriado sobre os princípios das formas discursivas, acentue-se seu caráter problemático.

12. TERMOS A SEREM EXPLICITADOS

Ao longo da problematização da dupla inscrição de *Os sertões*, concentrei-me no uso de termos que, sendo aqui centrais, não puderam ser antes mais bem explicados. Por sua maior abrangência, o primeiro concerne à relação entre história e literatura.

Michel de Certeau abre o capítulo I de seu *Histoire et psychanalyse*[34] com uma observação cuja transcrição será capital:

---

34 Uma abordagem de extrema qualidade sobre o ensaio é oferecida por Clarissa Ribeiro (2015).

> A historiografia ocidental luta contra a ficção. Entre a história e as estórias, essa guerra intestina vai muito longe. É uma querela familiar que, desde logo, fixa posições. Mas, por sua luta contra a efabulação genealógica, contra os mitos e as lendas da memória coletiva ou contra as derivas da circulação oral, a historiografia cria um desvio quanto ao dizer e crer comuns e se aloja precisamente nesta diferença que a estabelece como erudita, distinguindo-a do discurso ordinário. [...] Deste ponto de vista, *no interior de uma cultura, a ficção é o que a historiografia institui como errôneo, assim se talhando um território próprio.* (Certeau, 2002, p.53-4, grifos nossos)

Para ser eficiente na luta contra a ficção, a historiografia precisa enfatizar o papel dos arquivos, que revelariam os fatos marcantes do evento ou o período indagado. Trata-se, portanto, em toda a formação acadêmica e na prática sucessiva ou independente do historiador, de manter-se bem precisa a distinção entre fato e ficção.

O fato costuma ser aventado como indiscutível. Aquele cuja evidência dispensa discussão é tão minoritário que nele se demorar seria uma agressão à inteligência do leitor. Diga-se, por exemplo, que me refira a um acidente automobilístico visto, por acaso, da janela de meu apartamento. Acrescente-se que a gravidade do choque fora suficiente para as mortes sucedidas. Se bastar sabê-lo, não haverá o que discutir. Entretanto, se se indaga a causa do acidente – imperícia, irregularidade da pista, embriaguez etc. –, os motivos se atropelarão sem que o testemunho precedente baste para o deslinde.

À ocorrência desse tipo se contrapõe a frequência dos que exigem interpretação. A ela corresponde a margem de ficção que o fato carrega consigo. Para dizê-lo sinteticamente, com Koselleck: "O que dizes hoje já amanhã tem outro significado" (Koselleck, 1976, p.89) e "Um relato engendrado no curso do tempo é sempre diverso do que retrospectivamente se explica como integrado a uma 'história' (*Geschichte*)" (id., 1997, p.20). O emaranhado exposto pelo historiador assinala que, entre o acidente factual e a proposta de compreensão do que sucedeu, há um mundo de possibilidades que não se esgota nas ilações causalistas.

Não é complicado aceitar a não transparência do fato, mas o que dizer da ficção? Em prol da rapidez da argumentação, guarde-se o antagonismo dos historiadores. Isso nos reconduz ao ensaio de Koselleck: "O historiador permanece subordinado a uma instância de controle da racionalidade constritora" (id., 1976, p.92). A existência de tal controle ressalta que "ele não indaga por sua própria vontade texto nenhum, diário nenhum, carta nenhuma, documento nenhum, crônica nenhuma nem representação nenhuma (*Darstellung*)" (ibid., p.89-90), diferentemente do linguista e do analista da literatura, que "tematizam um texto por si mesmo ou em função de sua expressão" (ibid., p.90). O controle racional "limpa" o texto em favor da interpretação a lhe ser emprestada.

O arrazoado acima leva o historiador alemão a afirmar que a postulação historiográfica "de uma realidade passada" implica a formulação da "ficção do fático" (ibid., p.91).

Lamento a pressa com que o autor chegou à conclusão. É indiscutível que o fato traz consigo uma sombra de ficção — esta já se insinua pelo caráter de arbitrariedade do signo verbal: ele se impõe sem que sua sonoridade tenha qualquer proximidade — salvo na rara onomatopeia — em relação a seu referente. Mas, ao ser o signo entendido como condutor de fatos, automaticamente se recusa a reconhecer sua sombra. Koselleck estava correto quando declarava que não se pode continuar a estabelecer uma divisória absoluta entre *res factae* e *res fictae*. Nem por isso sua integração deixa de depender da situação em que o intérprete opere, assim como de sua própria estrutura psíquica. Isso significa que a margem separadora é sempre flutuante. A designação "Fiktion des Faktischen" é válida, no âmbito de uma teorização, desde que ela ainda se mantenha isenta de qualquer operacionalidade, pois *esse é o momento que ainda precede à conclusão ensejada pelo trajeto teórico*.

Voltemos um instante ao ensaio de Michel de Certeau. No capítulo já citado, aponta como modalidades da ficção o mítico, o literário, a exploração contrafactual do científico.[35] Deixando de lado a terceira, destaque-se uma informação só aparentemente banal: o mito realiza uma exploração do ficcional.

Para desenvolvê-lo, recorre-se a Lévi-Strauss. "O mito, diz ele, fracassa em dar ao homem mais poder material sobre o meio. Apesar de tudo, dá ao homem a ilusão, extremamente importante, de que ele pode entender o universo e de que ele *entende*, de fato, o universo" (Lévi-Strauss, 1978, p.23).

Dos traços destacados, o terceiro – o mito propõe que o homem "entende, de fato, o universo" – é um daqueles que o diferenciam da ficção literária. Quanto à história, o mesmo *Mito e significado* ressalta o caráter fechado das mitologias, oposto ao sistema aberto da História, abertura que lhe é assegurada "pelas inumeráveis maneiras de compor as células mitológicas ou as células explicativas" (ibid., p.49). Cabe ainda acentuar que o mito, por sua vocação de explicitar um valor praticado pela comunidade a que pertence, tem uma inegável dimensão ética,[36] oposta à secundariedade desta na ficção literária.

A pequena volta em torno do mito implicitamente levanta a questão sobre os limites da ideia de essência. Numa formulação corriqueira, essência, *eidos*, supõe serem as coisas dotadas de uma propriedade cuja constância ultrapassa a escala do eventual, particular e provisório. Sem a admissão dessa propriedade, como distinguiríamos isso daquilo, o cão do cavalo, o verme da formiga? O que se questiona é a atribuição de infinitude concedida à constância, a metafísica que se apossa do *eidos*. Algo, pois, de semelhante à absolutidade atribuída à verdade.

Fomos conduzidos a nos contrapor a essa constância do absoluto em virtude de o questionamento da *mímesis* haver avançado por expansão lateral. Ou seja, por, em vez de acumular afirmações acerca do *mímema*, ter olhado para os lados e reconhecido outras disposições discursivas, que, em alguma de suas dimensões, também contarão com a presença da *mímesis*. Essa

---

35 Cf. Certeau (2002, p.56).
36 Cf. Lévi-Strauss (1968, p.412-22).

expansão lateral de sua parte provocou a questão sobre a absolutidade que se costuma emprestar à essência.

Será possível ainda avançar? Será possível, por exemplo, estabelecer um limite para a constância eidética? A ousadia em insurgir-se contra o essencialismo sem medida ainda admitiria uma segunda ousadia?

Para convertê-la em eficaz, precisaríamos contar com um ponto – para não dizer, com uma criatura – que pudesse contrastar com a escala humana de valores, sempre provisórios. A metafísica foi a máxima resposta intelectual à necessidade humana de dispor de estabilidade. Forçá-la na direção do etéreo também levou o pensamento a estendê-la ao abstrato.

Parece um paradoxo: tematizar a *invenção*, a *mímesis*, levou a enfatizar a permanência temporal do conhecimento provisório. É menos gritante o outro paradoxo: o realce do conhecimento provisório conduziu ao campo da ilusão. À busca humana de estabilidade correspondeu entender seu oposto, a capacidade inventiva da espécie, *de um modo que fosse cúmplice daquela busca*: a *imitatio*. Desfeita pelo primeiro Romantismo (Friedrich Schlegel, Novalis), a *imitatio* prossegue implicitamente afirmada pelas variedades assumidas por inúmeros pensadores – obviamente, deixa-se de lado seu caráter de cópia para insistir-se na correspondência entre a obra ficcional e a realidade que ela absorve.

Só aparentemente, era menos nocivo o paralelo estabelecido entre a experiência estética e a verdade. Insista-se em reiterar a passagem recente de Rüdiger Bubner:

> A hermenêutica que, seguindo Heidegger e Gadamer, ensina a compreensão da verdade além dos métodos de conhecimento trilhados, e a hermenêutica crítica que, conforme o modelo de Benjamin e Adorno, quer penetrar até chegar além de toda aparência ideológica, convergem sem margem de dúvida com a problemática estética. Para ambas, com efeito, a arte é válida como lugar de uma verdade que alcança um significado paradigmático precisamente para a filosofia. A verdade, que desde sempre foi considerada como

o assunto da filosofia, já não é confiada à reflexão filosófica como posse plenamente válida, mas, sim, aparece primeiramente na arte para, a partir daí, ser um espelho em que a filosofia contemple sua autêntica tarefa. (Bubner, 2010, p.360)

Quem ganha com a determinação do lugar primeiro de afirmação da verdade senão a estabilidade do pensamento, por extensão do modo de viver estabelecido? Do ponto de vista das imagens, o mesmo se pode dizer da imagem do "espelho". A busca da verdade, no sentido intemporal, fortalece o senso comum, assim como o espelho. Daí que "a filosofia não diz o que é a arte senão que é a arte que mostra o que é a filosofia" (ibid., p.359).

Essas são as consequências sumárias da tematização da ilusão; negar que a ficção seja sinônimo do ilusório implica reiterar que a ficção também não equivale à fantasia. A razão pela qual ela se separa do ilusório é a mesma pela qual recusamos a declarar que o objeto da história se confunde com a ficção fática, embora a contenha. Em ambos os casos, recusa-se que os componentes de um evento – o referencial – caibam em uma mesma síntese, para, em troca, apontar-se a nuvem ficcional que os envolve. Dizê-lo equivale a reconhecer o limite de validez da essência.

Todas as inferências acima referidas apontam um aspecto utópico na indagação em que estamos empenhados. Utópico porque é irrisória a correspondência da compreensão do argumento desenvolvida com sua conversão em consequências operacionais e práticas,[37] impedidas pelas restrições à interpretação euclidiana largamente dominante.

---

37 A rejeição prática da argumentação que desenvolvemos é associada a um aspecto em que não se tocou: a relação entre a análise discursiva que adotamos e sua recusa do ponto de vista dominante, desde a revolução burguesa: "O essencial (para a burguesia) é a *coisa*; mas, não estando mais a redução do homem ligada à sua anulação diante de Deus, tudo o que não entrava no sono do crescimento sofreu por ver abandonada a busca de um além" (Bataille, 1975, p.168). O que vale dizer, *do ponto de vista da análise centrada no mundo das coisas*: a tematização do ficcional não tem maior interesse ou é ele confundido com o suntuário.

É desde logo utópico que esteja cumprido o completo ostracismo da afirmação da *imitatio*. Não menos utópico é que se acatem as restrições à ilimitação dos ideais de verdade e essência. Como, entretanto, já nos atrevemos a falar de aspecto utópico, diminuamo-lo por observar que é passível de operacionalidade algo do que se disse sobre a *imitatio*, sobre a concepção expressiva da *mímesis* e seu derivado, a identificação do autor com a figura do gênio.

Sem que se recuse a presença da excepcionalidade, tanto na criação quanto na recepção da obra de arte, o questionamento do entendimento habitual da *mímesis* traz em seu bojo a busca por contribuir para uma sociedade menos desigual. Como assim? Pela tentativa de não mais envolver a obra de arte em termos de um mistério decifrável apenas por indivíduos excepcionais. (A contribuição é, por certo, bem reduzida.)

De maneira igualmente concentrada, reservem-se umas poucas palavras à questão central: o entendimento proposto da *mímesis*. Recorde-se que ela não cabe em um conceito, porquanto de sua variedade de execuções não é legítimo extrair senão um *esboço de conceito*.[38] Por essa condição, a *mímesis* só adquire uma forma precisa na obra particular que a configura. Sua resolução, portanto, volta a se abrir cada vez que ela vence a etapa zero. Quando assim sucede, na espécie da ficção literária, ela dá lugar à concretização do gosto, entendido como "a faculdade de julgar *a priori* a comunicabilidade dos sentimentos que se ligam a uma certa representação (sem a mediação de conceito)" (Kant, 2016 [1790], p.40, 193).[39]

Tanto na abertura do processo quanto em seu fecho, quando, na afirmação do gosto, o produto da *mímesis* chega ao receptor, é evidente a ausência de direcionamento conceitual. Essa falta é

---

38 Cf. Costa Lima (2018, p.242 e ss.).
39 A opção pela categoria de *gosto* se explica por sua extensão secular muito maior que a de *efeito*. De um ponto de vista teórico, a categoria kantiana do gosto está presa ao primado do sujeito criador, ao passo que a iseriana privilegia as dimensões do texto do *mímema* e de sua leitura.

decisiva para que, desde o momento em que começa a ter resultado, a *mímesis* se caracteriza como uma experiência passível de suceder a qualquer agente humano. Isso equivale a dizer que ela se oferece em um circuito aberto e aponta um sujeito particularizado, não necessariamente especializado em um certo ofício, muito menos no ofício de indagá-la. Noutras palavras, não tendo seu percurso definido pela orientação que um conceito lhe daria, o curso da *mímesis* está aberto para todo indivíduo de certa sensibilidade.

Por conseguinte, de acordo com a caracterização kantiana, o gosto apresenta a primeira etapa de explicitação do receptor. Antes do modo como Kant entendia o gosto, a recepção adequada da obra de arte era atribuída ao pequeno contingente educado para fazer parte de seu círculo. A partir do século XIX, as coisas se complicam. O detentor do gosto será, no mínimo, um raro consumidor sem qualificação estabelecida. Exceto nesse caso, se se contentar em ser um usufruidor da obra da *mímesis*, poderá aceder a funções medianas – em nossos dias, o jornalista que cobre eventos de arte ou o professor de classes elementares ou de alguma competência. Se quiser participar de uma posição mais exigente, precisará aprender a estudar as obras com afinco, conhecer a sua crítica, combiná-la com o pensamento filosófico – exigências que explicam a sua raridade.

O segundo nível do contato com a obra seria constituído por aqueles que, a partir da capacidade de afirmação do gosto, assumem a função de analista da obra – o crítico ou o professor em alguma área ligada à estética ou à historiografia. Aí, obrigatoriamente, o agente terá de entrar na convivência de conceitos, tendo a habilidade de não sujeitar seu gosto à formação de cadeias conceituais.

O terceiro nível será conquistável em função da capacidade de converter o aparato analítico em penetração teórica. Para esta, é fundamental ser seu agente capaz de distinguir os níveis da experiência estética da teorização, em estrito âmbito filosófico.

Isso posto, é possível efetuar um pequeno salto. O que se distingue entre a *mímesis* da literatura – entendida como o que anteriormente chamamos de seu sentido extenso – e a da ficção senão a diferença de suas formas de inventividade? Em que essa diferença consiste? Em reconhecer-se que, se a inventividade se estende a toda ação humana não repetitiva, seja ela a que se cumpre pela exclusividade do conceitual (a matemática), seja a realizada pela dominância do aspecto conceitual sobre o metafórico ou, na ficção, por seu inverso, a *mímesis* da literatura se especifica por se realizar em obras que, além da inscrição estritamente ficcional (os gêneros literários), é passível de se estender a outra modalidade discursiva.

Podemos mais livremente agora avançar por outros esclarecimentos. Desde logo, a propriedade, no território do ficcional, da estrita literatura – a ficção interna. Repita-se: ela é constituída por seus gêneros em prosa e verso. Considerá-los integrantes da ficção interna equivale a dizer que só impropriamente a literatura abrange o documentalismo e o testemunhal. Enquanto ficção interna, a literatura se confunde com a tematização do que, não se confundindo com o que a sociedade toma por realidade, dele vai além ou não recorre a seu testemunho, o fato havido. Cabe por isso declarar que, *em sua acepção estrita, a literatura é transgressiva*. Quanto menos for ela indagada teoricamente, tanto mais se confundirá com uma modalidade de Realismo ou com o expressivismo próprio de nosso tempo do eu autocentrado; melhor ainda na figura de atuação mais recente: o sujeito performático. Desta maneira não só se agride a ficção interna, como também a literatura na acepção extensiva.

Até por isso, o questionamento da *mímesis* se indispõe com o que se costuma propor como abordagem sociológica. O problema desta não está em destacar as relações sociais e na determinação de seu autor ou de seus personagens dentro de classes e estamentos, mas, sim, em confundir a abordagem de sua forma, ou seja, do que não se explica socialmente, com um suposto formalismo.

A própria oposição entre as vias sociológica e formal é uma transposição perversa do que se entende em política como visão de esquerda e de direita – uma esquerda que desconsideraria que os gêneros literários dependem da exploração das possibilidades expressivas de uma língua e uma direita não menos estúpida porque se recusa a reconhecer que cada ação humana é moldada por sua inserção social. Ainda em sua juventude, o tão citado Lukács tinha uma formulação preciosa: "Os grandes erros da consideração sociológica da arte, nas criações artísticas, estão em buscar e inspecionar os conteúdos e almejar extrair uma estrita linha entre elas e as relações econômicas precisas. Mas, na literatura, o realmente social é a forma" (Lukács, 1963, p.71).

A extrema qualidade da formulação é a contraface do que a torna tão rara: a extrema dificuldade de efetivá-la operacionalmente. Assim resulta de que o *mímema*, como há décadas tem sido assinalado, supõe a combinação de uma base verossímil com seu progressivo ultrapassar – semelhança e diferença, feita em um tal grau que não se consegue precisá-lo conceitualmente.

Se a verificação do enlace entre componentes tão diversos já não fosse enorme, ainda acresce que o termo "literatura" implica uma extensão que vai além do território da ficção interna. Como temos visto, damos o nome de "ensaio" a seu conjunto. No sentido extenso da palavra, a "literatura" é formada por ensaios que se realizam em obras que, do ponto de vista discursivo, pertencem a outro segmento. Nietzsche e Freud são exemplos significativos. Sem deixarem de ser um filósofo e o fundador de uma nova ciência, pela qualidade formal de suas obras, um e outro têm uma inegável dimensão literária. O que Nietzsche e Freud produziram são exemplos da experiência da *mímesis*, sem que se proponham ser experimentadas esteticamente, porquanto a espinha dorsal de seus argumentos é de ordem conceitual e, dessa forma, pertencem a outro âmbito discursivo. Mas também não se discute que sua forte deriva metafórica faz com que sua primeira determinação discursiva, filosófica em um caso, científica no outro, seja acompanhada de uma segunda, a determinação literária, no sentido extenso do termo.

Aqui nos defrontamos com um aspecto que é decisivo para toda a indagação. Que diferença há em falar em determinações e na aceitação da dupla inscrição de *Os sertões*? Toda a volta que foi feita não desmancha aquilo em que se haviam fundado *Terra ignota* e o prefácio recente, isto é, a negação da dupla inscrição. Não o desfaz porque extensão da ficção interna é o todo contrário de uma dupla inscrição discursiva. Recorremos ao mesmo argumento que nos levou à recusa da "ficção fática". Detalhemos um mínimo a razão para fazê-lo.

Em seu segundo ensaio capital sobre o problema, "Sobre o sentido e o não sentido da História", Koselleck observava que só seria possível a formulação historiográfica se confundir com o que de fato sucedera se o historiador tivesse acesso ao que teriam dito a respeito os que viveram o que ele narra. Ora, ainda que houvesse registro disso, seria de ordem particular. Ser impossível o acesso de um registro coletivo faz com que o historiador sempre adote uma perspectiva e selecione, conforme seu prisma valorativo, o que julga decisivo. Por conseguinte, é inevitável a presença de um aspecto ficcional no relato historiográfico. A inevitabilidade do aspecto ficcional apenas ressalta a relatividade da verdade passível de ser alcançada pela escrita da História.

Declará-lo, contudo, ainda não é suficiente. Se a perspectiva e a seletividade dos argumentos são inevitáveis, eles precisam ser formulados de tal maneira que permitam ser verdadeiros. Nesse sentido, há de se entender que o autor d'*Os sertões* é tido por inconfiável quer pelo defensor do Exército ao declarar que fala em uma carga de cavalaria a ser comandada contra Canudos, quando tal tática em um terreno montanhoso seria inconcebível, quer pelo geólogo que contraria as declarações contidas em "A terra". Ambos diminuem sua qualidade de historiador. A dupla inscrição, ao optar por um caminho menos arriscado, afasta a dificuldade: o que não seria justificado cientificamente o seria literariamente. (Maneira acadêmica de praticar o popular "se só tem tu, vai tu mesmo".)

Tais objeções reiteram que a relatividade afirmada está na dependência do *frame*' discursivo adotado, e o *frame*' (moldura) da ciência exige que suas afirmações sejam, se não demonstradas, plausíveis. O que vale dizer que, se um discurso pretende explicitar uma verdade, esta há de ser considerada segundo o ângulo discursivo visado – filosófico, científico, religioso. Por isso mesmo, ele não pode ser confundido com o ficcional, que se especifica por conter possibilidades de sentido que não se limitam à afirmação da verdade. Dizê-lo equivale a repetir que *a permanência da dupla inscrição depende de continuar deficiente a abordagem teórica da ficção literária*. Sua permanência depende menos de uma leitura de Euclides que julgamos permanecer deficiente do que da insuficiência do entendimento do literário.

Ao lado da ficção interna e de seu prolongamento extensivo, ainda se considera a ficção externa. Como ela não tem nenhum papel aqui saliente, apenas ressaltemos algo mais ao que já dissemos. Poderíamos acrescentar que a ficção externa se baseia em um equívoco de princípio: diferentemente da ficção interna, que não tem compromisso com a verdade, a externa apenas dá a entender que não está a ela subordinada. A exemplificação cotidiana é de entendimento bastante simples para que ainda se volte a ela de modo elaborado. Apenas acrescentemos um detalhe: a pergunta inicial – "Como vai? Está tudo bem?" – inaugura o ritual obrigatório do encontro-no-cotidiano. A ficção externa se caracteriza pela ambiguidade que exprime quanto ao enunciado da verdade. Sem que o pareça, ela o segue à risca. Reitere-se: acentuá-lo explica por que as *fake news* – a mentira em curso mediático – não pertencem a seu *corpus*. Nisso ainda a ficção externa se diferencia do mito, cujo relato não obedece à ordem do *res factae*, sem se confundir com a invenção da ficção interna, porque a carga moral do mito impõe que seja incondicionalmente recebido como declarador de uma verdade.

Desviemos por um momento nossa atenção para a particularidade das *fake news*. Falar de sua particularidade parece escandaloso, porque nada é mais constante, na história da humanidade, que a propagação de mentiras. Porém, assim como com as variedades de ficção – a literatura nos sentidos estrito e extenso –, não se presta muita atenção reflexiva às recentemente propagadas *fake news*. Reitere-se: as *fake news* não se confundem com o que chamamos de ficção externa. Quando desta tratamos pela primeira vez, em *O controle do imaginário e a afirmação do romance*

(2009), nós a reduzimos à sua presença no ritual cotidiano formulado por perguntas previstas, como "Como vai? Tudo bem?", e pela não menos convencional resposta, "Tudo bem. E você?". Só na aparência, contudo, esse intercâmbio é anódino. Não repitamos o argumento.

A aludida situação é ficcional porque, só na aparência, não envolve a questão da verdade. A pergunta "Como vai?", na aparência, é banal. A ficção diz-se externa porque só na aparência a frase não contém um conteúdo de verdade. Ao contrário da ficção interna, o que aí se diz não pressupõe nenhum "como se".

A quantidade de *fake' news* que circula em nossos dias força-nos a pensá-las em relação às ficções externas. A resposta, afinal, será simples. As ficções externas têm uma circulação privada, ao passo que as *fake' news* se singularizam por sua circulação mediática. Tenhamos um exemplo simples. Na recente História brasileira, é recordado o chamado "Plano Cohen", cuja divulgação teria sido capaz de promover a ascensão da ditadura Vargas. Segundo o que se divulga, o general Góis Monteiro, então ministro da Guerra do governo ainda legitimado de Vargas, expôs um plano que seria de origem judaico-comunista e visaria à derrubada do governo legitimamente eleito. A "invenção" foi um tipo de *fake' news* antecipado, porquanto sua difusão foi semelhante ao que terá a circulação mediática.

Segundo as fontes que dele falam, seu caráter mentiroso é indiscutível, sendo não menos indiscutível sua pretensão de produzir um efeito palpável. À diferença das fórmulas de encontro no ritual do cotidiano, não continha nenhum equívoco de como deveria ser recebido. Sua diferença está apenas no âmbito de circulação estabelecido. Se a ficção externa já reconhecida circula entre sujeitos privados, *fake' news* nascem e se propagam midiaticamente. No caso mencionado, o plano golpista foi divulgado pela rádio, ao passo que seus múltiplos descendentes são propagados pela TV e pelos informes transmitidos via computador. *Fake' news*, em suma, são claramente uma mentira de propagação muito mais poderosa, sem que por isso deixem de se definir como fictícias, no sentido habitual do termo: uma falsidade.

Fechado o parêntese, chegamos, pois, à presença do mito em *Os sertões*. Já assinalamos a antecedência da observação de Nélida Piñon. Foi o propósito de oferecer uma interpretação não fantasista do Brasil que, paradoxalmente, pôs o livro de Euclides nas proximidades da argumentação mítica. Ela se precipita pela frequência com que ocorre o choque entre a ilusão e a procura de domá-la por um arrazoado científico.

A ilusão é precipitada pelo "desmedido anfiteatro" do litoral, isto é, por nele ser menos evidente a tendência à desagregação. Aí, "nenhuma (região) se afigura tão afeiçoada à Vida". Em troca, é brutal o contraste com a região propriamente são-franciscana, em que Canudos se incluía, "onde reina a drenagem caótica das correntes" (Cunha, 1985 [1902], p.96).

A singularidade geomórfica do lugar inocula a narrativa de uma diferença que requinta sua estranheza. Numa primeira disposição, o "estranho território", seco, árido, esgalhado, admite raras concentrações de água, nas cacimbas, caldeirões e lagoas mortas, de aspecto não raro lúgubre.[40] Nela, a corrosão, que se prolonga até ao litoral, se disfarçava como calma e beleza. Dela saindo, os poucos meios de vida assumem a plena aparência do fantasmal: são "toscos muramentos de pedra seca. Lembram monumentos de uma sociedade obscura" (ibid., p.99). A insistência na ilusão encarece o esforço de domá-la. Sua permanência, ao mesmo tempo, extrema a sombra do ficcional, cuja vontade de dobrá-lo provoca a sua perduração.

Em vez de reiterarmos o desdobramento já feito em *Terra ignota*, apenas lembremos que o embate entre os dois panoramas não seria compatível com a busca de converter os dados observados em afirmações que aproximariam o relato de prováveis leis científicas. Daí a iminência do que chamaremos de máquina da *mímesis*. O ficcional assedia a cena que se empenha em ultrapassar a visão fantasista da região.

---

40 Cf. Cunha (1985 [1902], p.96).

Mas, ainda que evitemos o desenvolvimento da máquina, a passagem não pode ser contornada; ela constitui uma subcena excepcional. Atente-se para sua preparação e conclusão:

> Percorrendo certa vez, nos fins de setembro, as cercanias de Canudos, [...] encontramos, no descer de uma encosta, anfiteatro irregular, onde as colinas se dispunham circulando um vale único. [...] E ali [o cavalo morto de um combatente também morto] estacou feito um animal fantástico, aprumado sobre a ladeira, num quase curvetear, no último arremesso da carga paralisada, com todas as aparências de vida, sobretudo quando, ao passarem as rajadas ríspidas do nordeste, se lhe agitavam as longas crinas ondulantes... (Ibid., p.111-3)

A passagem é de qualidade literária inegável. A ilusão precisa perdurar para que o que se obriga como ornato ganhe momentânea saliência. Mas a consideração do relato de "A terra", como de todo o livro, assinala sua dependência da explicação científica. Esta havia sido dada: a rispidez climática que impera na colina e as rajadas de vento explicam a escultura assumida pelo cavalo morto. Euclides se põe na posição de um religioso que aceita cometer um pecado por saber de antemão que a confissão o libertará.

O tema mítico tem como pressuposto a divisão do país entre litorâneo e interiorano, por sua vez responsável pela chacina que "A luta" descreverá. O mito é como um fantasma que espreita, enquanto o narrador se esforça em desmanchá-lo por armar a interpretação étnica. O fantasma que se mantém na proximidade da disposição descritiva e objetiva, em um texto escrito em década temporalmente pouco distante do "narrador ficcional" analisado em *O Brasil não é longe daqui*, facilita que se lhe tenha atribuído uma dupla inscrição. Sua recusa resulta de que, em termos discursivos, uma figuração impede a outra. Euclides tinha razão quando, na carta a Veríssimo, estabelecia uma relação diferencial entre ciência e literatura. O problema decorre de julgá-la não diferencial, mas, sim, hierárquica.

Ao destacar-se o tema mítico, procura-se delimitar e salvar o que, permanecendo dele indistinto, seria verbalmente tão só um eco do que sucedeu. O mítico se evidencia em situações como a lembrada. Ele não é menos evidente na tentativa de explicar a relação entre liderança e massa liderada, relacionada ao embate entre os dois tipos de mestiçagem.

Carga mítica e caráter da liderança se exprimem em duas situações: (a) a do heroísmo incrível do sertanejo, sobremaneira acentuado no fim da luta. Depois de derrubadas as torres da igreja nova, a situação do arraial sempre piora, sem que cesse sua defesa. A aparência de rendição se baralha com a hipótese levantada pelo narrador de aquilo haver sido uma cilada dos sitiados para se desembaraçar de velhos, mulheres, mutilados e crianças.[41] A narração do livro, embora longa, não contém a descrição do fim: "Canudos não se rendeu. Exemplo único em toda a História, resistiu até ao esgotamento completo" (ibid., p.571); (b) centra-se no caráter da liderança dos dois lados. Uma e outra são preenchidas por doentes ou incompetentes. No lado das expedições, doente era Moreira César, o epiléptico. Incompetentes, mesmo quando nem sempre se declare, são as demais chefias, acusadas de manobras inadequadas. A melhor prova de que assim Euclides foi entendido por seus primeiros leitores é a reação do general Siqueira de Menezes, entrevistado em 1911, por Gilberto Amado: "Não me fale neste... (palavra difícil para mim de escrever sobre Euclides). Não me viu! Tudo mentira! Não passou por lá! Nunca o vi!" (Amado, 1956, p.177-80).

Já do lado dos mestiços "retrógrados", Conselheiro galvaniza as deficiências de fundo étnico e oferece o contraste que não casa com a simpatia de Euclides pelo sertanejo. A força mítica atribuída a esses guerreiros indomáveis não se estende à chefia. E Euclides quer que seu livro seja vingador dos massacrados.

Para o leitor familiarizado com *Os sertões*, a reação de Siqueira de Menezes, então governador de Sergipe, seria inconcebível, pois Euclides, em "A luta", só tem elogios para sua qualidade de

---

41 Cf. Cunha (1985 [1902], p.565).

militar. No entanto, é cabível a explicação de que o então participante nos quadros da República velha sentia-se tão ofendido quanto os comandantes acusados de inépcia.

Uma última observação sobre as dimensões do mito. Em publicação recente, Thiago Castañon se pergunta, a propósito de *Terra ignota*, se "a *mímesis* não seria um conceito capaz de cobrir um território formado pela ficção e pela literatura" (Castañon, 2019, p.114). Mesmo sob o risco de repetitividade, ressalto que a multiplicidade de suas formas e efeitos é a razão que impede a *mímesis* de caber em um conceito. No caso, ela cobre a ficção e a literatura, *na acepção extensa do termo, e se estende além da estrita ficcionalidade*. Por isso insisto que dela não temos senão um esboço – semelhança mais diferença – que se adapta ao inventivo em todo o leque discursivo.

Em suma, o lado das tropas era liderado por doentes ou incompetentes. Em consequência, os adeptos do governo federal são "mercenários inconscientes" em uma sociedade de imitadores. No lado oposto, o caráter regressivo de seus componentes tem outro teor: estão voltados para trás, e sua liderança é ocupada por aquele que galvaniza múltiplas regressões, aquele que "parou [...] nas fronteiras oscilantes da loucura [...]" e, por sua biografia, "compendia e resume a existência da sociedade sertaneja" (Cunha, 1985 [1902], p.209).

A generalidade que Euclides procura estabelecer não foge da contradição. A propósito do arrasamento do arraial, o narrador lamenta a destruição do que seria o embrião da sub-raça futura de nossa nacionalidade. Mas isso não o impede de chamar o sertanejo de "a rocha viva de nossa nacionalidade".

O embaralhamento já foi bastante notado. Mas ele é o mesmo sintoma que transparece na constituição de toda a narrativa. Sem se pôr em dúvida seu reiterado propósito de se contrapor à visão romântica do país, não é menos evidente a recorrência pelo narrador de recursos distensivos que permitam converter parágrafos em seções de muitas páginas. Sua meta não é, assim, detalhar o objeto, mas permitir que o ornato literário ganhe saliência. É desse rodeio que resulta a subcena. (Por um erro de localização das passagens, dizia-se, em *Terra ignota*, que ela já não se mostra depois de "A terra" [ibid., p.179].) Em troca, acentue-se a formulação imprescindível: a subcena forma o leito de uma figura específica, *a terra ignota*, cujo caráter de acidente não explicável se rebela contra o propósito determinante-descritivo do aparato científico.[42] Uma cena "religiosa" pode se alimentar de recursos filosóficos sem deixar de ser religiosa – o exemplo clássico são os escritos de Agostinho. Por sua vez, uma cena ficcional-literária não se confunde com a exploração sociológica que necessariamente terá feito; elas permanecem inconfundíveis porque supõem duas situações discursivas diferenciadas.

Uma análise mais pormenorizada de *Os sertões* permitiria mostrar que a formação de uma subcena é, muitas vezes, debilitada pela emergência de uma retórica elementar. Assim, a seção IV de "O homem" dedica várias páginas às vicissitudes que acompanham a quarta expedição, para terminar com o toque de um lirismo convencional:

> Descia a noite. De Canudos ascendia – vibrando longamente pelos descampados num ondular sonoro, que vagarosamente avassalava o silêncio dos ermos e se extinguia a pouco e pouco em ecos indistintos refluindo nas montanhas longínquas – o toque da Ave--Maria... (Ibid., p.419)

O escolho das frases de construção truncada se interpõe entre o propósito científico e o que, para seu autor, deveria orná-lo. No que falta ou no que excede, Euclides encarna a figura do intelectual sério e corajoso que tem a colaboração dos poucos amigos que o ajudam com seu saber, traduzem passagens, trazem-lhe livros, e não dispõe de um lugar que lhe permita dialogar com outros pesquisadores ou com especialista na área que estivesse analisando.

A falta não era assinalável apenas em Euclides. Só avançado o século XX, o Brasil terá universidades. E, mesmo com

---

42 Cf. Cunha (1985 [1902], p.205).

elas, a permanência da ausência de um vivo intercâmbio acadêmico, a direção sendo antes dada no sentido de que cada um se feche em si ou em mínimos grupos, com a impermeabilidade crescente às diferenças, seja dentro da mesma disciplina, seja em outras de objeto aproximado. Pela generalidade da falta, pode-se presumir que o questionamento a que estivemos presos não tem consequências apenas em relação ao livro a que estivemos adstritos.

13. PÓS-ESCRITO

Procuro conectar a pesquisa há pouco terminada com a indagação do narrador de ficção, que devemos a Flora Süssekind. A autora se concentra nas décadas de 1830 e 1840, quando dominavam "minúcia descritiva e olhar de 'naturalista'", "vistas e detalhes paisagísticos, coqueiros, palmeiras, sabiás, laranjais, pombas ocupam o cenário ficcional, ao mesmo tempo que se tornam objeto de classificação e estudo nos tratados descritivos [...]" (Süssekind, 1990, p.60). Pela mixórdia temática, procuravam os autores resolver, "na literatura, a falta de uma viagem de formação e as deficiências do ensino no país" (ibid., p.90).

Admite-se como proposital a exclusão em *O Brasil não é longe daqui* da obra machadiana. Mesmo sem se considerar sua vertente romântica, é incontestável que, a partir de 1881, com *Memórias póstumas*, até 1908, com *Memorial de Aires*, era introduzido um basta naquele vale-tudo. Já não dispondo da indagação detalhada de Süssekind, logo se estabelece a dúvida: até que ponto Machado introduziu outro viés na prosa ficcional brasileira? Considerada em relação a esse outro prisma analítico, a obra machadiana conforma uma excepcionalidade contrastante. Ou seja, mesmo sem considerar os vários romances inspirados por Canudos, constata-se que a indistinção euclidiana entre os registros historiográfico e ficcional estava longe de ser uma marca autoral. Não será preciso repetir que sua singularidade assumirá corpo a partir do tratamento mítico que dará ao bruto empenho republicano contra o reduto sertanejo. Nesta direção, ainda adquire outra saliência o Modernismo de 1922, sobretudo com *Macunaíma* e a novelística de maturidade de Oswald de Andrade. Ainda assim, a presença do narrador ficcional ressaltado em *O 'Brasil não é' longe' daqui* esteve longe de se dissipar. É certo que a obra de Graciliano Ramos não poderia ser considerada em sua esteira. Mas, de modo geral, o regionalismo nordestino era uma recidiva da "minúcia descritiva e olhar de 'naturalista'".

Se nos atrevermos a uma generalização sem provas, diremos que a qualidade incomum de *Macunaíma*, de Mário de Andrade, dos romances de maturidade de Oswald, de *Menina morta*, de Cornélio Penna, a que se acrescentam as obras de Guimarães Rosa e Lispector, como contista, em contraste com um número incomparável de roteiros ou de guias realistas, demonstra que a prosa ficcional literária nacional prossegue por direções tão diversas que se pode crer que nos mantemos em um barco (des)governado. O que é pior: seu caráter de vale-tudo recebe a justificação de que é válido todo o material que, capaz de ecoar motes e palavras de ordem, ganhe a simpatia de um *médium* eletrônico e se faça bastante vendável. Contra esse quadro, acentue-se, em síntese, a função eminentemente prática da desmontagem da dupla inscrição de *Os sertões*.

O segundo ponto será mais estrito. A influência de Machado haver sido menos intensa do que se tende a pensar resulta de a reflexão teórica ser, entre nós, um quase deserto. Para entendê-lo, convém repetir que reflexão teórica não é sinônimo de capacidade analítica, pois aquela é um desdobramento, não inevitável, desta. Quando, em "Instinto de nacionalidade", Machado opõe ao "sentimento íntimo, que torne (o escritor) homem de seu tempo e de seu país", a restrição do "espírito nacional nas obras que tratam de assunto local" – embora seja evidente que a alegação de um "sentimento íntimo" não continha nem provocava esboço algum de teorização (Assis, 1962, p.804-3) –, apresentava uma distinção de peso em prol de uma teorização da ficcionalidade literária.

Por que Machado não a prosseguiu ou a aprofundou? Provavelmente porque sua astúcia o fez perceber que se o fizesse passaria a contar com oposições danosas. Em contraste, prova de sua extrema destreza em lidar com seus confrades, Machado destratava as más consequências que o nacionalismo provocava – paralelas às do Naturalismo – sem ofender os partidários, que contavam com o manto protetor do imperador e, mais adiante, a indiferença dos governos republicanos em relação a questões de formação intelectual.

Permanecendo apenas em Machado: sua capacidade crítica tinha consciência do risco que corria. Daí, à medida que amadurecia como escritor, desaparecerem artigos daquela envergadura. (Algo semelhante sucederá a João Cabral, enquanto crítico, pois seus ensaios, que nunca foram abundantes, tendem a desaparecer.) Por sua vez, Haroldo e Augusto de Campos têm sua difusão nacional diminuída por não reduzirem sua indignação ante a falta de qualidade estética.

O clima adverso consistente em relacionar a todo valor os encantos da natureza e a suposta sedução da mulher indígena pelo branco (Alencar e Gonçalves Dias – em contraste com o choque das raças empreendido por Sousândrade) ainda ajudará Euclides, já sob a explícita cobertura da antropologia biológica, a separar o tratamento científico do literário, estabelecendo não só um parâmetro contraposto ao conteúdo que Flora Süssekind dará ao "narrador de ficção", como também aquele tratamento em termos hierárquicos, numa construção homóloga à da constituição piramidal, própria da sociedade brasileira.

Não me empenhei nessa frente por sentir que ela se afastava do que fora meu intento. O desafio seria desenvolver a homologia entre a construção piramidal da sociedade brasileira e o lugar subalterno relegado à *mímesis* e à ficção. Dela desisti por compreender que não teria saúde nem tempo de vida para o desafio.

Em nossa história tropical de idas e recuos, é de se perguntar aonde nos leva a onda de estupidez que vivemos, desde as eleições de 2018.

ADENDO: BREVE COMENTÁRIO DA BIOGRAFIA DE EUCLIDES POR FREDERIC AMORY

Um traço caracteriza a recepção de Euclides da Cunha: se a reflexão crítica sobre sua pequena obra permanece pobre, sua abordagem biográfica é bastante rica. Às suas contribuições principais – as de Eloy Pontes, com *A vida dramática de Euclides da Cunha* (1938), Sylvio Rabello, com *Euclides da Cunha* (1949), e Olímpio de Sousa Andrade, com *História e interpretação de Os sertões* (1960) –, acrescenta-se a cobertura jornalística da Guerra de Canudos, feita em 1974 por Walnice Nogueira Galvão, em *No calor da hora*, bem como a reunião da correspondência do autor, também feita por Walnice, em colaboração com Oswaldo Galotti: *Correspondência de Euclides da Cunha* (Edusp, 1997).

A esses títulos acrescenta-se a obra de um euclidiano norte-americano, Frederic Amory. A obra de Amory, lamentavelmente morto antes da edição traduzida de seu livro, distingue-se da de seus pares por sua maior ênfase na compreensão psicológica do biografado. Talvez tenha sido ele duplamente beneficiado por sua condição de estrangeiro: se conhecia a bibliografia brasileira tão bem quanto seus colegas, dispunha ainda de um acervo, sobretudo sobre o evolucionismo inglês e europeu, a que eles não tiveram acesso; por outro lado, não foi tolhido por tabus que têm prejudicado a compreensão do escritor fluminense.

Temos um exemplo dessa sua maior liberdade logo no início de *Euclides da Cunha: Uma odisseia nos trópicos*: o autor tem a argúcia de notar a correlação entre o nomadismo, a que o menino Euclides esteve submetido a partir da morte precoce de sua mãe, e o nomadismo profissional do adulto. Amory poderia tê-lo feito lançando mão de dados biográficos bem conhecidos. Usa, entretanto, um trunfo mais ousado: o testemunho oferecido por carta do pai do escritor, Manoel Rodrigues Pimenta da Cunha, a seu filho, datada de 16 de dezembro de 1906.

Quem leu a *Correspondência de Euclides da Cunha* pode estranhar nela não a ter encontrado. Nas palavras de Amory, "o pai tardiamente o admoestou sobre sua presteza em viajar para qualquer lugar, numa missão qualquer, sem se preocupar com o sustento e o cuidado da esposa e dos filhos, ou do velho pai". A observação não causaria desconforto a algum biógrafo nacional se não fosse a sua fonte: ela está em *A tragédia da piedade*, livro em que Dilermando de Assis, em 1951, se defendia da pecha de haver destruído o lar de Euclides e por assassiná-lo.

Doente imaginário

Mas esse é apenas um dado até então não explorado. O nomadismo era tão somente o primeiro traço psicológico em que Amory se deteve. Sem que chegasse a constituir um achaque psíquico, estava em sua proximidade. Pois os males que afligiam Euclides eram não só físicos — os ataques de hemoptise, a malária que contraiu no Amazonas —, como também psíquicos: a obsessão com o fantasma de uma mulher vestida de branco, que lhe aparece tanto em São José do Rio Preto quanto no Amazonas. Teodoro Sampaio, seu amigo e colaborador, chegou a afirmar que Euclides "talvez fosse um doente imaginário". Dados dessa natureza são esmiuçados por Frederic Amory.

Do mesmo modo, leva adiante hipótese já formulada por Olímpio de Sousa Andrade acerca de seu florianismo. Ao contrário do que é habitualmente dito, a permanência de sua adesão ao enigmático marechal desmente que sua decepção com a República tenha sido quase instantânea. Isso explica que visse na luta de Canudos a defesa das instituições republicanas, posição que não desaparece por completo mesmo depois que reconhece a fraude da suposta conspiração monárquica, ou seja, durante sua permanência em Canudos.

É certo que sua posição política derivava de um rígido darwinismo social, no mínimo ingênuo, se não extravagante. Assim, sua crônica de 17 de março de 1872, publicada em *O Estado de S. Paulo*, começava por um estranho "sejamos otimistas". Em *Os sertões*, diria que a presença do Exército no combate aos conselheiristas ainda se justificaria se os tiros de obus servissem para abrir o caminho para integração dos sertanejos à civilização. Mas não é menos verdade que o retrato de Floriano, em *A esfinge*, datado de fevereiro de 1894, referindo-se ao encontro com o presidente durante a Revolta da Armada, é tão misterioso quanto o personagem que descreve. Que posição era a de quem descreve a situação de uma cidade passível de ser bombardeada pelos canhões de navios, enquanto o narrador recebe a inesperada visita de inspeção do marechal-presidente: "Representamos desastradamente. Baralhamos os papéis da peça que deriva num jogar de antíteses infelizes, entre senadores armados até os dentes, brigando como soldados, e militares platônicos bradando pela paz – diante de uma legalidade que vence pela suspensão das leis e uma Constituição que estrangulam abraços demasiado apertados dos que a adoram"?

A hipótese do florianismo de Euclides é, por certo, correta, mas não menos assente em uma compreensão estreita da sociedade por Euclides. Deixamos de detalhar outras observações valiosas. Por exemplo, a da supressão, pelos editores portugueses de *À margem da história* (1909), do ensaio "Brutalidade antiga", infelizmente desde então perdido, porque nele também os portugueses eram denunciados pelos maus-tratos a que submetiam os indígenas, na extração do látex.

Vale assinalar que, como biógrafo, Amory igualmente se detém sobre a obra escrita fora dos livros. Se tem o mérito de estendê-la mesmo a artigos pouco relevantes, por certo não é aí que estão as grandes qualidades do biógrafo. Se ele é justo em verificar a ingenuidade de Euclides no elogio dos caucheiros que se revoltam no Acre, deixa, no entanto, de notar que seu chefe, o gaúcho Plácido de Castro, depois de vitorioso, se tornará um latifundiário igualmente explorador.

Darwinismo fluvial

São igualmente excelentes as observações sobre até onde Euclides podia levar seu darwinismo social: sua análise do Purus chega perto de afirmar um "darwinismo fluvial", enquanto, em um momento de depressão, podia recorrer a um "darwinismo às avessas"; ou ao reconhecimento do "conteúdo desconexo" de *Contrastes e confrontos* (1907), ou à facilidade de afirmações peremptórias sobre temas que mal conhece, como a história russa ou a história alemã.

A se lamentar apenas que, com todas as suas qualidades, Amory não tenha atacado duas vigas mestras da interpretação usual de Euclides. No primeiro caso, sua posição chega a ser surpreendente. Que eu saiba, antes de *Terra ignota: A construção de Os sertões* (1997), nenhum intérprete de Euclides se deu ao trabalho de conferir o que teria dito um certo Ludwig Gumplowicz, a quem Euclides considerara, na "Nota preliminar" de seu grande livro, "maior que Hobbes". Amory incorporou às suas leituras a tradução francesa de *Der Rassenkampf* (1883), publicada dez anos depois sob o título de *La Lutte des races*. Daí ser tanto mais estranho que Amory corrobore a interpretação que Euclides dele oferecia. O texto de Gumplowicz, hoje um nome quase ignorado, é bastante simples. Por isso mesmo surpreende que o autor brasileiro e seu biógrafo americano continuem a afirmar o contrário do que dizia o precursor polonês da sociologia. Em suas próprias palavras: "'Os fatores iniciais' (da raça) são intelectuais: a língua, a religião, o costume, o direito, a civilização etc. É só mais tarde que aparece o fator físico: a unidade de sangue". Nada poderia ser mais claro. Para ele, portanto, *raça não é um fator biológico, mas social*. Raça forte é apenas aquela que assim se intitula a si mesma porque venceu. Os fracos permanecerão fracos enquanto não virarem a balança, mantendo, com isso, seu falso caráter de traço determinante. Euclides, em vez disso, parece não haver lido o que, de fato, leu. E então converte Gumplowicz em mais um defensor da explicação étnica.

A segunda viga mestra que permanece intacta na biografia de Amory concerne à alegada superposição que se cumpriria em *Os sertões*, de que se diz, desde seu primeiro apreciador, José Veríssimo, ser, simultaneamente, obra de ciência e de literatura.

A falha aqui é menos grave. Afinal, um biógrafo não tem a obrigação de possuir uma concepção menos grosseira do que é literatura. Se formos dele exigir tal requinte, deixaremos de contar com seu concurso.

Rio de Janeiro, outubro, 2019

II

Para a história da formação literária do Brasil

I

Durante anos, os cursos que ofereci na pós de história social da cultura, na PUC-Rio, tratavam de assuntos não abordados em livros meus. Mais recentemente, verifiquei que, embora louvável, o critério era insuficiente. Em seu lugar, era preferível escolher temas que mesmo os demais cursos não haviam exposto. Entre eles, esteve o referente à formação da história da literatura, enquanto parte da própria formação do conceito de história. Ao prepará-lo, verifiquei que perderia uma oportunidade preciosa se não o complementasse pelo estudo mais abrangente da trilogia gilbertiana de *Casa-grande & senzala*, *Sobrados e mucambos* e *Ordem e progresso*.

Ao preparar a primeira parte, não me preocupei em abordá-la de modo exaustivo porque isso exigiria lidar com fontes numerosas e, quase sempre, bastante medíocres. Em vez disso, recorri às coletâneas organizadas por Afrânio Coutinho, em *Caminhos do pensamento crítico* (dois volumes, 1980), e Roberto Acízelo de Souza, em *Historiografia da literatura brasileira: Textos fundadores (1825-1888)*.

Reapresenta-se aqui o que foi o curso. Sua forma abreviada resulta da disposição crítica que a orienta.

II

A referência mais antiga dos dois coletores é à "Carta a Antonio de Menezes Vasconcelos de Drummond" (1825), de José Bonifácio de Andrada e Silva. O patriarca da Independência considera a história literária do Brasil parte integrante da portuguesa. O critério da língua se modifica relativamente com Januário da Cunha Barbosa, que, em "Por um parnaso brasileiro" (1829-1832), passa a ter por orientação ser o autor aqui nascido. O "princípio nacional", nos termos de Roberto Acízelo de Souza (2014, v.I, p.39), é assumido por Gonçalves de Magalhães, sem que proponha qualquer diferenciação da linguagem literária.[1] Exigi-lo seria despropositado, pois a literatura era pensada enquanto história, como ainda é reiterado pela figura excepcional de Abreu e Lima, autor de um texto de 1835 que, lamentavelmente, permanece bastante desconhecido, "Do atraso intelectual do Brasil" (apud ibid., p.71-87). Mas José Inácio de Abreu e Lima, que durante anos atuara como militar sob Bolívar, era antes um político que um intelectual estrito, muito menos dedicado à literatura. Por isso a primeira referência (relativamente) substantiva há de ser dada a Gonçalves de Magalhães, com seu "Discurso sobre a história da literatura no Brasil" (1836); condição de assim se fazer será não lhe acender muitas velas. No "Discurso", com que Afrânio Coutinho abria seu périplo,[2] o tom patriótico extrapola o patético e define o que, grosseiramente, se entenderia por cultural:

> Cada povo tem sua literatura própria, como cada homem seu caráter particular, cada árvore seu fruto específico; mas esta verdade

---

[1] Cf. Souza (2014, v.I, p.47).
[2] Cf. Coutinho (1980, v.I, p.24-41).

incontestável para os primitivos povos, algumas modificações contudo experimenta entre aqueles cuja civilização apenas é um reflexo da civilização de outro povo. Então, como nas árvores enxertadas, veem-se pender dos galhos de um mesmo tronco frutos de diversas espécies. (Coutinho, 1980, v.I, p.24-5)

A metáfora arborescente timbra a primeira reflexão da literatura brasileira. Formulação, se é possível dizer, preferível seria a de que a literatura é coberta por uma nebulosa que não a diferencia: "A literatura abrangendo grande parte de todas as ciências e artes, e sendo ela filha e representante moral da civilização, é mister um concurso de extensos conhecimentos para se poder traçar a sua história geral ou particular [...]" (ibid., p.26). E, pelo recurso à figura romântica do gênio, o reflexo se antecipa ao próprio determinismo: "Só pode um poeta chamar-se grande se é original, se de seu próprio gênio recebe as inspirações" (ibid., p.38). Por fim, que o poeta não se esqueça do que dele se exige: "O poeta sem religião, e sem moral, é como o veneno derramado na fonte, onde morrem quantos aí procuram aplacar a sede" (ibid., p.40).

Embora a quebra do ramerrão seja aconselhável, os próximos nomes pouco ou nada serão diversos. Deles se dirá o inevitável. A "Estudos sobre a literatura" (1836), assim como à "História literária do Brasil" (1843), de Pereira da Silva, cabe uma afirmação genérica, indiscriminada por séculos, enumerando desde a diversidade do indígena até "o povo mais heroico e cavalheiresco" do século XVI (Souza, 2014, v.I, p.133), o português. Da literatura brasileira bastaria repetir o chavão: é a expressão da sociedade.

A princípio, seria possível pensar que o texto de Santiago Nunes Ribeiro "Da nacionalidade da literatura brasileira" (1843) traria alguma fecundidade. Nele, distingue-se o sentido genérico – que tem a língua por critério, em que as ciências ocupam o lado decisivo, e as belas-letras, o secundário – do que chamaremos de protossociológico: "As condições sociais e o clima do novo mundo necessariamente devem modificar as obras nele escritas nesta ou naquela língua da velha Europa" (Coutinho,

1980, v.I, p.48). O critério nacionalista se ancorava no determinismo do meio social e no clima. Conquanto a crítica praticada então na Europa e influente entre nós não tivesse geralmente um valor extra, nossos patrícios primavam por uma metaforicidade que excedia pela mediocridade. Tenha-se por modelo a formulação do mesmo Nunes Ribeiro: "Temos citado muito e ainda citaremos porque desejamos evidenciar que a piedade cristã, o amor da natureza, a admiração das ações heroicas, formaram o caráter da musa do Brasil" (ibid., p.70).

O determinismo larvar e a imagética insossa eram os cavalos de batalha com que o Romantismo começava, entre nós, a se manifestar. Era assim admitido que Gonçalves de Magalhães recebesse uma crítica branda do mesmo Nunes Ribeiro:

> O sr. dr. Magalhães diz que a poesia do Brasil não é uma indígena civilizada, e sim uma virgem do Hélicon que, sentada à sombra das palmeiras da América, se apraz ainda com as reminiscências da pátria, cuidando ouvir o doce murmúrio da Castália, o trépido sussurro do Lodon e do Ismeno.

Nunes Ribeiro completará sua crítica com a lamentação: "Chora, oh mísera e mesquinha! [...] O maior vate americano, te nega – uma pátria!" (ibid., p.51).

O protossociológico que embala nossa crítica não promete mudanças significativas. Dizê-lo justifica que, já havendo reduzido o material a expor ao contido nas coletâneas referidas, sintamos a obrigação de reduzi-lo mais. (Em vez de afirmar a subtração exata, declarando o número muito menor dos autores mencionados, basta assinalar que não consideraremos o volume segundo de Afrânio Coutinho.)

Passamos ao texto de Dutra e Melo. Cabe assinalá-lo porque trata de um romance – o que não era usual –, *A Moreninha*, publicado no mesmo ano de 1844. O publicista acusa a expansão do romance no século de provocar o aborto da arte, em virtude de ela deixar de servir à educação do público… "Tendo de satisfazer um gosto que se depravava, ele se depravou também;

esqueceu que devia fazer a educação do povo, ou pelo menos de que podia aproveitar o seu prestígio para isso" (Souza, 2014, v.I, p.221). Não se pergunte se o autor assumia uma posição conservadora por ignorância da leitura do que se fizesse fora das cortes ou por restringir o processo educacional à ênfase na moralidade. As duas razões são prováveis. Daí a tentativa, louvada por Dutra e Melo, de regeneração do gênero pelo incremento do romance histórico. Quaisquer que fossem as razões do articulista, a obra de Macedo assumia um outro viés: o romance sentimental vinga a "época triste" em que se está. Moralidade, primado da história, sentimentalismo. Dutra e Melo combina a velha *imitatio* com o toque sentimental ressaltado pelo Romantismo tosco.

Para completar a sua inserção, a obra de Macedo era coroada pelo articulista com uma auréola de metáforas mediocrizantes: *A Moreninha* "é uma aurora que nos promete um belo dia, uma flor que desabrocha radiosa donde vingarão pomos saborosos: uma esperança com todos os laivos de certeza" (ibid., p.228).

Pouca — se é que alguma — novidade apresentará o poeta e ensaísta Bernardo Guimarães, em "Reflexões sobre a poesia brasileira" (1847). Como era frequente, o argumento parecia mais convincente se se assentasse em um enxame de metáforas convencionais. Transcreve-se apenas o princípio de um parágrafo de tamanho razoável, em que elas se revezam sem cessar: "A poesia é um dos mais preciosos dons que a Divindade deixou cair sobre a terra, para compensar os males desta existência fenomenal e precária" (Souza, 2014, v.I, p.248).

Ignoro o desgosto com o convencionalismo de que o autor não se afasta e venho ao "Prólogo" de suas *Folhas de' outono* (1883), que publica quando já circulavam os romances da maturidade machadiana. Para não encarecermos a distância em que Bernardo Guimarães se mantinha, é preferível assinalar-se, com Afrânio Coutinho, que o texto referido realça "a reação contra a escola que, na década de 80, estava consolidada nas letras brasileiras — a realista (em poesia, a parnasiana)" (Coutinho, 1980, v.I, nota de apresentação do "Prólogo", p.347). Coerente com seu romantismo retardatário, o poeta e eventual ensaísta acusa "a moderna escola poética, hoje em voga no Brasil por importação. [...] Uma importação que, em vez de melhorar, estraga e desvaira a índole da inspiração nacional" (ibid.). Desse modo, acrescenta, amarrar-se-ia "o leviano, gracioso e independente batel da inspiração ao reboque da pesada charrua da crítica moderna, tão cheia de teorias sibilinas, e ainda mais carregada de erudição que a antiga" (ibid.).

Quarenta e sete anos já haviam transcorrido do texto de abertura de Gonçalves de Magalhães. Era tempo suficiente para constituir-se uma tradição, não importa de qual índole. O autor mineiro, ainda que a contragosto, não se recusa a admiti-lo, embora o faça em termos que parecerão ameaçar se prolongar pelo século seguinte: a "crítica moderna" – expressão que veremos acentuada por Sílvio Romero – contrariaria a poesia de "nosso estado de nascente civilização ainda tão distanciado [...] (do) Realismo poético", como ainda dirá no "Prólogo".[3] Assim se expressando, Bernardo Guimarães reconhecia o que ele próprio não parecia saber que estava em si: a presença maciça de um complexo de inferioridade. Só haver permitido a sua verificação já justificaria a continuação de sua leitura.

Destaque-se a seguir Francisco Adolfo Varnhagen, polígrafo, mas, sobretudo, historiador. Como tal, é valiosa sua observação sobre o papel do Império – mais precisamente de Pedro II – no favorecimento das letras:

> Contemplando [a imaginação] nas obras de muitos nacionais e estrangeiros, cujos escritos [...] recomendam a memorável época do reinado, que mais ou menos diretamente protegeu os seus autores, favorecendo-os com cartas de recomendação aos capitães-generais e declarando alguns até pensionários do Estado, a pretexto de que enriqueceriam com amostras o museu nacional. Pagando destarte o devido tributo ao rei, seremos ao mesmo tempo consequentes com o sistema seguido sempre nesta história de comemorar mais

---

3 Cf. Coutinho (1980, v.I, p.349).

a memória dos autores de novas ideias que simples fanfarrois de mando, embora muito agaloados e condecorados.[4]

O historiador aponta algo aqui decisivo: o conservadorismo latente e mediocrizante, diretamente relacionado com a educação recebida desde a colônia – com o favorecimento do latim, da retórica e da frase retumbante e, por cima, com a restrição quantitativa e qualitativa dos leitores, numa sociedade escravocrata –, era, ademais, beneficiado pelos favores do Estado aos que lhe eram simpáticos. Embora a maturidade machadiana só se dê no fim do século, o seu fulgor não deixa de surpreender. Mas será preciso que nos mantenhamos atrás, na década de 1850, para que nos habilitemos a tratar de Alencar.

Descuro a discussão sobre *A Confederação dos tamoios*, aqui renegada por ser uma épica indigesta, que nem mesmo se ajusta ao lírico-sentimental dos romances alencarinos. Sem pretender ser propriamente uma crítica, o romancista cearense oferece uma entrada adequada ao distinguir o estilo quinhentista, com seus períodos *"arredondados ao modo latino* (que) encadeiam numa fórmula breve, rápida e concisa o pensamento [...]", do "estilo moderno", em que "a frase corre solta com o pensamento e se expande em toda a sua força de expressão".[5] A distinção prende desvalorativamente Magalhães ao primeiro e logo acrescenta que "o estilo antigo não pode renascer em nossa literatura" porque fora próprio dos "tempos de fé, heroísmo dos portugueses", cuja "forma imóvel e inflexível" se ajustava às "crenças profundas (e às) convicções inabaláveis" (Souza, 2014, v.I, p.423).

Creio ser mais interessante a polêmica que trava Alencar com o jovem Joaquim Nabuco. E não pelo que divergem, ou seja, o teatro e o romance de Alencar, mas pela maneira como o fazem; maneira agressiva, de ambas as partes. O que indignava Nabuco no então consagrado escritor? Conquanto começasse pelo exame do teatro, verifico de imediato, o que diz de seu indianismo e do

---

4 Cf. Souza (2014, v.I, p.373).
5 Cf. Souza (2014, v.I, p.422-3).

romance: "Sempre me pareceu um esforço mal compensado esse que emprega o sr. J. de Alencar para formar numa língua, que só pode ser falada por ele e por um ou outro índio do Amazonas que venha a ser o último dos seus *pajés* [...]" (Nabuco, 1875, p.70).

O romance tem menos influência do que o teatro, mas tanto no romance como no teatro o sr. J. de Alencar perdeu de vista o ideal; por isso a sua influência em nossa literatura, se ele não vier a ter um sentimento diverso da missão do escritor, manifestar-se-á por uma poesia artificial e exótica, emprestada a raças que não pensaram nem sentiram como a nossa e, paralelamente, por um Realismo sem elevação e sem verdade, para a qual a arte é a surpresa, a sensação e o escândalo. (Ibid., p.139)

Venho ao teatro. Diz do *Demônio familiar*: "Aí está o teatro que o sr. J. de Alencar teve a nenhuma compaixão de fundar! Aí está a nossa sociedade, não a *símia* felizmente, a *verdadeira*, como ele julgou fotografá-la, separada do mundo inteiro pelo desgosto, pelo desdém que o seu teatro havia de provocar diante de uma plateia europeia" (ibid.). Da mesma peça, logo se indaga:

Que tipos há nele? Que sociedade pinta o autor? Todos os seus personagens são mal-educados e desagradáveis; o único que tem um pouco de espírito e algum sentimento é exatamente o que o sr. J. de Alencar quis tornar ridículo; os outros, que ele quis fazer inteligentes, são de uma estupidez incrível, a ponto de se deixarem inteiramente governar por um escravo analfabeto. (Ibid., p.107)

Nabuco oscila entre os critérios da representação europeia e a imagem realista. Ainda que sua concepção de literatura permaneça embaçada (e não aceitável), já não é grosseira, como em Dutra e Melo e tantos outros. Em troca, é evidente que a presença da escravidão incomodava o crítico.

De sua parte, Alencar prefere acentuar que ao educado em Paris perturbava o próprio tema do escravo, enquanto ele procurara mostrar que a "domesticidade escrava" penetrava no tecido da própria sociedade, que não poderia ser retratada sem a sua forte presença. Fundamentar a opção por um dos adversários exigiria que esse exame se concentrasse nas obras referidas. Em sua impossibilidade, prefiro ressaltar que a maneira de expor a divergência consistia na agressividade polêmica. A escolha dessa direção permite acentuar que o confronto abre um paradigma que continua vivo. Em vez de discussão intelectual, em que as partes esgrimam suas ideias antagônicas, temos o correspondente a uma briga de rua.

Igualmente interessante, se não o for mais, é um segundo realce: a reação de Alencar a propósito dos que o foram assistir. A respeito da apresentação de *O jesuíta*, Alencar se queixa da ausência do público,

> que desertou da representação de um drama nacional, inspirado no sentimento patriótico, para afluir aos espetáculos estrangeiros. [...] Uma obra escrita por um brasileiro, que não é maçom, nem carola; um drama cujo pensamento foi a glorificação da inteligência e a encarnação das primeiras aspirações da independência desta pátria repudiada; produção era em verdade um escárnio à face da plateia fluminense. (Alencar, 1875, p.24)

E, contestando a surpresa do adversário, que o identificava como a figura então mais aclamada da literatura nacional, responde:

> Nada é menos verdadeiro. Escrevi *O guarani* em 1857; percorram a imprensa fluminense, desde aquela época até 1862, e não acharão o mínimo elogio, nem mesmo notícia desse livro. Ao contrário, publicando nesse ano *O calabar*, dizia uma folha da corte que o sr. Mendes Leal vinha dar-nos o modelo do romance nacional. *As minas de prata* encontraram a mesma indiferença. *Lucíola* apenas obteve de uma das três folhas diárias meia linha de referência. (Ibid., p.62)

Os adversários provavelmente apenas convergiriam ante a anotação de poucos dias depois: "Não se lê muito entre nós: mas a opinião do jornalismo é acatada" (ibid.).

As razões levantadas pelo autor à pouca receptividade do público são mais consideráveis do que a sobrestima de Nabuco à idealidade que deveria se incorporar ao argumento. A combinação do tom polêmico, em vez do debate de ideias, com a rarefação do receptor, forma uma conjunção difícil de ser ultrapassada.

É de lamentar que, como dirá Antonio Candido, quase nada se aproveite do que se escreveu antes de Sílvio Romero. Assim, volta a suceder não menos que com o próprio Gonçalves Dias. Suas considerações sobre a poesia reduzem-se ao elogio da língua, de que louva, na "Carta ao dr. Pedro Nunes Leal", a pureza com que a emprega seu conterrâneo Odorico Mendes, muito embora discorde de tomá-la como padrão absoluto, porque "vai nisso excesso de lusitanismo" (Dias, 1857, apud Souza, 2014, v.II, p.15). Em troca, e em concordância com Alencar, tem o estilo como fator decisivo (ibid., p.16), conjugando-o ao sentimento nacional, em estado nascente: "A minha opinião é que ainda, sem o querer, havemos de modificar altamente o português. [...] E que enfim o que é brasileiro é brasileiro, e que *cuia* virá a ser tão clássico como *porcelana*, ainda que não a achem tão bonita" (ibid., p.20).

Chegamos ao excepcional que o século XIX nos legou: Machado de Assis. De sua pequena obra crítica, destaco, em primeiro lugar, "O ideal do crítico" (1865), conquanto reservemos uma primeira apreciação a seu texto capital, "Notícia da atual literatura brasileira: Instinto de nacionalidade" (1873).

A força da nacionalidade se manifestava desde que o papel da língua deixara de ser exclusivo, para o que concorrera de modo decisivo a própria Independência. No entanto, se formos considerar quantos autores estariam subordinados ao critério nacional, permaneceremos distantes do que se chamaria de um instinto. (Por não nos obrigarmos a um levantamento estatístico, propomos que o leitor percorra com cuidado as duas coletâneas e considere o número de autores que ressaltam a nacionalidade.) Não que Machado exagerasse: nós – os contemporâneos que nos cercam – é que não o lemos com o cuidado devido (o "instinto" não se confunde com o factual, portanto com um critério quantitativo). A insistência "instintiva", anotada por Machado, era resultante da pergunta mais comum de quem se indagava sobre o que o cerca: "Interrogando a vida brasileira e a natureza americana, prosadores e poetas acharão ali farto manancial de inspiração e irão dando fisionomia própria ao pensamento nacional" (Assis, 1962, p.801). Ora, essa indagação sucede por modos e graus diversos. Nessa diversidade, ela diverge do grito de Independência, ocorrido uma única vez e em um só lugar. Usando termos hoje habituais: sucede de maneira documental e testemunhal. Por certo, não seria assim declarado quando o critério de nomeação era o da pura língua, porquanto o casticismo nunca se confundiu com o documental. Mas os critérios agora em vigor assim se tornaram desde a afirmação do Realismo.

Do ponto de vista da *mímesis* que procuro desenvolver, as modalidades a que estamos habituados hão de ser consideradas com maior cuidado. Empregando a fórmula mais corriqueira com que tenho caracterizado o *mímema*, semelhança e diferença, em que o primeiro termo serve de aclimatação da obra para a devida compreensão do receptor, ele é a variável que favorece o verossímil. O que vale dizer que a semelhança não é um invariável físico, mas modificável de acordo com as condições culturais. O que ainda equivale a dizer que seu caráter é o de uma elementaridade, o de um polo inferior à realização mimética, cuja força antes se concentra no polo da diferença. Em decorrência, o Naturalismo de Zola não tem o nível e o alcance de Balzac ou Flaubert, nem o nosso regionalismo se compara à inventividade de Guimarães Rosa embora tomado por alguns como regionalista. A distinção exigiria maior aprofundamento, aqui não cabível. Limito-me a pensar em *Vidas secas*. O livro de Graciliano Ramos se põe noutro patamar dos outros regionalistas, seus contemporâneos, mesmo de um José Lins do Rego, porque o seco que pisam e no qual vivem os emigrantes e Baleia, a cachorrinha assassinada, contém outros graus que o da mera terra árida.

Sem que Machado entrasse por meandros semelhantes, que permanecerão por décadas não frequentados por ninguém, "O ideal do crítico" dava condições para justificá-los; falando com mais propriedade, dava condições para a rebeldia que impregna "O instinto de nacionalidade": *a crítica alcança um nível que desconhecia ao compenetrar-se do papel desempenhado pela imaginação*: "O crítico atualmente aceito não prima pela ciência literária; creio até que uma das condições para desempenhar tão curioso papel é despreocupar-se de todas as questões que entendem com o domínio da imaginação" (Assis, 1865, p.798). Conforme Machado já dizia em 1858, em "O passado, o presente e o futuro da literatura": "Após o Fiat político, devia vir o Fiat literário, a emancipação do mundo intelectual, vacilante sob a ação influente de uma literatura ultramarina. Mas como? É mais fácil regenerar uma nação que uma literatura. Para esta não há gritos de Ipiranga" (Assis, 1962, p.787).

Foi por isso plausível passar-se ligeiramente pelo nome próximo de Couto Magalhães, com seu "Destino das letras no Brasil" (1859). O autor usa um apólogo para falar do clientelismo:

> Dois homens apresentam-se diante de um dos nossos ministros, pretendendo um emprego. O primeiro leva como recomendação seu mérito demonstrado numa longa carreira de esforços e honestidade quanto ao mais, o nome de seus pais é obscuro, e ele é um extremo pobre. O outro leva no bolso uma carta do barão tal, e no rosto o cunho da ignorância e da inutilidade pretensiosa. Dizei-me: para quem são as cortesias e finalmente as flores, e para quem os monossílabos grosseiros e os espinhos? – [...] Deixo que cada um responda em sua consciência. (Magalhães apud Souza, 2014, v.II, p.96)

O clientelismo se oficializara com dom Pedro II, obrigando alguns dos recusados ou a renunciar às letras, ou a emigrar, como sucederá a Sousândrade. Um círculo vicioso é criado: o candidato a escritor deve ter uma boa apresentação para a majestade no poder; da parte do favorecido, ele há de se conservar préstimoso, pois, do contrário, a sorte pode virar pelo avesso. Nenhuma das duas exigências não beira sequer o exame crítico. Para que o Machado da maturidade o tenha alcançado foi preciso que desenvolvesse, além do aspecto estritamente intelectual, a astúcia no trato com as pessoas e os fatos. Duas frentes o atestam: haver sido um dos fundadores da Academia Brasileira de Letras, assim como autor de poucas notas críticas. Dessa maneira, marginalizava a antipatia de Sílvio Romero, cuja poesia fora por ele criticada, e ajudava a que seu "Instinto de nacionalidade" não fosse entendido – como, diga-se de passagem, continua a suceder.

Igualmente parca é a referência a Deodoro de Pascoal, com seu "Estudo sobre a nacionalidade da literatura" (1862). O "instinto" faz com que os "novos" chamem de "belas-letras a sua civilização".[6] O pensamento raso mal esconde o vazio: "Os poetas [...], os escritores e os literatos americanos devem ficar plenamente convencidos de que, à medida que forem afastando-se da sua sublime natureza, degenerarão e perderão a originalidade" (Pascoal apud Souza, 2014, v.I, p.136). Em troca, segundo o mesmo Deodoro de Pascoal, a presença de autores estrangeiros estaria nos condenando à inferioridade. O termo romântico por excelência, o gênio, já convertido em lugar-comum, funda a máxima: ou o determinismo é obedecido, ou permanecerá a inferioridade.

Somos menos econômicos quanto ao prólogo ao "Canhenho de poesias brasileiras" (1870), de Salomé Queiroga. Razão para tanto está simplesmente em o autor arrolar o panorama do que então se pensava. Ter, em 1829, os membros de uma certa Sociedade Filomática se deslocado até as margens do Ipiranga para celebrar a Independência, com a participação do próprio autor, que aí recita poema seu, seria a demonstração cabal da inter-relação entre poesia e sentimento de nacionalidade. Idêntica razão explicaria que Casimiro de Abreu e Gonçalves Dias tivessem abjurado da "risonha crença dos gregos", sendo-lhes "a pátria grata por tão relevante serviço" (Queiroga, 1870, apud Coutinho, 1980, v.I, p.253). Daí a transigência que seus versos populares teria com a língua canônica e darem eles preferência a "imagens claras" – "pão, pão, queijo, queijo", é o que o povo entende (ibid.,

---

6 Cf. Souza (2014, v.I, p.133).

p.255). Por coerência, e em contraposição ao que Machado havia dito em "O ideal do crítico", na "Advertência" a romance seu, declarará: "*Maricota e o padre Chico* não é um escrito da imaginação simplesmente; é um fato histórico [...]" (ibid., p.272).

Não sendo possível desmanchar a história, só podemos acompanhá-la. É o que se faz ao se vir a Macedo Soares, de quem dois textos serão considerados, "Da crítica brasileira" (1860) e "Gonçalves Dias" (1881). Enquanto Machado ainda viria a escrever: "O que se deve exigir do escritor, antes de tudo, é certo sentimento íntimo, que o torne homem de seu tempo e do seu país, ainda quando trate de assuntos remotos no tempo e no espaço" (Assis, 1962), Macedo Soares considera que a expressão nacional é estragada por "as flores que trouxeram do estrangeiro estranham o clima e definham" (Soares, 1860, apud Coutinho, 1980, v.I, p.275). Por isso mesmo, a literatura nacional teria urgência de uma crítica eficaz. Máxima contrariada pelas espécies de crítica que vê em circulação – contemplativa, admirativa, noticiosa, satírica[7] – que o próprio autor considera deploráveis. É verdade que a "crítica imparcial", que não encontra presente, teria por função guiar "na vereda da idealidade os moços que começam a ensaiar as formas estéticas do pensamento" (ibid., p.279) – alternativa não menos ridícula.

Passemos à notícia crítica que dedica ao poeta maranhense:

> O ilustre cantor da trinomia da vida, Deus, o homem e a natureza, é talvez o único poeta que não possa queixar-se dos contemporâneos e clamar com a coragem do desespero: *Ingrata patria! Non possidebis ossa mea*. Enquanto os outros vão sendo votados ao ostracismo da indiferença e quem sabe do olvido, ele pode reclamar a cabeça nos braços da boa deusa e repetir do alto da soberania do gênio: "Posteridade, és minha!". (Soares, 1860, apud Coutinho, 1980, v.I, p.280)

---

[7] Cf. Soares (1860, apud Coutinho, 1980, v.I, p.276).

Semelhante introito torna dispensáveis as páginas seguintes. Mas não devo deixar de assinalar a reserva quanto ao sentimento religioso. Em consonância ao espírito do século, dirá que sua religiosidade é "mais racional do que cristã", porquanto a religiosidade do século é conduzida pela ideia de progresso.[8] Não se discute se Gonçalves Dias era o grande poeta nacional – dado que a competição era bastante pobre – e a figura que, quase exatamente um século depois, seria destacada por Augusto e Haroldo de Campos, Joaquim de Sousândrade, tamanho era o desencontro de sua forma com a frequentada por seus contemporâneos,[9] que chegava a ser considerado um louco. Assim, Gonçalves Dias se ajustava ao critério exaltado pelo crítico: "Não é o sentimento do povo encarnado no coração do poeta? Não é o espírito da época substanciado no gênio do cantor do povo?" (Soares, 1861, p.286, apud Coutinho, 1980, v.I).

Situação relativamente diversa é expressa por Capistrano de Abreu. Como historiador – que ele é por definição –, o cearense era uma figura que já se destacava. O problema que aqui se há de ressaltar decorria de considerar a crítica literária um ramo da historiografia. Assim, "A literatura brasileira contemporânea" (1875) tem as mesmas marcas destacadas por seus contemporâneos. Já integrado ao pensamento pós-romântico presente em 1870, seu texto, entretanto, mantém a ideia romântica do papel cumprido pela paisagem, dela se diferenciando por compreendê-la cientificamente como meio físico-geográfico. Dessa maneira, tal como a *imitatio* permanece constante, o mesmo sucede com o meio, que apenas deixa de ser identificado com a cor local, para se impor como força de atuação natural.

Parece importante acentuar a permanência de valores, agora sob a justificação de operarem cientificamente. O cientificismo assim abonava a unanimidade do sentimento nacional – que imperava desde que deslocara o critério colonial da língua – supostamente explicado pela universalidade das leis científicas.

---

8 Cf. Soares (1861, apud Coutinho, 1980, v.I, p.283).
9 Cf. Campos e Campos (2002).

Daí que a expressão oca, a literatura como expressão da sociedade, era completada por seu avesso, com que Capistrano remetia ao inglês Buckle: "E a sociedade [é] a resultante de ações e reações de ações da Natureza sobre o Homem, de reações do Homem sobre a Natureza" (Abreu, 1875, apud Souza, 2014, v.2, p.311).

Estavam dadas as condições para a generalização tranquilizadora, ainda que, em pouco tempo, acabariam por conduzir à propagação de uma conclusão desastrosa: a impossibilidade de êxito do país. Se as forças da natureza têm direção inexorável, o clima entre elas se destaca e aponta que se possa dizer do país que, conquanto conheça zonas frias, "é quente seu clima" (ibid.). Ou seja, para nosso historiador, ao menos enquanto naturalista, generalidade era sinônimo de invariância. Sem embargo, indo além do Naturalismo, do quente genérico resultava a generalização do temperamento e da conduta: "O resultado é a sobriedade que caracteriza os climas quentes, tanto como a indolência [...]" (ibid., p.312). Capistrano não tinha, portanto, de esperar pelos que o seguissem para expressar o que pensa sobre o país: "As *forças físicas* levam-no à indolência e, quer pelas facilidades que lhe oferecem, quer pelas dificuldades que lhe opõem, tendem a amesquinhar direta ou indiretamente o Homem. As *aparências físicas* convergem para o mesmo resultado" (ibid., p.313). Estava formulada a expectativa reservada ao país que permanecerá viva até a década de 1930.

De Franklin Távora não se deve dizer que tenha sido propriamente um crítico, pois o livro que se prestaria a essa orientação, *Cartas a Cincinato* (1870), antes se assinala pela polêmica feroz com que se dirige a Alencar. Em vez de nela me concentrar, mais importa a carta-prefácio a *O cabeleira*, de 1876, pelo esforço denodado de desvencilhar o exaltado Realismo do Romantismo, realçando as condições geográficas. Indo além da proposta enquanto cientificista, ressalta a literatura praticada no Norte por sua pretendida superioridade enquanto literatura nacional: "As letras têm, como a política, um certo caráter geográfico; mais no Norte, porém, do que no Sul abundam os elementos para a formação de uma literatura propriamente brasileira, filha da terra" (Távora, 1876, apud Souza, 2014, v.2, p.347). Estava assim lançada o que, com bases bem diversas, virá a ser proposto, nas primeiras décadas do século XX, com o destaque do regional.

O autor desses apontamentos não duvida que José Veríssimo mereceria um destaque maior do que lhe será concedido. Mais bem ligado à composição formal do texto do que os nomes já lembrados, no entanto, confunde forma com construção gramatical e se põe poucos graus acima deles, bem como de seu antagonista, Sílvio Romero. As seis séries de seus *Estudos de literatura brasileira*, mais do que sua *História da literatura brasileira* (1916), exigiriam um detalhamento aqui desconsiderado, até porque seu resultado seria mais detalhado que meritório. Por isso nos restringimos ao texto que Acízelo de Souza já escolhera: "A literatura brasileira: sua formação e destino" (1877). Passagem de início já indica sua toada: "Faltando-nos os principais característicos de uma nacionalidade, restava-nos esforçar-nos para que nossas ideias, como todas as condições morais que formam uma nacionalidade, tivessem alguma coisa da novidade grande e bela desta América [...]" (Veríssimo, 1877, apud Souza, 2014, v.2, p.405).

Torno proposital o fim da última frase transposta para acentuar a sobriedade de seu estilo. Ainda que o crítico paraense não tivesse originalidade na visão do que apreciava, distinguia-se de seus confrades pela rejeição da frase bombástica e vazia. Essa sobriedade tende a se converter em crítica severa tanto ao que se tomava por crítica quanto ao lirismo corrente:

> À crítica, modelada ainda pelos estilos horacianos e quintilianescos, arrebicada, insciente, cheia de conveniências e adulações, que tem dominado sempre o nosso pequeno movimento literário, deve a nossa literatura versar-se ainda hoje nos moldes acanhados das concepções sem ideias (falamos da poesia), dos versos, aliás, brilhantes, de um lirismo estafado e convencional, que só tem de notável a exuberância de formas *sensuais*, se assim podemos dizer, que lhe empresta o sangue do mestiço, a riqueza luxuriante da natureza e o sol do Equador. (Ibid., p.406)

Veríssimo assim estabelecia uma nota de discordância quanto ao cientificismo: reconhece a força do clima, sem que daí resulte algum efeito literariamente positivo. Por certo, a palavra "estética" nele não aparece, sem que se duvide que, se a encarasse, a entendesse como de cunho negativo. Mas, como o clima é invocado para explicar a languidez e a morosidade, se não mesmo a preguiça, ou seja, propriedades morais, voltar a invocá-lo a propósito do lirismo para declarar que este é convencional implicava confundir qualidades e efeitos morais com propriedades poéticas. Daí poder-se admitir o que ele pensaria negativamente do estético, se estivesse de posse da acepção do termo. Desse modo, mesmo que não tenha estado em seu propósito, podemos dizer que Veríssimo abre uma questão que acompanha todo o determinismo: como, sendo o determinismo admitido, estabelecer a distinção de valor entre o qualificado e o insignificante? Se há forças que estabelecem um resultado determinado, como seu efeito poderá ser, se não igual, indiferenciado? Usando os termos preferidos pelo crítico, como distinguir o brilhante do "estafado e convencional"? A questão que se põe para o cientificista era bastante menos embaraçante no caso do código moral. O formato do código moral é diferenciado de acordo com as culturas, que têm em comum, necessariamente, apenas a distinção entre o bom e o mau, o certo e o errado, o aceitável e o inaceitável. A diferença que separa os códigos morais de culturas diversas podia ser explicada por serem diversificados seus condicionamentos. A dificuldade seria evidente se uma mesma cultura conhecesse códigos morais distintos, se não mesmo antagônicos entre si. Quando assim sucede, o conflito torna-se esperável. Dentro de uma cultura, certa conduta é tida por correta, enquanto as que dela se afastam são consideradas passíveis de um gravame maior ou menor. Pelo fato de Veríssimo ser um crítico literário, ainda que não dispusesse do critério estético, o problema tinha uma gravidade exemplar.

Sente-se aqui a falta de um meio ao menos razoavelmente culto e não só preso aos exemplos latinos e clássicos ou, mais ainda, à repetição de formulações banais. Tal falta sobrecarrega a argumentação de Veríssimo. Ainda que seja possível nele vislumbrar o rastro de uma ideia, a sombra lançada não tem sequência. Concretizemos sua dificuldade, acompanhando o que diz do romance. O gênero, diz ele, deve estar fincado na vida nacional autêntica, por ele identificada com a do sertão:

> O verdadeiro *romance' brasileiro* precisa dos fatos da vida do nosso sertão, onde o genuíno povo brasileiro, o resultado dos cruzamentos, vive com seus hábitos, suas crenças e seu falar próprio. Daí a superioridade do *Sertanejo*, do *Gaúcho*, do *Tronco do ipê'*, da *Mocidade' do Trajano* etc., os mais perfeitos dos nossos romances. (Veríssimo, 1877, apud Souza, 2014, v.2, p.409)

É desnecessário conceder alguma profundidade à discussão. Dado o protossociologismo que permanece presente, pode-se aceitar seu ponto de partida como legítimo. No sertão, estavam as raízes por explorar a vida nacional. Não questionemos se a metáfora "raízes" permanecerá válida quando o país começar a perder sua concentração rural, o que ainda não se dá quando da morte do autor, em 1916. Mesmo sem o fazer, é indiscutível que o ponto de partida não tem condições de desenvolver o raciocínio passível de explorar o que efetivaria a vida nacional. É certo que, ao escrever o artigo que acompanhamos, Veríssimo ainda não dispunha da obra de maturidade machadiana. Ela ocorreria sem que Veríssimo pudesse admirar o que Alencar ainda não conseguia. Para fazê-lo seria indispensável que sofresse uma transformação mental.

Em poucas palavras, não sabemos explicar de onde Machado tirou forças, não digo sequer para seus grandes romances, mas, sim, para suas duas peças críticas acima referidas. A dificuldade de sabê-lo tem por consequência termos de esperar ainda por décadas para que nossa crítica assuma outro aspecto. Isso significa que chegaremos ao fim da primeira parte deste capítulo sem encontrar alguma mudança significativa. Dizê-lo implica que a figura de crítico do século XIX, que passaria para o seguinte como o modelo a ser estudado, se não mesmo estimado, Sílvio

Romero, continuará entranhada no paradigma que temos visto aqui cumprido.

Sílvio Romero foi um polígrafo de tão extensas proporções que seria impossível a análise de sua obra completa. O propósito de considerar sua obra de crítico nos leva a distinguir *A literatura brasileira e a crítica moderna* (1880) e *História da literatura brasileira* (1888). *História* se avoluma progressivamente até conter os cinco volumes reunidos por seu filho, Nelson Romero, em 1943. Concordamos com Antonio Candido que o livro de 1880 "é a primeira obra no Brasil, em que pese a José Veríssimo, onde fica, sistematicamente, estabelecida a ruptura com os antigos processos críticos e adotada a orientação positivista, naturalista e sociológica" (Candido, 1963 [1945], p.52). Porque sua enorme *História da literatura* não prima pela apreensão crítica – "Como crítico, foi mais historiador da cultura e sociólogo" (ibid., p.9) – ela não será discutida.

No prefácio de outubro de 1880 de *A literatura brasileira e a crítica moderna*, Sílvio Romero enfatizava a dificuldade de escrever crítica no país. Justificava sua reclamação por não ter sido estudada a poesia popular, tampouco nossas lendas e costumes, além de permanecer desconhecido o meio pelo qual a filologia fora renovada, a ciência moderna.[10] Esse vazio decorreria da morte da "velha romântica brasileira", com seu indianismo e da filosofia que então era ensinada.[11] Em vibrante oco ecoava o grito ostentório do sergipano: nosso destino está na dependência da "verdade da ciência" (Romero, 1880, p.14). (Ante a inexistência de uma edição crítica, torna-se impossível datar os textos constitutivos do livro porque, diz o autor, foram compostos e originalmente publicados quando ele tinha de 18 a 25 anos; portanto entre 1869 e 1876.)

A declarada ciência nova estampava dois estandartes: a natureza e a raça. Delas partem os "dois grandes motores" do caráter

---

10 Cf. Romero (1880, p.11-2).
11 Cf. Romero (1880, p.13).

nacional.[12] Deriva deles para o exame do que fora feito sobre nossas raças constitutivas. "Os bandos de *africanos* de origem diversa [...] tiveram [...] mais vigor do que os índios" (ibid., p.27), conquanto seu conhecimento permanecesse inexistente e o autor reconheça que o papel desempenhado pelo negro tenha sido maior.[13] "As primeiras e fragílimas bases de nossas letras só foram lançadas ao fim do XVIII" (ibid., p.28). "Em consequência, enquanto os Estados Unidos têm verdadeiras notabilidades, nós, outros, só temos *poetas*" (ibid., p.34). Esse era o fruto da educação passada e presente.[14]

Ao longo dos capítulos então reunidos destacará, relativamente, Gonçalves de Magalhães e Gonçalves Dias; frente aos dois, ressaltará Álvares de Azevedo, embora ainda o visse com restrições.

> Costuma-se julgar, acrescenta, o mérito que o Romantismo teria tido, entre nós, mas a admissão seria enganosa. O nosso Romantismo se equivocou ao apenas substituir a pintura pagã pela introdução do cristianismo quando o Romantismo tivera por característica a "universalidade de suas vistas". (Ibid., p.39)

A apreciação dos dois Gonçalves diverge apenas pelos graus com que manifesta sua discordância. Ao passo que se empenharam em conceber literaturas profundamente nacionais, "o verdadeiro poeta deixa hoje apenas pressentir o seu país no vasto e fecundo cosmopolitismo do ideal" (ibid., p.40). (Não me pergunto qual seria ele, contentando-me em compreender que, para o autor, a poesia se confundiria com a expressão do "ideal".)

O ataque se dirige ao – e se concentra no – indianismo. Romero julga descartá-lo do mapa do poético com a formulação: "O índio não representa entre nós o que em França significava o velho fundo da população gaulesa, o terceiro Estado, o povo que

---

12 Cf. Romero (1880, p.19).
13 Cf. Romero (1880, p.27).
14 Cf. Romero (1880, p.36).

fez a revolução" (ibid., p.42). A extrapolação de um tal dínamo, contudo, não impede que permaneçamos movidos pela "mesma índole melancólica e vagarosa, o mesmo instinto de servidão do colono português" (ibid., p.43).

Contra o legado negativo, será preciso descobrir "o gênio, a força primária do brasileiro" (ibid.). Será possível que Machado tenha destacado irônica e criticamente o termo "instinto", usado por Sílvio? "É uma questão de instinto dos povos essa do nacionalismo literário" (ibid., p.47). O fato é que Romero o emprega na estrita acepção em que o romancista se apoia para criticá-lo. À generalidade do instinto corresponde a afirmação racial do branco. Daí que a esperança do país se plantaria em que à diversidade das raças correspondesse a capacidade do branco de superar as raças de potencial inferior. Da diferença de seus respectivos estoques resultaria o prenúncio do *embranquecimento* progressivo do brasileiro. "A raça que há de vir a triunfar na luta pela vida, neste país, é a *raça branca*" (ibid., p.48). Mas o otimismo estava tão só na previsão. Enquanto ele não se concretizasse, seria inegável que "a raça *propriamente brasileira* (fosse) o mestiço" (ibid.).

Depois da volta pela biologia e pela referência à teoria darwinista, Romero retorna à tríade dos poetas. Ainda que o predileto, Álvares de Azevedo, houvesse cedido ao "sentimentalismo indiscreto e desabrido", seria menos imperfeito que Magalhães e Gonçalves Dias,[15] que cederam ao indianismo arbitrário. Mas Sílvio como que justifica o próprio empreendimento, "a ciência moderna", ao reservar a esperança de salto para o futuro. A derivação da darwinista luta pela vida, com seu projeto de embranquecimento, é reservada para um futuro de que não se declara quando seria esperável. Por enquanto, haveremos de nos contentar com que nossa literatura seja "de tentativas" (ibid., p.61).

Por que não o explicitar melhor mediante o desdobramento do que supõe ser a herança biológica? O autor não deixa a oportunidade escapar de suas mãos. A família ariana contém alguns

---

15 Cf. Romero (1880, p.55).

grupos. Aquele a que pertencemos, o greco-latino, está distante de igualar-se ao germano-saxônico.[16] Contra a terrível carga da origem, Sílvio Romero só conta com o legado da ciência nova e a "contemplação de um grande ideal" (ibid., p.70). (Como não sei se o autor conhecia Marx, apenas posso notar que se diferenciava do que *O capital* [1867] propunha – a luta política ativa contra o privilégio, não de uma raça senão a que se incorporava à burguesia proprietária dos bens de produção – pela contemplação passiva.) Acrescente-se, talvez mesmo porque a contemplação era de foro individual ou porque era suposto que a herança biológica tinha um cumprimento inexorável, seu conteúdo não era explicitado. Em troca, a declarada "ciência nova" dele exigia dos autores franceses que cita fazer a porta de passagem para o acervo germânico.

Chegamos à segunda parte de *A literatura brasileira e a ciência moderna*, cuja exposição há de ser mais rápida.

O Romantismo tinha reconhecido por mérito "a reabilitação de todos os assuntos em matéria d'arte" (ibid., p.112), incluindo "o culto da forma" (ibid., p.113). Pelos dois aspectos, acentua-se a negatividade que Romero reservava ao Romantismo nacional. Assim resultara do primado dos indianistas (ibid.). A maneira como a eles se refere já prenuncia o que falará de Álvares de Azevedo; conforme o que já dissera na primeira parte, declara-o melhor que os outros dois; já então morto, "sua poesia foi considerada uma espécie de *patrimônio* comum pelos moços que o estimavam" (ibid., p.129). Assim o acatar, no entanto, não implicava exaltá-lo: "O moço paulista não foi um escritor no alto sentido artístico da palavra" (ibid., p.123). Romero não sentia a necessidade de contrastar o sentimentalismo do poeta com a afirmação do "ideal" contemplativo, que não seria possível explicitar.

Corre na mesma trilha o capítulo sobre o romance e o drama. Em visão mais abrangente, deparamos com o que escrevera sobre o austríaco Ferdinand Wolf, que, especializado nas literaturas

---

16 Cf. Romero (1880, p.62).

em línguas castelhana e portuguesa, publicara em 1863 *Le Brésil littéraire*. Contra ele, afirmará Romero que o consórcio entre Romantismo e nativismo se deu em detrimento de ambos: "Um se fez estéril e o outro errôneo" (ibid., p.152). Não se poderá pensar que a formulação seguinte fosse uma espécie de compensação: "A literatura brasileira nada é menos do que original, mas pode se chamar de nacional" (ibid., p.153).

Renuncio a considerar sua "Síntese retrospectiva: O momento atual". Apenas assinalo a surpresa ante a formulação seguinte: se o enaltecimento da ciência "nova" era ao que então se fazia na Alemanha, por que Romero não se debruçara sobre o Romantismo alemão, já que reconhecia sua superioridade em relação ao francês e ao inglês? Essa não seria a prova de que, com frequência, fizera de sua tradução para o francês a intermediação de que precisava? (Talvez seja essa a razão pela qual, já próximo ao fim do livro, julgara introduzir uma passagem em alemão, sem a tradução correspondente.)

Sendo o argumento e o modo de raciocínio que formam a obra de 1880 repetidos nos cinco volumes da versão completa de sua *História da literatura brasileira*, pareceu preferível considerar o ensaio que reservaria a Machado de Assis (1897) – provavelmente motivado pela crítica que Machado reservara à sua lírica, como aventa Nelson Romero, no prefácio à edição definitiva da *História* (Romero, 1949, v.3). Sílvio prestava seu preito à costumeira polêmica, em detrimento da discussão de ideias. A passagem dos anos lhe reservaria o desfavor, muito embora a lírica machadiana longe estivesse da qualidade. Não será preciso explicar por que seremos breves.

"Nenhum dos nossos autores tem sido louvado como ele" (Romero, 1936 [1897], p.16). A unanimidade recebida não era propriamente louvor; afirmava, sim, a prática de outra norma em vigor, entre nós: lê-se muito pouco e o endosso faz crescer a mitificação. Na procura por empaná-la, Sílvio Romero declara os critérios que o carente louvor machadiano ignorava: "Quem já o estudou à luz de seu meio social, da influência de sua educação, de sua psicologia, de sua hereditariedade não só física como étnica, mostrando a formação, a orientação normal de seu talento?" (ibid., p.18).

O crítico esboça o primeiro critério e logo o põe em funcionamento: "Tendo começado os seus primeiros ensaios literários aos 20 anos, em 1859, [...] só depois dos 40 anos, só depois de 1879, Machado de Assis assumiu nas letras pátrias o lugar em que o vemos colocado [...]" (ibid., p.20). A conclusão implícita a que chega consiste em que a diferença de orientação entre as obras iniciais e as efetuadas aos 40 anos indica que a segunda direção seria artificial, porque não provocada por seu próprio temperamento! Mas a conclusão ainda era benévola. Havendo adotado um Romantismo sóbrio, Machado, na maturidade, teria optado por "um Naturalismo de meias tintas" (ibid., p.25).

O crítico não se dá por satisfeito: Machado tampouco é poeta.

> Para lírico, falta-lhe, por um lado, a imaginação vivaz, alada, rápida, apreensora, capaz de reproduzir as cenas da natureza ou da sociedade, e daí a sua incapacidade descritiva e seu desprazer pela paisagem, faltam-se a graciosidade, a meiguice dos afetos, e as mil delicadezas do estilo e da forma indispensável para os enroupar [...] etc. etc. (Ibid., p.30-1)

E o crítico se fazia mais mordaz: como poeta ou romancista, "não tem, por certo, tido influência quase nenhuma no espírito nacional [...]" (ibid., p.152). O que era tomada como a prova definitiva de sua baixa qualidade porque, como já dissera do poeta, não exerceu nenhuma "ação, em qualquer sentido, e em qualquer grau, sobre a sociedade brasileira" (ibid., p.37). O escritor seria, portanto, uma figura pública, e, à semelhança de um político, caso não tenha influência pública, é um fracasso.

Os critérios alinhavados, sem mesmo entrarem no racismo presente na afirmação do "caráter essencial de sua obra de mestiço",[17] já seriam suficientes para mostrar a extrema carência da abordagem. Porém ainda há de se trazer mais lenha para a

---

17 Cf. Romero (1936 [1897], p.151).

fogueira. O *humour* machadiano é uma imitação desajeitada, pois parte de "um pacato diretor de secretaria de Estado e o horrível de seus livros é uma espécie de burguês prazenteiro, condecorado com a comenda da rosa..." (ibid., p.80). Conforme nosso crítico, o *humour* tem por origem "o disparate [...] entre o homem mesmo e o seu destino [...]" (ibid., p.88), enquanto, em Machado, "um humorista [...] tem a significação especial que lhe emprestam em geral os latinos e os meridionais, quando sob esse nome entendem a simples graça, o espírito, a pilhéria, a ironia suave [...]" (ibid., p.103). A acepção própria do termo encontra sua amostragem positiva em Sterne, mesmo porque, declara Romero, não haveria como separá-lo do determinismo racial.

A apreciação pôde ser rápida porque, com independência de seu propósito vingativo, Sílvio Romero demonstrava que lhe cabia qualquer outro nome, exceto o de crítico literário. Como então se explicaria que Antonio Candido tivesse-o escolhido para tema de sua livre-docência se não fosse para desancá-lo? O prefácio que Candido lhe dedica parece intrigante. Os defeitos do examinado são evidentes, ainda que se prolonguem além: "Como ele, alguns praticantes da nossa crítica têm pendor acentuado por tudo que é acessório em literatura. Haja vista a mania classificatória e metodológica [...]. Ainda mais, o nacionalismo por vezes deformante [...]" (Candido, 1963 [1945], p.11). O analista, entretanto, ressalvava o péssimo estado da crítica antes de Romero, viciada por "a mesma retórica e a mesma ausência de pensamento" (ibid., p.22) e marcada pela "obediência medrosa à rotina" (ibid., p.23). Declara, por isso, que, ao estudá-lo, seria preciso não perder de vista o quadro que vinha sendo esboçado.[18]

Talvez Candido exagerasse na defesa ou, em se tratando de uma peça acadêmica, não fosse conveniente atacar sem medida o nome mais afamado da crítica do século XIX. Além do mais, embora racista, Romero, ao destacar o mestiço, abrira o caminho para Gilberto Freyre, estimado desde a publicação de *Casa-grande*.

---

18 Cf. Candido (1963 [1945], p.24).

A FORMAÇÃO SOCIAL DO PAÍS,
SEGUNDO GILBERTO FREYRE

I

A partir de 1933, abertura de sua trilogia, até 1936, com *Sobrados e mucambos*, e culminando em 1957, com *Ordem e progresso*, Gilberto Freyre desenvolverá sua reflexão sobre a formação social brasileira. As décadas que o separam da última obra de Sílvio Romero, *O remédio* (1913), não dizem da distância que os separa. A distância quanto a *Os sertões* (1902) tampouco teria de ser considerada, porque é bastante óbvia. Em vez disso, não seria justificável omitir-se a relação com o livro que, em 1928, Paulo Prado publica, com o título de *Retrato do Brasil*.

Comecemos a pensar a partir de um aspecto particular, ainda que, para isso, seja preciso antecipar algo que, adiante, será mais precisamente desenvolvido. No princípio do capítulo dedicado ao "colonizador português", Freyre escrevia:

> Não é pelo estudo do português moderno, já tão manchado de podre, que se consegue uma ideia equilibrada e exata do colonizador do Brasil – o português de quinhentos e de seiscentos, ainda verde de energia, o caráter amolegado por um século, apenas, de corrupção e decadência. (Freyre, 1936 [1933], p.130)

A metaforicidade, pela qual *Casa-grande* será louvado por se separar de um academismo empertigado, é aqui criador de águas turvas. O português contemporâneo seria "manchado de podre", ao passo que o português da descoberta e do início da colonização seria "verde de energia", longe da "corrupção e da decadência".

Que critério justificaria a oposição dos dois tipos? A mesma página procura dar a resposta. O português, enquanto navegador, ao estabelecer contato com áreas distantes do solo europeu, "se antecipou aos europeus" ao afirmar o estilo burguês de vida. Mas, logo acrescenta, esse burguesismo precoce sofreria no Brasil refração séria em face das condições físicas da terra e das de cultura dos nativos; e o povo que, segundo Herculano, mal conhecera o feudalismo, retrocedeu no século XVI à era feudal, revivendo-lhe os métodos aristocráticos na colonização da América. [...] Essencialmente plebeu, ele teria falhado na esfera aristocrática em que teve de desenvolver-se seu domínio colonial no Brasil. Não falhou, antes fundou a maior civilização moderna nos trópicos. (Ibid., p.130-1)

A passagem do traço burguês para uma conduta aristocrática evidenciava o uso de um critério socioeconômico, que, curiosamente, se contrapunha à linearidade sucessiva do princípio de progresso, de emprego usual ainda naquela década do século XX. O sociólogo tem consciência da (boa) heresia que cometia e a converte em começo da explicação para a decadência do português: "Do século XVI até hoje só tem feito aguçar-se no português a simulação de qualidades europeias e imperiais [...]. É um povo que vive a fazer de conta que é poderoso e importante" (ibid., p.132).

A simulação destacada tem, entre os portugueses, uma história mais larga. Na luta, travada na América contra os indígenas, os portugueses empregaram a mesma simulação — Freyre não emprega aqui o termo — que haviam usado na luta contra os infiéis, na luta pela reconquista da península: o uso da religião. Tanto o mouro quanto o índio eram hereges. Contra ambos, a religião era usada como profilaxia. A mesma razão que levara o autor a falar na precocidade da conduta portuguesa como burguesa, isto é, o contato com o árabe e o indígena, põe em cena um segundo critério: em vez de socioeconômico, agora de ordem racial.

Os dois critérios se põem lado a lado. O critério socioeconômico é flagrante na explicação do comportamento do rei português: "No desejo de libertar-se de tudo o que fosse opressão aristocrática sobre o poder real, inclinou-se para a burguesia mercantil e para o povo da cidade" (ibid., p.137-8), enquanto a colonização do Brasil iria supor um processo bem diverso: "Aristocrático, patriarcal, escravocrata" (ibid., p.132).

Mas o uso da religião supõe outro componente: a Igreja era vista como "uma espécie de desinfectório ao serviço da saúde moral da colônia" (ibid., p.139). Ela age como o substituto do antagonismo estabelecido por laços de sangue. Ou seja, a religião assume o lugar da etnia. Ser cristão era o equivalente a ser branco. Daí a mestiçagem ser explicada socioeconomicamente por favorecer a filharada que aumentará o número dos escravos, além de ser um critério racial implícito.

Por que o desenvolvimento acima se impôs? Por mostrar que o sociólogo trabalha com um duplo critério, socioeconômico e, portanto, cultural e racial (este não é menos presente porque coberto pela simulação religiosa).

Isso posto, temos melhores condições de refletir sobre a inserção de *Casa-grande & senzala* na ambiência da década em que aparece. Aqui a influência de *Retrato do Brasil* se faz saliente. A consideração imediata de umas poucas páginas de *Casa-grande* tem vários propósitos. O primeiro consiste em promover a comparação com passagem correspondente do livro do historiador paulista. Em trecho do capítulo sobre a "Tristeza", tomada como componente estrutural do brasileiro, Paulo Prado faz uma afirmação explícita sobre a decadência racial do português. Localiza-a em data anterior àquela declarada por Freyre: teria se iniciado com a perda da independência e a anexação ao Reino da Espanha, consequente ao desastre de Alcacer-Quibir:

> A união com a Espanha, a crescente influência da Inquisição, mais poderosa do que nunca no reinado de Felipe II, completaram a obra de decomposição que lentamente se preparava. Nos últimos anos do reinado de d. João III o estabelecimento definitivo da Inquisição já fora o início da decadência que se agravou rapidamente durante os governos sucessivos de seu neto e de seu irmão. (Prado, 1997 [1928], p.134-5)

À semelhança do que fará Gilberto Freyre, o motivo é de ordem socioeconômica: a perda da liberdade política a que se acrescenta o gravame da Inquisição. Segue-se em importância a citação da *História da origem e estabelecimento da Inquisição em Portugal* (1854), de Alexandre Herculano: "A dissolução dos costumes associava-se à miséria e à fraqueza, cobrindo-se com as fórmulas de uma religiosidade fervente, como a pobreza e a debilidade se encobriam sob as aparências do esplendor e sob a linguagem altiva da onipotência" (apud ibid., p.136). A formulação de Herculano não altera a primazia do fator socioeconômico. Bastam, contudo, poucas páginas para que à decadência se incorpore um fator de cunho étnico:

> Por esse povo já gafado do germe da decadência começou a ser colonizado o Brasil. Frutificam esplendidamente os fortes troncos que primeiro chegaram à nova terra. Mais tarde só escaparam à degenerescência de além-mar os grupos étnicos segregados e apurados por uma mestiçagem apropriada. [...] Mil fatores étnicos e econômicos solidarizavam essas colônias com o ritmo vital do velho Reino, ora paupérrimo, ora esbanjador de riquezas, mas no caminho fatal para a velhice. (Ibid., p.138)

A combinação dos dois fatores provocará a afirmação contra a qual *Casa-grande* exporá sua singularidade: tal afirmação tem por centro "o reino da mestiçagem", prolongamento da tese que, no século anterior, estivera na base de Sílvio Romero e Euclides da Cunha:

> Nos centros marítimos, de Pernambuco para o norte, diversos tipos étnicos contribuíram para formação contínua do brasileiro que iria surgir, em 1817, nas lutas da emancipação política. Havia os europeus, os brancos já nascidos no Brasil, os mulatos de todas as nuanças, os mamalucos cruzados do branco e do índio em todas as suas variedades, os índios domesticados que eram os caboclos do Norte, os índios ainda selvagens que eram os tapuias, crioulos da colônia, os africanos forros ou escravos e, finalmente, os mestiços, classe inumerável dos que mediavam entre os índios e os negros. No amálgama de todas essas cores e caracteres se instituía na evolução da raça o reino da mestiçagem. (Ibid., p.147-8)

Enquanto em Gilberto Freyre a presença racial na decadência do português ainda se oferecia de modo oblíquo, pelo "simulacro" da religião, Prado mantinha a tese vinda do século anterior. Sua posição reiterava a que vigorara em *Na Argentina*, em que Oliveira Lima exprimia as impressões tidas entre 1918 e 1919. Basta assinalar a observação que glosa trecho de José Ingenieros:

> A maré caucásica sobe [...] constantemente e dentro de algumas dezenas de anos se realizará o prognóstico do sr. José Ingenieros, de que no território argentino, emancipado há pouco mais de um século pelo pensamento e pela ação de uns tantos milhares de "euro-argentinos", viverá uma raça composta de muitos milhões de brancos [...]. (Lima, 1920, p.24-5)

Conquanto importe recordar que, já nos Estados Unidos, a convivência com o mesmo Oliveira Lima, já agora ex-embaixador e indisposto com o governo brasileiro, e o uso de sua biblioteca serão capitais para o aprimoramento do futuro sociólogo, mais interessa anotar com Luís Augusto Fischer: "São de Oliveira Martins e seus companheiros de geração aquelas ideias de que era preciso retomar a grandeza dos portugueses de antes de 1580, da era da conquista ultramarina, encerrada com a queda para a Espanha" (Fischer, 2021, p.324).

As anotações acima asseguram que partira da leitura de *Retrato do Brasil*, por sua vez respaldada por Oliveira Martins e Alexandre Herculano, a afirmação gilbertiana da decadência racial do português. Ela era a condição para que o sociólogo pernambucano se afastasse da tese de que a mestiçagem teria sido o estigma que nos marcava, enquanto, para usar os termos de Oliveira Lima, ondas de caucásicos não nos povoassem e limpassem do sangue das raças inferiores. A separação terá um efeito extraordinário nos meios intelectuais: podemos confiar que os recursos da terra contarão em favor de uma nação florescente. Mas como, perguntará alguém, conciliá-la com a declarada influência decisiva de Franz Boas? Venhamos a este ponto.

As considerações feitas com base sobretudo em Paulo Prado põem em dúvida a afirmação gilbertiana segundo a qual, desde que matriculado na pós-graduação da Columbia University, entre 1921 e 1922, o futuro sociólogo abandonara o legado do século anterior, ainda vigente entre seus contemporâneos, pela recepção calorosa das ideias desenvolvidas por Franz Boas. A afirmação reiterada de Freyre é bastante conhecida para que ainda a devamos descrever. Todo mérito da retificação é devido à historiadora Maria Lúcia Pallares-Burke, graças à sua consulta dos artigos que Freyre publicava no *Diário de Pernambuco* enquanto estudava nos Estados Unidos. Seu destaque merece, sim, ser detalhado.

Em artigo publicado em 23 de outubro de 1921, referindo-se aos prováveis descendentes dos senhores de engenho do Norte, o eventual jornalista falava no "triste fim de uma aristocracia", que são agora "tipos sem dignidade [...], magricelas amasiados com mulatas gordas de cabelo encarapinhado" (apud Pallares-Burke, 2005, p.273), enquanto nas cartas a Oliveira Lima, partidário do mesmo eugenismo, recomendava a leitura de recentes romances norte-americanos, defensores do mesmo racismo. Um pouco antes, em artigo no mesmo jornal, de 31 de outubro de 1920, ao resenhar *Na Argentina*, Gilberto Freyre concordava com seu elogio ao país vizinho: "Parece que neste ponto a República do Prata leva decidida vantagem sobre os demais países americanos. Em futuro não remoto sua população será praticamente branca" (apud Pallares-Burke, 2005, p.266). Como vimos, Oliveira Lima mantinha a mesma crença no embranquecimento que estivera acentuada em Sílvio Romero. Mais ainda, embora artigo no *Diário*, de 6 de agosto de 1922, manifeste mais entusiasmo que simples surpresa por "meu mestre" (Franz Boas) proclamar que "não sabemos de exigência alguma da vida moderna, física ou mental que se possa demonstrar com evidências anatômicas e etnológicas, estar acima da capacidade do negro", as ideias de Boas não aparecem em sua dissertação de mestrado, *Social Life in Brazil in the Middle of the Nineteenth Century* (maio de 1922), tampouco em artigo de 1925 – republicado em *Região e tradição* (1941).

Em 1926, em viagem que faz ao Estados Unidos, o reencontro do *deep south* "aparentemente reavivou seu entusiasmo pelo *éthos* escravocrata norte-americano", pois os artigos então publicados no *Diário* acentuam "que essa terra de 'plantadores de tabaco de larga parentela o enchia[m] novamente de nostalgia por outras eras em que o Brasil e os Estados Unidos se assemelhavam'" (Pallares-Burke, 2005, p.309-10).

O ponto que levantamos a seguir é problemático; a própria Pallares-Burke, a quem devemos não só as observações sobre a manutenção da discriminação racial nos artigos dos anos de 1920, como também, e sobretudo, o destaque do frustrado antropólogo alemão Rüdiger Bilden, que se costuma ignorar. Esse ponto merece um extremo destaque: Bilden fora colega, amigo e confidente de Gilberto Freyre, nos anos em que ambos estudavam na Columbia University. Por motivos que não cabem ser aqui explorados,[19] Bilden não defendeu sua tese, sofreu com o anticomunismo do período de McCarthy, não fez carreira universitária; teve, em suma, uma vida fracassada. Especializando-se no Brasil, publica um único artigo, "Brazil, Laboratory of Civilization" (em janeiro de 1929). Mas, anota Pallares-Burke, o plano de sua tese sobre a escravidão no Brasil "tem uma semelhança desconcertante com questões-chave de *Casa-grande & senzala*" (Pallares-Burke, 2005, p.171); tamanha similaridade nos faz pensar o quanto suas conversas terão sido decisivas para o que dará fama a seu ex-colega pernambucano.

Veja-se a passagem em que Pallares-Burke inclui a citação do artigo de Bilden:

---

19 Cf. da conhecida historiadora não só o já citado *Gilberto Freyre: Um vitoriano nos trópicos*, como também a obra que dedicará ao "amigo esquecido" de Freyre: *O triunfo do fracasso* (2012). Neste, destaque-se particularmente a tradução do texto do próprio Rüdiger Bilden, "Relações raciais na América Latina com especial referência ao desenvolvimento de uma cultura nativa" (Pallares-Burke, 2012, p.383-92).

> Uma série de circunstâncias históricas portuguesas, aí incluindo falta de gente para levar avante seus empreendimentos do além-mar na África, na Ásia e nas Índias Ocidentais, havia contribuído para que a colonização do Brasil se fizesse "por meio do latifúndio, do trabalho escravo importado e da criação de uma classe de raça mestiça adaptada ao meio e irmanada à causa lusitana". (2005, p.391)

Detendo-se particularmente na questão da miscigenação vigente no Brasil, Bilden a relacionava à "propensidade" adquirida pelos portugueses de se unir a outras raças ao longo de sua experiência de dominação moura, seguida por empreendimentos na costa africana. Dando continuidade a esse traço, e mesmo o acentuando, "o Brasil se desenvolvera como uma sociedade escravocrata na qual o puro elemento branco era numericamente inferior e em que as linhas raciais vinham se tornando mais frouxas do que em qualquer outro país de origem europeia" (apud ibid., p.392).

É tamanha a semelhança das formulações que se faz patente a dívida que Gilberto Freyre não explicitará. O final da transcrição nos leva a Boas. Não é evidente o fato que levava Freyre a transgredir com a distinção de raças e a optar pela solução de introduzir o elemento da cultura, onde antes valia apenas o fator racial?!

Na verdade, o legado de Boas, pela plena separação entre raça e cultura, que teria sido praticado em *Casa-grande*, faz parte do mito que logo cercou a obra do sociólogo pernambucano. Denunciar a auréola mítica equivale a nos desligar da tranquilidade com que Fernando Henrique Cardoso abre seu artigo "Um livro perene", escrito para a edição comemorativa do centenário de *Casa-grande' & senzala*, no qual procura temperar a posição que antes assumira ao lado de Florestan Fernandes:

> Os críticos nem sempre foram generosos com Gilberto Freyre. [...] É inútil rebater as críticas. Elas procedem. Pode-se fazê-las com mordacidade, impiedosamente ou com ternura, com compreensão, como seja. O fato é que até já perdeu a graça repeti-las ou contestá-las. (Cardoso, 2003, p.19-20)

Parte-se aqui de ótica bem diversa: só permanece legível o texto que, discutível, valha por sua argumentação. Para assim fazê-lo, precisamos dedicar uma parte inicial ao tratamento que Freyre dará aos conceitos.

A esse respeito, não há discordância no que se entende por patriarcalismo: "Esta categoria nos remete ao ideal de uma família extensa, híbrida e [...] poligâmica, na qual senhoras e escravas, herdeiros legítimos e ilegítimos convivem sob a luz ambígua da intimidade e da violência, da disponibilidade e da confraternização" (Araújo, 1994, p.51).

A partir daí, convém empregar maior prudência. Sua prática já se impõe nas primeiras páginas do prefácio à primeira edição de *Casa-grande*. Nelas, era escrito com firmeza: "Neste critério de diferenciação funcional entre raça e cultura assenta todo o plano deste ensaio" (Freyre, 1936 [1933], p.XI). Sem embargo, logo a seguir não hesita em misturar o que declarara imiscível:

> A singular predisposição do português para a colonização híbrida e escravocrata dos trópicos, explica-a em grande parte o seu passado étnico, ou antes cultural, de povo indefinido entre a Europa e a África. Nem intransigentemente de uma nem de outra, mas das duas. A influência africana fervendo sob a europeia e dando um acre requeime à vida sexual, à alimentação, à religião; o sangue mouro ou negro correndo por uma grande população brancarana [...]. (Ibid., p.2)

A indistinção absoluta entre as raças e a superioridade atribuída ao arianismo haviam sido ideia corrente e, como tal, ainda permaneceram em Oliveira Vianna, da *Evolução do povo brasileiro* (1923); agora, ela era abandonada. Diante da absoluta diferença a propósito do papel das raças, que dizer da passagem do primeiro prefácio?

> Vi uma vez, depois de mais de três anos maciços de ausência do Brasil, um bando de marinheiros nacionais – mulatos e cafuzos – descendo, não me lembro se do *São Paulo* ou do *Minas* pela

neve mole do Brooklin. Deram-me a impressão de caricaturas de homens. E veio-me à lembrança a frase de um livro de viajante inglês ou americano que acabara de ler sobre o Brasil: "The fearfully mongrel aspect of the population". (Ibid., p.XI)

O conceito de cultura era capaz de esconder o aspecto racista da observação? Se a crítica "já perdeu a graça" não será porque o racismo permanece latente entre nós? Acentuá-lo, portanto, não deriva de algum rigorismo "acadêmico", mas, sim, de enfrentar um traço comum diariamente recorrente e responsável por discriminações continuadas.

Enfrentemos, pois, a suposta falta de graça. Se "sangue" é metonímia de raça, a fórmula de "sangue mouro ou negro" ressalta a combinação entre raça, clima e cultura, que volta a se formular por "a indecisão étnica e cultural entre a Europa e a África" do português (ibid., p.4). Por certo, em Gilberto Freyre, o elemento da cultura distingue a etnia da maneira como era afirmada em Sílvio Romero: neste, a raça constituía um bloco uno e definitivo; no sociólogo, em vez disso, ela se integra a uma mescla constituída sob a influência do clima. Daí que a posição geográfica de Portugal – a desaparecer progressivamente na continuação da frase "como em outros trechos da península" – antecipa a ambiguidade que raça e cultura mantêm em Freyre, justificando que ele fale em "bicontinentalidade" e "plasticidade" do nosso colonizador.

Estava então traçado o caminho para abrigar um declarado *mercantilismo semita*, que explicita o antissemitismo de momento do sociólogo. Umas poucas atestações são suficientes:

> Considerando o elemento colonizador português em massa [...] pode-se dizer que seu ruralismo no Brasil não foi espontâneo, mas de adoção, imposto pelas circunstâncias. Para os portugueses o ideal teria sido não uma colônia de plantação mas outra Índia com que israelitamente comerciassem em especiarias e pedras preciosas; ou um México ou Peru donde pudessem extrair ouro e prata. Ideal semita. (Ibid., p.23)

Ou o que dirá a partir do que afirma sobre os jesuítas:

> Os padres teriam se deixado escorregar para as delícias do escravagismo ao mesmo tempo que para os prazeres do comércio. Não fossem eles bons portugueses e talvez até bons semitas, cuja tradicional tendência para a mercancia não se modificara sob a roupeta de jesuíta nem com os votos de pobreza seráfica. (Ibid., p.121)

Quebra dos estritos votos religiosos que já se observara antes da colonização tropical, quando da reconquista do território ocupado pelos mouros, por efeito das

> relações de tolerância política [com judeus e mouriscos], [que] permaneceram até que os segregados, ou pela superioridade do seu gênio mercantil e industrial, ou pela circunstância de serem um tanto estranhos ao meio e por conseguinte mais sem escrúpulos do que os outros, tornaram-se grandes detentores das grandes fortunas peninsulares. Foi quando a maioria se apercebeu de que sua tolerância estava sendo abusada. Pelo menos pelos judeus. (Ibid., p.145)

Estilista[20] de qualidade que inegavelmente é, Gilberto Freyre não permite que a ambiguidade entre raça e cultura se desenvolva senão até onde lhe interesse. Isso se dará bem mais adiante da trilogia que começamos a estudar, no que chamará de

---

20 Entendo por estilista *uma espécie de escritor, particularizada não pela densidade de seu pensamento, mas pela habilidade em compor sua frase, cuja compreensão, além de direta, é de extremo agrado. O estilista não se confunde com o ficcionista, no sentido estrito (o poeta, o romancista, o contista), nem com o que chamo de ensaísta literário.* Este é o autor cuja inscrição discursiva não é a ficção estrita, mas aquele em que a frase tem qualidade de composição, a exemplo de Pascal e Montaigne. O escritor, nomeado por sua densidade de pensamento, pode ser um estilista, a exemplo de Flaubert, ou deixar de sê-lo, como Balzac. Estilista, como o julgo, Gilberto Freyre provocou, com sua *Casa-grande & senzala,* uma mudança fundamental no modo de o brasileiro ver a si mesmo. Mas esse caráter de estilista não será menos responsável para a pouca disposição à reflexão do pensamento; limite que costuma não ser observado.

lusotropicologia, a que não recorreremos. Na trilogia, em vez de se desenvolver, ela deixa sua marca, suficiente para constituir o que supõe ser um ramo científico. (Mesmo que não o seja, ela bastará para que, ao aparecer explicitamente, o salazarismo a prestigie.)

A vocação atribuída ao português para a colonização nos trópicos se fundaria em sua miscigenação e facilitaria o que resultará no brasileiro:

> Quando aquela população móvel, mobilíssima mesmo, refluiu à Europa, foi trazendo consigo uma espessa camada de cultura e uma enérgica infusão de sangue mouro e negro que persistiriam até hoje no povo português e no seu caráter. Sangue e cultura que viriam ao Brasil; que explicam muito do que, no brasileiro, não é europeu, nem indígena, nem resultado do contato direto com a África negra através dos escravos. Que explicam o muito do mouro que persistiu na vida íntima do brasileiro através dos tempos coloniais. (Ibid., p.148)

Em suma, antes da colonização, a mistura de sangue se faria presente na própria gente portuguesa: "Até que ponto o sangue português, já muito semita, por infiltrações remotas de fenícios e judeus, infiltrou-se também do mouro, durante os fluxos e refluxos da invasão maometana, é quase impossível determinar" (ibid., p.150).

Daí que a referência às "tendências semitas do português aventureiro para a mercancia e o tráfico" (ibid., p.XIV) salpiquem passagens diversas do livro.

Além das passagens já notadas, acrescentem-se umas poucas:

> Vários antecedentes [...] de ordem geral – bicontinentalidade ou antes dualismo de cultura e raça – impõem-se à nossa atenção em particular: um dos quais a presença entre os elementos que se juntaram para formar a nação portuguesa, dos de origem ou *stock* semita, gente de mobilidade, de uma plasticidade, de uma adaptabilidade tanto social como física que facilmente se surpreendem no português navegador e cosmopolita do século XV. (Ibid., p.5-6)

O problema do judeu em Portugal foi sempre um problema econômico criado pela presença irritante de uma poderosa máquina de sucção operando sobre a maioria do povo, em proveito não só da minoria israelita como dos grandes interesses plutocráticos. Interesses de reis, de grandes senhores e de ordens religiosas. (Ibid., p.162)

Fez parte da esperteza do intérprete não se concentrar no ataque ao judeu, mas, sim, relacionar a mistura de raças com a caracterização de classe:

Na história do povo português o fato que, ao nosso ver, se deve tomar na maior consideração é o social e econômico da precoce ascendência da burguesia, da qual cedo se fizeram aliados os reis contra os nobres. [...] E quase toda a seiva da aristocracia territorial, absorveu-a a onipotência das ordens religiosas latifundiárias ou a astúcia dos capitalistas judeus. (Ibid., p.147)

Mas a aludida habilidade esteve menos em não separar a ordem étnica da cultural do que em manter sua ambígua aliança. Isso se revela na conexão que então estabelece: a proximidade climática e geográfica com a África e a mistura com o sangue mouro estariam na base da mobilidade lusa entre aristocracia e burguesia. Ao longo da análise, a "precoce ascendência da burguesia" será explicitada com independência dos fatores climático e racial. Isso, no entanto, não se dá de imediato:

Nenhum elemento de identificação mais inseguro de hispanos e de mouros, de cristãos e infiéis, de vencidos e vencedores, de nobres e plebeus na sociedade portuguesa que os nomes de pessoa e de família – tão baralhadas andaram sempre na península as etnias, as culturas e as classes sociais, sem que o peso atado aos pés de uns pela escravidão ou pelo espólio de guerra os impedisse nunca de flutuar de novo. (Ibid., p.152)

A mistura de raças teria sido, pois, decisiva no êxito da colonização no Brasil; ao sociólogo socorre a habilidade de não explicar a escravidão por aquela mistura. Em vez disso, é evidente que a explicação converte-se em puramente cultural, sua razão sendo reservada à influência do religioso. Não obstante logo a seguir ressaltar que "o meio e as circunstâncias exigiram o escravo. [...] Sentiu o português, com o seu grande senso colonizador, que para completar-lhe o esforço de fundar agricultura nos trópicos – só o negro. O operário africano" (ibid., p.176).

Os fatores indicados não se contrapõem aos já mencionados: "Impossível negar-se que ao imperialismo econômico da Espanha e de Portugal ligou-se, da maneira mais íntima, o religioso, de Igreja. À conquista de mercados, de terras e de escravos – a conquista de almas" (ibid.).

O religioso, por conseguinte, se integra ao amálgama de raça e cultura e o justifica.

É admissível que a extrema heterogeneidade dos fatores destacados explique a dificuldade dos intérpretes de *Casa-grande* em distinguir a explicação de Freyre da influência de Franz Boas. Com efeito, designações como bicontinentalidade e plasticidade o separam da nítida distinção entre raça e cultura. Bem o assinala o que diz o sociológico patrício sobre o catolicismo português nos trópicos: "Um catolicismo ascético, ortodoxo, entravando a liberdade aos sentidos e aos instintos de geração teria impedido Portugal de abarcar meio mundo com as pernas" (ibid., p.183).

Nada das ressalvas expostas nega a extrema destreza do estilista em esgrimir hipóteses diversas, em combinações muitas vezes exitosas – o reconhecimento da cultura em uma argumentação de cunho étnico, da intermediação econômica no interior da análise do fator religioso, a acomodação do religioso à influência do étnico, combinando-as em uma solução que se opõe às teses diferenciadoras.

Raramente, o autor recai em um exagero que não se integre em suas combinações exitosas. Refiro-me à aclimatação da culinária africana à colônia, aceitável apenas como metáfora de pequena qualidade: "Uma vez no Brasil, os negros tornaram-se, em certo sentido, verdadeiros donos da terra: dominaram a cozinha" (ibid., p.204).

O exemplo só encontra comparação na escandalosa semelhança do que dirá do "mucambo" como solução arquitetônica. A cláusula que emprega, "em certo sentido", lança um dado inequívoco, dele extraindo uma conclusão que passa a ser tida por inconteste; que isso tenha abalado a própria escravidão ou a tremenda desigualdade que afetará a descendência dos escravos é um absurdo que ninguém ousaria reiterar. Sem o fazer, Gilberto Freyre se encarregará, ao longo da trilogia, de diminuí-lo, como parte da trilha com que encaminhará seu anti-Modernismo. Não será ainda o momento de desenvolvê-lo. No momento, devemos permanecer na questão da relação entre raça e cultura.

Desenvolvamos a caracterização do português enquanto povo. No princípio de *Casa-grande*, ao falar no "mercantilismo burguês e semita", o autor dava por assente a fusão dos conceitos de raça e cultura. Por mais que a identificação de seus critérios fosse reiterada, ainda era preciso justificá-la. Freyre recorrerá a uma explicação histórica. Ela se funda no enfraquecimento da nobreza, na competição travada com as ordens estritamente religiosas e também nas religiosas de disposição militar:

> Nas guerras contra os mouros e os castelhanos, muitos foram os portugueses que se enobreceram, ganhando direito a terras e a títulos. Poucos, porém, se conservaram na posse de propriedades difíceis de desenvolver, em competição com as grandes empresas capitalistas representadas pelas ordens religiosas e militares. (Ibid., p.152)

O que, de sua parte, era do interesse dos reis,

> que tão cedo se afirmaram em Portugal contra os vagos esboços de feudalismo, nivelar o mais possível as classes sociais, sem permitir o predomínio de nenhuma. O que em parte conseguiram fazendo mais vontades à burguesia que à aristocracia; concedendo privilégios às classes mecânicas; desprestigiando o quanto possível os senhores territoriais. Menos a nobreza eclesiástica. (Ibid., p.153)

A burguesia, acrescentará, não teria sido assim privilegiada se não houvesse faltado à nobreza capital e mão de obra suficientes: "As próprias leis de D. Fernando contra o latifúndio quase não tiveram outro efeito senão subtrair as terras de proprietários menores [...]" (ibid., p.152).

O modo como o autor opera os conceitos – operacionalidade de que não se discute a astuta inteligência – acentua o *caráter confraternizante* de sua linguagem, que avança desde a oralidade, passando por uma ritmicidade literária, até uma abundante pesquisa de arquivo. A debilidade na operacionalidade dos conceitos ressalta a falta de interesse na reflexão, dado com que Freyre se integra à tradição nacional.

A confraternização não encontra limites diante da própria contradição. Assim, a precocidade da burguesia na metrópole não irradiará para a colônia. O Norte colonial foi

> aristocrático, patriarcal, escravocrata. O português fez-se aqui senhor de terras mais vastas, dono de homens mais numerosos que qualquer outro colonizador da América. Essencialmente plebeu, ele teria falhado na esfera aristocrática em que teve de desenvolver-se seu domínio colonial no Brasil. (Ibid., p.130-1)

Há de se entender que "o cosmopolitismo comercial" da formação portuguesa não impediu que o aristocratismo voltasse a imperar na parte que, em primeiro lugar, se desenvolve na colônia: o Nordeste açucareiro.

Como explicar tamanha maleabilidade senão por efeito da influência moura? "Sem a experiência moura, o colonizador teria provavelmente fracassado nessa tarefa formidável. Teria fracassado, impotente para corresponder a condições tão fora da sua experiência propriamente europeia" (ibid., p.146).

A experiência moura supõe que a formação lusa se cumpriu sob a dualidade: a grande propriedade das ordens religiosas e militares e "a escravidão a que foram submetidos os mouros e até moçárabes, após a vitória cristã [...]" (ibid.).

Freyre então considera que *seu método de análise seria conatural a seu próprio objeto* – a gente portuguesa – e, por extensão, à colonização a ser empreendida. A passagem teria se dado por continuidade. A formação portuguesa, de acordo com João Lúcio de Azevedo, fora agrícola, mas sua aventura marítima e comercial o empobrecera.

> O comércio marítimo precedeu ao imperialismo colonizador e é provável que, independente deste, só pelos desmandos daquele, Portugal se tivesse arruinado como país agrícola e economicamente autônomo. A escravidão que o corrompeu não foi a colonial mas a doméstica. A de negros de Guiné que emendou com a de cativos mouros. (Ibid., p.174)

O retrospecto para o Portugal agrícola – que não é de minha competência – se apresenta enquanto parte do argumento do autor. Em troca, o exame do português colonizador é de meu extremo interesse. Seu modo contemporizador teria ocorrido pela flexibilização que dele se teria apoderado pela proximidade geográfica com a África e a mistura com os mouros. Uma e outra seriam responsáveis pela ausência de preconceitos inflexíveis e por sua predisposição ao contato com "mulher exótica", a indígena. Sua "plasticidade" provocaria seu "realismo humano e econômico". Por ele, o autor fazia o implícito elogio do patriarcalismo e, desde a primeira Introdução, acusava o malefício da abolição: "Desfeito em 88 o patriarcalismo que até então amparou os escravos, alimentou-os com certa largueza, socorreu-os na velhice e na doença, proporcionou-lhes aos filhos oportunidades de acesso social. O escravo foi substituído pelo pária de usina" (ibid., p.XXIX).

(O conservadorismo extremo de Freyre não esperava por diferença de conduta nas proximidades do golpe militar de 1964. Sua inegável habilidade de estilista contribuiu para que não fosse assim exposto; ela se combinou com a generalizada carência de reflexividade da intelectualidade nacional.)

Sob aparência libertária, a formulação há pouco referida constituía uma das afirmações mais reacionárias que já foram escritas entre nós. (No entanto, intérpretes respeitáveis têm negado que seu reacionarismo só fosse estadeado nos anos seguintes ao golpe de 1964.) Ao autor, entretanto, não deveria escapar que já os abolicionistas tinham estado conscientes de que a chamada "lei áurea" teria de ser acompanhada por medidas que socorressem os então libertados, e que isso nunca sucedeu.

As considerações desenvolvidas partiam do papel que o antropólogo Franz Boas teria exercido em Gilberto Freyre. Sem recorrermos aos textos do próprio Boas, o decisivo está em acentuar que o questionamento da função da raça por Boas é acolhido pelo sociólogo pernambucano à medida que pudesse se fundir com o elemento da cultura. *Fundir* é o termo capital. Ele servirá de esteio para o luso-tropicalismo, que não mais parece praticável depois que Portugal perdeu suas colônias africanas e António de Oliveira Salazar, sua longa ditadura (1932-1968).

II

Seria recorrer a minúcias excessivas destacar o excesso de formulações regidas por "talvez" ou à oscilação a propósito do papel desempenhado pelos jesuítas, ora visto como negativo – a "degradação da raça e da cultura indígena [provocada pelo] sistema civilizador dos jesuítas" (ibid., p.77); reiterada pela preferência reservada ao "sistema franciscano" (ibid., p.113); temperada por comparação à maneira como agiram os protestantes nos Estados Unidos (ibid., p.114); contraditada pelas primeiras relações dos jesuítas com os columis, em que "o regime que os padres adotaram parece ter sido o de fraternal mistura dos alunos" (ibid., p.120).

Seriam detalhes menores, corrigíveis por uma revisão que permanece em falta. O mesmo, contudo, não poderia ser dito do que chamamos de *mancebia metodológica*, provocada pelo que o próprio autor intitulava de "equilíbrio de antagonismos" ou "antagonismos equilibrados",²¹ isto é, abordagens distintas ou mesmo antagônicas que se convertem em confraternizantes. Tal mancebia o leva a louvar o português como o colonizador talhado para os trópicos. Contradizendo a abertura já citada de "Um livro perene", Fernando Henrique Cardoso dedicará um parágrafo a falhas consideráveis. Transcrevo apenas suas margens:

> Gilberto Freyre opta por valorizar um *éthos* que, se garante a identidade cultural dos senhores [...], isola os valores da casa--grande e da senzala em seus muros. Da moral permissiva, dos excessos sexuais ou arbítrio selvagem dos senhores, não há passagem para uma sociabilidade mais ampla, nacional. [...] A "política" de Gilberto Freyre estiola fora da casa-grande. [...] Com as características culturais e com a situação social dos habitantes do latifúndio, não se constrói uma nação, não se desenvolve capitalisticamente um país e, menos ainda, poder-se-ia construir uma sociedade democrática. (Cardoso, 2003, p.26)

De onde derivaria a "perenidade" que Henrique Cardoso concedera ao livro? O termo parece relacionável à dupla razão: na primeira, a "perenidade" não encontraria justificativa consistente: o realce que Freyre dera ao neolamarckismo e a linguagem em que exibia sua destreza de "estilista". De todo modo, há de se entender o que significa "neolamarckismo". A propósito, é fundamental a observação de Ricardo Benzaquen de Araújo:

> Gilberto trabalha com uma definição fundamentalmente *neolamarckiana* de raça, isto é, uma definição que, baseando-se na ilimitada aptidão dos seres humanos para se adaptar às mais diferentes condições ambientais, enfatiza acima de tudo a sua capacidade de incorporar, transmitir e herdar as características adquiridas na sua – variada, discreta e localizada – interação com o meio físico [...]. (Araújo, 1994, p.37)

---

21 Cf. Freyre (1936 [1933], p.247).

O neolamarckismo se contrapunha à explicação baseada na transmissão dos caracteres herdados, que Darwin acentuará. Acatar os princípios darwinistas explicava o racismo explícito de Sílvio Romero – raças diversas teriam estoques diferenciados e, entre si, hierarquizados. Com base nesses estoques, pesquisadores que desenvolviam as ideias de Darwin propuseram a superioridade dos arianos e a distinção hierárquica entre seus ramos. Pela recorrência à interpretação diversa (e anterior) do francês Jean-Baptiste de Lamarck (1744-1829), seguidores seus faziam com que as condições ambientais fossem capazes de interferir na transmissão dos caracteres.

Gilberto Freyre se estende em detalhes sobre o neolamarckismo, como influência que recebeu ao estudar nos Estados Unidos, a partir de livro do professor Charles Judson Herrick, editado em 1924. Conforme desenvolverá em *Insurgências e ressurgências atuais*, uma de suas últimas obras, o neolamarckismo fora então atuante, dando lugar ao que chama de "ressurgência neolamarckiana" (Freyre, 2006, p.197). O autor demora-se na referência e na citação de livros que, influentes enquanto estudava, o impactaram e recorda os confrontos entre biólogos, que sucediam na Europa e nos Estados Unidos, "ainda lembrados da advertência de Herbert Spencer: a demonstração da possibilidade ou não de transmissibilidade de caracteres adquiridos é o principal problema de biologia de interesse para antropólogos e sociólogos" (ibid., p.199).

Cinquenta anos depois do lançamento de *Casa-grande & senzala*, seu autor continua a julgar digno de apreciação o impacto que recebera como estudante de ciências sociais. Daí lembrar, referindo-se à crítica que recebera recentemente no Recife, no Seminário de Tropicologia por ele patrocinado, haver sido acusado de "pecado cientificamente nefando [...] de ter admitido, num livro insurgente, como foi, ao aparecer, o intitulado *Casa--grande & senzala*, possibilidades de ressurgência [...] defendidas por aquele neolamarckismo" (ibid., p.196). Parece sintomático do ânimo que movia o autor que, na reconstituição efetuada, ressaltasse a combinação de "ressurgência" da corrente com a "insurgência" efetuada em sua estreia, sem se preocupar em verificar se a aliança dos termos fosse mais do que apenas histórica e, portanto, capaz de manter assegurada a viabilidade de sua abordagem. (Foge de minha competência saber como se comporta a biologia atual.) Isso me leva a supor que o autor julgava que se ter apropriado da "ressurgência" assinalada continuava a pesar positivamente em prol de sua obra. Como ele confia em que sua atualidade era assegurada por alguma outra variável. Mas qual poderia ser ela? O sociólogo pernambucano é aqui favorecido pela segunda razão pela qual Fernando Henrique Cardoso destacava *Casa-grande*: nele, "as estruturas sociais e econômicas são apresentadas como processos vivenciados" (Cardoso, 2003, p.21). O que equivale a dizer que a linguagem em que é escrito desempenha uma função decisiva. É na linguagem em que sua obra fora escrita que o autor encontra a permanência de seu interesse. Mais um motivo para justificar *o cunho vivencial* que envolve as estruturas sociais e econômicas. Para mostrá-lo, somos levados a abrir um parêntese na maneira como vinha sendo feita essa abordagem.

A bolsa que o levou ao curso de ciências sociais na Baylor University, na pequena cidade de Waco, no Texas, foi determinada por ser aquela universidade de orientação batista e a família de Gilberto Freyre ter influência no Colégio Americano Batista, localizada no Recife, em que ele próprio estudara.[22] De Baylor, destacará apenas seu débito a A. J. Armstrong, professor de inglês, responsável pela bagagem de literatura inglesa, se não de literatura universal, acolhida pelo jovem estudante.

Freyre receberá seu diploma de mestre em história na Columbia University em 1922. De seus cinco anos no estrangeiro, ele só destaca, além do que lera de literatura, sobretudo em língua inglesa, a influência recebida em sua área de especialização. Entre seus contemporâneos, não destaca nada que remeta aos movimentos contemporâneos de vanguarda.

---

22 Cf. Pallares-Burke (2005, p.55).

Baylor nele deixa uma impressão minguada, e de Columbia pouco se compara ao entusiasmo que terá por Oxford, que conheceu em fins de outubro de 1922. Estará de volta ao Recife em março de 1923. Sua obra de estreia começará a ser escrita em Portugal, onde esteve como exilado pelo golpe de Estado de 1930, em virtude de ser então oficial de gabinete do governador de Pernambuco.

Em *Casa-grande*, dirá Fernando Henrique, contrapondo-se à sua apologia pela perenidade da obra:

> Contrapunha a tradição patriarcal a todos os elementos que pudessem ser constitutivos do capitalismo e da democracia: o puritanismo calvinista, a moral vitoriana, a modernização política do Estado a partir de um projeto liberal e tudo o que fundamenta o estado de direito (o individualismo, o contrato, a regra geral), numa palavra, a modernidade. (Cardoso, 2003, p.27)

Seu antagonismo à modernidade, acompanhada de um não menor ao marxismo, já remete à sua opção pelo realce dos valores do regionalismo — não será preciso recorrer a *Nordeste* (1937) para reconhecê-lo.[23] Seu favorecimento do regional, entretanto, ainda não explica sua linguagem. José Guilherme Merquior é de ajuda ao observar que "o antiburguesismo de Gilberto era de fato uma atitude estética, dirigida principalmente contra a moral vitoriana e a razão positivista" (Merquior, 1981, p.270). A força orientadora da atitude estética indica seu pendor para a literatura; o que não equivale a dizer que seu livro tivesse outra inscrição senão a sociológica. A conexão de patriarcalismo com regionalismo se realizava por seu entranhado conservadorismo — o que,

---

23 A propósito do antagonismo, assim como pelo realce, a acentuar-se progressivamente, é importante a observação de Pallares-Burke: "A despeito das limitações de sua 'aldeia', o jovem Freyre ali encontrara espíritos afins com quem discutir e compartilhar ideias sobre a 'desenfreada mania' de Modernismo, cientificismo, liberalismo e materialismo que tanto o incomodava nos anos 1920" (Pallares-Burke, 2005, p.173).

lateralmente, explica seu descaso, nos anos em que esteve no estrangeiro, pelos muitos grupos de vanguarda que lhe eram contemporâneos.

Esses dados ainda não são bastantes. Muito menos sua oposição à linhagem de Rui Barbosa, continuada por nossa vertente jurídica atual. O direcionamento assumido por Gilberto Freyre era o da dicção coloquial, afeita tanto a palavras quanto a ordenações cotidianas da frase, em suma, própria à rítmica da oralidade. Embora a explicação seja merecedora de aprofundamento, já é suficiente para tornar mais nítido o que extraímos da passagem do sociólogo paulista: "No fundo, a história que ele conta era a história que os brasileiros, ou pelo menos a elite que lia e escrevia sobre o Brasil, queriam ouvir" Cardoso., p.22). A afirmação serve de esclarecimento da razão de Freyre não precisar se preocupar em assegurar sua atualidade científica. Isso deriva da concordância entre a disposição formal de sua linguagem e o que seu conteúdo privilegia: seja a defesa do patriarcalismo, em seu período áureo, seja o favorecimento da ambiguidade conceitual.

Parece assim explicado por que em *Insurgências e ressurgências atuais* – verdadeiro recorte de uma autobiografia intelectual – o autor não se mostrasse preocupado com o destino atual do neolamarckismo, de que declara haver sido marcado.

Terminado o parêntese que tivemos de introduzir, podemos voltar à análise de *Casa-grande & senzala*. Trata-se então de simplesmente terminar o exame do patriarcalismo, que seria parcial e incompleto se não considerasse a afirmada sexualidade excitada nos trópicos.

À semelhança da insistência do autor no "talvez", o mesmo se dará com "parece-nos", seu similar. Tomo como exemplo passagem que antes se destaca na estrutura do livro:

> Foram sexualidades exaltadas as dos dois povos que primeiro se encontraram nesta parte da América: o português e a mulher indígena. Contra a ideia geral de que a lubricidade maior comunicou-a ao brasileiro o africano, parece-nos que foi precisamente este, dos três elementos que se juntaram para formar o Brasil, o mais

fracamente sexual; e o mais libidinoso, o português. (Freyre, 1936 [1933], p.67)

É fato que o destaque da sexualidade tem na narrativa de *Casa-grande* uma função maior do que a tão só temática. Ela já é acentuada pelo caráter como a família patriarcal se convertia em poligâmica, ou seja, não por obediência a alguma letra de alguma lei, mas, sim, pela desigualdade social que convertia a negra em submissa aos desejos dos machos brancos da família do senhor. O analista que se contente com sua presença temática mostra-se bastante aquém da destreza do narrador. Faz parte de sua extrema perícia de "estilista" escamotear a verdade sabida por meio da sedução introduzida na formulação da frase. Principia-se a vê-lo pela abordagem da sífilis.

> Muitos dos primeiros povoadores não fizeram senão dissolver-se no meio da população nativa. [...] Mesmo aqueles, porém, que desapareceram no escuro da vida indígena sem deixar nome, impõem-se pelas evidentes consequências de sua ação procriadora e sifilizadora, à atenção de quem se ocupe da história genérica da sociedade brasileira. [...] A sifilização do Brasil resultou dos primeiros encontros, alguns fortuitos, de praia, de europeus com índias. Não só de portugueses como de franceses e espanhóis. Mas principalmente de portugueses e franceses. (Ibid., p.51)

O leitor desatento à astúcia de elaboração dos enunciados não se aperceberá de que, culpando o europeu colonizador pela aclimatação de uma moléstia transmissível, o autor retirava do indígena a carga que teria por, pertencendo a uma suposta raça inferior, ser responsável pelos males que acompanhariam a mestiçagem. Pouco importa que os intérpretes do século XIX não dispusessem de pesquisas particularizadas de que o autor agora dispunha. Para os que lessem Sílvio Romero, o mestiço por ele concebido era o tipo físico com que o país haveria de se contentar, enquanto não se completasse o processo de embranquecimento. Já o mestiço postulado por Freyre retirava de seu leitor o peso de pertencer a uma sociedade fadada à inferioridade. O exame da sifilização, com o desvio de culpa da mulher indígena, tornava mais fácil ao leitor livrar-se daquela carga. Dito mais diretamente: não importa que, sendo por definição mestiço, o brasileiro trouxesse nas veias algo das raças "inferiores".

Onde estava a ligação com a questão da sífilis? Por que pensar em algum escamoteio? O escamoteio tem, na verdade, um rendilhado bem trabalhado. Perguntemo-nos desde logo qual era a verdade que, conhecida desde antes de *Casa-grande*, neste se escondia. Era simplesmente que a escravidão supunha a supressão da vida livre de ampla margem da população, de cujo trabalho, no entanto, dependia o desenvolvimento do restante da sociedade. A destreza do "estilista" no sociólogo esteve *em esconder a absolutidade da afirmação, sem a negar taxativamente*. Tenha-se um outro exemplo da mesma destreza:

> Sobre (os povos hispânicos) atuaram condições de meio físico, de situação geográfica, de desenvolvimento histórico particularmente perturbadoras da moralidade cristã; o constante estado de guerras causando na península o fluxo e o refluxo de populações; as alternativas de hegemonia; a extrema mobilidade social; a instabilidade econômica; os contatos cosmopolitas por via marítima; a convivência com os maometanos polígamos. Junte-se a essas circunstâncias certa disparidade, nos vestuários e nas práticas de higiene doméstica. [...] Todas essas influências devem ter concorrido para o fato de excitar-se mais cedo que no Norte (europeu) a fome sexual nos adolescentes espanhóis e portugueses. (Ibid., p.186-7)

Os fatores reunidos eram por si indiscutíveis, sem que sua resultante fosse inequívoca. De qualquer modo, o acúmulo de fatores isentava o homem branco do "pecado" que lhe marcaria. E a força da oralidade logo se manifesta. A uma conclusão inconcebível sem a precisa informação extraída de livros ou de testes, seguia-se o parágrafo seguinte cuja formulação seria bastante apenas em uma conversa informal:

> No caso do brasileiro, desde menino tão guloso de mulher, atuaram, ainda com mais força, influências de caráter social contrárias à continência, ao ascetismo, à monogamia. Entre nós, o clima tropical terá indiretamente contribuído para a superexcitação sexual de meninos e adolescentes. (Ibid., p.187)

A poligamia de fato se exercia em beneplácito do macho branco de ascendência senhorial; do antepassado provável do provável leitor de agora. Mas – e aí outra vez a habilidade do narrador era sentida –, como a escrava escolhida tinha seus privilégios, a poligamia não favorecia apenas o branco. Portanto, o escravo não se confundia com a massa obrigada a extenuante trabalho físico e explorada. Ele não só traria da África formas de alimentação em favor da colônia, como contava com benesses que não conhecia em seu continente de origem. De forma que se ter tornado escravo e transportado para os trópicos se cumprira a seu favor.

Freyre sabe reconhecer que a alimentação saudável dada ao escravo o levava a ser mais longamente explorado. Faz parte da espertéza do autor afirmar os dois lados. O escravo era a besta de carga, mas, devido a seu preço de compra, acrescido depois da proibição inglesa do tráfico, também era a parte da população que, na colônia, recebia a melhor alimentação. Em troca, ao antecedente da futura classe média caberão as doenças resultantes de uma alimentação deficiente: "O beribéri, as verminoses [...], só depois do descalabro da abolição estendida com igual intensidade aos negros e pardos já agora desamparados da assistência patriarcal das casas-grandes e privados do regime alimentar das senzalas" (ibid., p.49). Daí a passagem já transcrita da introdução: "Desfeito em 88 o patriarcalismo que até então amparou os escravos..." etc. etc. (ibid., p.XXIX).

A afirmação era demasiado brutal para ser repetida sem que fosse repudiada; o autor a refaz de maneira menos dura, destacando a proximidade que a casa-grande mantinha com os negros escolhidos:

A casa-grande fazia subir da senzala para o serviço mais íntimo e delicado dos senhores uma série de indivíduos – amas de criar, mucamas, irmãos de criação dos meninos brancos. Indivíduos cujo lugar na família ficava sendo não o de escravos mas o de pessoas de casa. (Ibid., p.261)

Só um analista da qualidade – e com a isenção – de Ricardo Benzaquen de Araújo acentuaria que "*CGS* pretende reunir elementos antagônicos sem se preocupar com sua síntese ou sequer com o estabelecimento de alguma mediação entre eles" (Araújo, 1994, p.58).

Sem tocarmos na questão dos "creolinhos" e filhos ilegítimos, que será vista na abordagem de *Sobrados e mucambos*, ressaltemos que o leitor não deve subestimar a extrema relevância do *parti pris* senhorial, na obra de abertura. Menos pensador do que destro formulador de frases não só muito bem escritas, como também compostas, nas palavras que Alencar dedicara a *Iracema*, para "o doce embalo da rede", Gilberto Freyre se destinava à boa e generalizada acolhida que continua a ter.

III

Independentemente da interpretação que desenvolvemos, caracteriza a formação social brasileira a estabilidade de sua estruturação. Por mais que interpretações mais recentes da Revolução Francesa diminuam a descontinuidade por ela provocada, é indiscutível que, por maior que já fosse a ascensão da burguesia, o fim do *Ancien Régime* representou o ocaso do que dominara por alguns séculos.

A diferença que demarca a nossa formação explica que, ao longo de *Sobrados e mucambos*, seu autor mantenha o que chamamos de mancebia metodológica. Embora longa, é imprescindível a passagem:

Não se pode afirmar da nossa formação que tenha sido substancialmente aristocrática no sentido de uma raça, de uma classe ou de uma região única. O que a nossa formação tem tido é forma aristocrática dentro da qual vêm variando substâncias ou conteúdos de raça, de classe e de região, ora exaltando-se como nobre o branco (e dando-se aos indígenas o direito de adotarem velhos nomes portugueses de pessoa ou família) ora o caboclo (cujos nomes passaram em certa época a substituir os europeus); ora glorificando-se o senhor de engenho, isto é, da região da cana, ora o fidalgo de sobrado, isto é, da região ou área urbana (donde a tendência contemporizadora para o senhor rural mais rico ter tido sempre sobrado na cidade mais próxima de suas terras e vice-versa, o senhor mais rico de sobrado ter tido sempre engenho, fazenda ou quinta socialmente decorativa do seu poder econômico de burguês; ora fazendo-se do homem do litoral o herói da formação nacional, ora considerando-se o verdadeiro herói dessa formação o paulista, o sertanejo ou o montanhês; ora fazendo-se do açúcar o artigo-rei da economia nacional; ora transferindo-se essa majestade para o café. (Freyre, 1951 [1936], v.II, 675)

A observação seria justa se houvesse pontuado que as variações do beneficiado não alterarão o fato de ele sempre ocupar a posição de latifundiário e monocultor ou, no mínimo, de seu protegido. Para Gilberto Freyre, a continuidade, sob a aparência de ocupantes diversos, implicará a louvada confraternização entre desiguais.

Isso não impede que se note uma certa diferença na posição social dos diversos grupos referidos em *Sobrados e mucambos*. Ela é resultante do próprio uso pelo autor do termo "classe". O reconhecimento da profunda desigualdade entre o senhor e o escravo pareceria ameaçar a louvada confraternização. Esta, no entanto, é reiterada por momentos específicos – "a procissão, a festa de igreja, o entrudo [...] que foram fazendo das ruas e praças mais largas – das ruas em geral – zonas de confraternização" (ibid., v.I, p.19). Ora, tais momentos confraternizantes não ameaçavam abolir a delimitação da extrema desigualdade das classes. O sociólogo, contudo, mantém sua marca de estilo: na mancebia, as classes perdem sua delimitação hierarquizante e se fazem confraternizantes. Mesmo que assim houvesse sucedido, algo, ainda que lentamente, haveria de mudar: "As posturas dos começos do século XIX são quase todas no sentido de limitar os abusos do particular e da casa e de fixar a importância, a dignidade, os direitos da rua, outrora tão por baixo e tão violados" (ibid., v.I, p.20).

(A habilidade do "estilista" falha por um instante: se se cogitava de ainda "limitar os abusos", como se poderia falar em confraternização?!)

Para evitar que a estabilidade de nossa formação prejudique a entrada do sobrado, ofereço uma síntese da passagem do senhorio rural para o domínio do urbano.

A vinda de dom João VI provoca a quebra da autonomia "quase feudal" dos patriarcas do açúcar e seus descendentes: "Ao chegar d. João ao Rio de Janeiro a independência dos senhores de engenho, dos paulistas, dos mineiros e dos fazendeiros já não era a mesma do século XVII; nem tamanha, sua arrogância" (ibid., v.I, p.115). "Acentuou-se com dom João VI o desprestígio da aristocracia rural. Acabaram-se aquelas ternuras del-rei com os devedores sempre em atraso. As câmaras deixaram de ser privilégio dos grandes proprietários de terras" (ibid., v.I, p.136).

> Nos documentos brasileiros do século XVIII, já se recolhem evidências de uma nova classe, ansiosa de domínio: burgueses e negociantes ricos querendo quebrar o exclusivismo das famílias privilegiadas de donos simplesmente de terras, no domínio sobre as câmaras ou os senados. Aventureiros enriquecidos nas minas, alguns deles reinóis, dos chamados pés de chumbo, bem-sucedidos nos negócios, "marinheiros" que começaram vendendo alho e cebola, ou mascateando pelo interior e pelas ruas, para terminarem *mercadores de sobrados* – são esses os novos elementos brancos, ou quase brancos, ansiosos de domínio. (Ibid., v.I, p.121)

Todo o mencionado movimento de ascensão mantinha inalterado o critério de valor da nobreza rural:

> O mercador ou reinol de origem baixa – plebeia ou pequeno-
-burguesa – como o aventureiro das minas, a maior sedução por
que se deixava empolgar, quando bem-sucedido nos negócios, era
a de tornar-se membro da nobreza rural, ou imitar-lhe o gênero de
vida, comprando engenho, plantando cana ou café. (Ibid., v.I, p.122)

A manutenção do apreço da nobreza rural não se confundia com a manutenção de privilégios da figura originária, o senhor de engenho, pois este se endividava em face do intermediário, que – "negociando principalmente com escravos – não podia deixar de assumir importância considerável dentro do regime mórbido de economia patriarcal" (ibid., v.I, p.127).

Tais dados, a serem detalhados, conduzem, na paisagem urbana, à passagem para o sobrado. Nela, é imprescindível a figura do "intermediário judeu"; sem ele,

> é quase certo que o Brasil não teria alcançado domínio tão rápido e
completo sobre o mercado europeu de açúcar a ponto de só o produto dos engenhos de Pernambuco, de Itamaracá e da Paraíba ren-
der mais à Coroa, nos princípios do século XVII, que o comércio
inteiro da Índia, com todo o seu brilho de rubis e todo o seu ruge-
-ruge de sedas. (ibid., v.I, p.129)

Isso não impedia que os senhores de engenho também mantivessem seus palácios urbanos. Sem embargo, com seu declínio, o costumeiro é que agora mudem as mãos do dono, seus imóveis passando a ser ocupados pelo poder público, por militares, pela burocracia do governo monárquico e, depois, republicano.[24]

Modificação mais notória era a exercida pela entrada em cena dos "fazendeiros-doutores", "homens que se instalavam em casas-grandes depois de conhecerem a Corte, Olinda, São Paulo, Bahia, às vezes Paris, Londres, a Europa" (ibid., v.I, p.77), locais de ensino convertidos em centros de confraternização e conhecimento mútuo dos próximos senhores, cuja aproximação durante

---

24 Cf. Freyre (1951 [1936], v.I, p.57).

os anos de ensino desempenhará um papel saliente na unidade permanente do país ao tornar-se independente, à diferença de seus vizinhos que se desintegram.

Dentro da permanência da estrutura social do país, acentua-se o choque entre avós e pais e os filhos-doutores, sem que isso afete a inabalável estabilidade: "O bacharel – magistrado, presidente de província, ministro, chefe de polícia – seria, na luta quase de morte entre a justiça imperial e a do páter-famílias rural, o aliado do governo contra o próprio pai ou o próprio avô" (ibid., v.I, p.139).

Para não nos enganarmos acerca de suas consequências, ressaltemos que o choque entre o filho letrado e os ascendentes fazendeiros, em luta que o autor dizia "quase de morte", se reduzia, para o próprio Freyre, à desavença entre o Estado e a família; desavença relativa, no entanto, porque os representantes do Estado continuavam a manter os valores próprios da família patriarcal.

Em decorrência, não estranha que, para o sociólogo, a urbanização do cenário seja tida como profunda, muito embora suas raízes sejam as mesmas. Era assim explicado seu juízo:

> Menos patriarcalismo, menos absorção do filho pelo pai, da mulher pelo homem, do indivíduo pela família, da família pelo chefe, do escravo pelo proprietário; e mais individualismo – da mulher, do menino, do negro – ao mesmo tempo que mais prostituição, mais miséria, mais doença. Mas velhice desamparada. Período de transição. O patriarcalismo urbanizou-se. (Ibid., v.I, p.144)

Faltava ainda explicitar o que também já estava dito pela frase impressa: à ausência da casa-grande correspondia o aumento da desigualdade social.

A linguagem oralizada, fluente e agradável precisa ser feita com extrema atenção. A estabilidade estrutural é por certo exaltada pelo autor. Mas as mudanças que vê operadas em favor do individualismo são acompanhadas de prostituição, miséria e doença. Contra o pessimismo com que, nacionalmente, nos víamos, conforme Paulo Prado, corresponde a euforia com que, em Freyre, o patriarcalismo era examinado e a crítica às mudanças relativas que sofre a estrutura social. Ao declarar, pois, que o patriarcalismo urbanizou-se, implicitamente se acrescentava que com perdas evidentes.

Aqui, mais uma vez, se evidencia a habilidade do narrador. Algumas dessas mudanças não seriam consideradas unanimemente negativas. Como assim dizer que a mulher saiu da camarinha e passou a se encontrar na rua? A rua passa a contar com uma criatura que tinha estado reclusa aos cômodos privados da casa-grande. Sua metamorfose é paralela à do patriarca em burguês. Mesmo reservando a propriedade do que diz ao que sucede no Norte, Freyre anota: "Os burgueses de sobrado foram naquelas cidades do Norte do Brasil homens de praça ou de rua como, outrora, os gregos da ágora, ao contrário dos do Rio de Janeiro e da Bahia que raramente deixavam o interior dos sobrados" (ibid., v.I, p.171).

A distinção estabelecida no parágrafo anterior há de ser feita com extremo cuidado, como qualquer traço que, no autor estudado, implique até mesmo um mínimo de descontinuidade. O nosso burguês citadino não contrariou os traços marcantes de seus antepassados:

> O patriarcalismo, mesmo, criando economias autônomas, ou quase autônomas, aguçando o individualismo dos proprietários e o privativismo das famílias, enfraqueceu na gente das casas-grandes o desejo de solidariedade [...]. (O sentido de solidariedade excetuou-se apenas em Palmares – a primeira cidade levantada contra o Engenho – e pelo sentido cooperativista (dos) negros de Ouro Preto, organizando-se sistematicamente para fins de alforria e de vida independente. (Ibid., p.175, 177)

A decadência do Norte açucareiro em prol do café paulista provocou a migração do escravo, assim como o aumento de seu preço forçará a pressão para a adoção do braço dito livre:

A relativa facilidade de vida na região do açúcar, já afetada pela descoberta das minas, foi declinando ainda mais com o surto do café. Nas cidades, os sobrados dos senhores de engenho mais imprevidentes foram ficando casarões onde já não se renovava a pintura nem se coloriam à moda oriental ou se envernizavam à moda francesa os jacarandás. [...] Os fidalgos do açúcar começaram a ser eclipsados pelos do café. [...] A usura dos bancos foi se exercendo com rigor cada vez maior sobre os senhores de engenho, ao mesmo tempo que aumentavam suas despesas com a negraria sempre mais cara. [...] O Norte começou a ficar sem negro para plantar cana. (Ibid., v.I, p.186-7)

É evidente que o levantamento da colonização do Sul não é o forte do intérprete. Embora sua cobertura sobre o sobrado, sobretudo com seu complemento, o mucambo, não se restrinja ao Norte, com ênfase no Recife, a forte concordância interna da trilogia estará na reiteração da continuidade de nossa estrutura social. Por isso ressalta uma anotação que, em si, é extremamente curta. Ela concerne à permanência do "caráter francamente sádico" no interior da família patriarcal. "Sadismo, que apenas se atenuou ao estender-se o sistema patriarcal das casas-grandes aos sobrados das cidades, onde os velhos continuaram a reinar sobre os moços de modo quase absoluto" (ibid., v.I, p.217); anotação que nos levaria a voltar a *Casa-grande* se a passagem, sem ser conclusiva, não fosse excessivamente longa. Por isso reduzimos sua transcrição:

> O sadismo de senhor e o correspondente masoquismo de escravo, excedendo a esfera da vida sexual e doméstica, tem-se feito sentir, através da nossa formação, em campo mais largo: social e político. Cremos surpreendê-los em nossa vida política, onde o mandonismo tem sempre encontrado vítimas em que exercer-se com requintes às vezes sádicos; certas vezes deixando até nostalgias logo transformadas em cultos cívicos, como o chamado "marechal de ferro". (Freyre, 1936 [1933], p.54)

(Lamenta-se que a alusão não tenha encontrado desenvolvimento em *Ordem e progresso*.)

Em vez de aprofundar a referência, *Sobrados e mucambos* prefere ressaltar o papel do ensino jesuítico, com sua ênfase no latim, na retórica, no estímulo ao "individualismo brilhante", não no gosto pelo aprofundamento:

> Os organizadores ou consolidadores da nossa vida civil e intelectual, os revolucionários da Bahia e de Vila Rica, os poetas, oradores, escritores dos tempos coloniais, foram quase todos alunos de jesuítas. O gosto pelo diploma de bacharel, pelo título de mestre, criaram-no bem cedo os jesuítas no rapaz brasileiro. (Freyre, 1951 [1936], v.I, p.223)

O destaque negativo do bacharelismo será decisivo para a crítica sustentada pelo sociólogo. O seu conservadorismo não era menos oposto ao juridicismo entranhado desde a educação colonial. Ao realce do jesuitismo se acrescentará outro fator, no caso não de ordem histórica, mas psicológica, não exercitada em livros, mas no convívio consigo mesmo: o narcisismo de Freyre, cujo prejuízo se estenderá a toda sua obra, com independência de sua disposição discursiva, fosse ela fundamentalmente sociológica ou de inclinação literária. Cabe assinalá-lo no momento em que passamos ao segundo volume de *Sobrados e mucambos*.

O caráter anárquico que prepondera na argumentação do autor não deriva de alguma razão metodológica, mas não só de seu traço não reflexivo, como também de seu narcisismo. Saliente em *Casa-grande*, ainda que permaneça em *Sobrados e mucambos*, é ele aí mais contido, o que explica que o segundo volume da trilogia seja, enquanto obra, mais bem constituído. Isso se projeta na própria composição da frase, que, em *Sobrados e mucambos*, é mais sóbria, menos submissa aos efeitos da oralidade.

Para patenteá-lo, seria preciso adotar uma disposição analítica diversa, que estivesse centrada na própria organização discursiva. Como ela não foi adotada, assinalem-se duas passagens em que as mudanças que acompanham a centralização nos sobrados se exprimem em uma linguagem discreta:

> A transição do patriarcalismo absoluto para o semipatriarcalismo, ou do patriarcalismo rural para o que se desenvolveu nas cidades, alguém já se lembrou de comparar à transição da Monarquia absoluta para a constitucional. A comparação é das melhores e abrange alguns dos aspectos mais característicos do fenômeno jurídico, tanto quanto do moral e social, daquela transição. (Freyre, 1936 [1933], p.300)

"A mulher semipatriarcal de sobrado continuou abusada pelo pai e pelo marido. Menos, porém, que dentro das casas-grandes de fazenda e de engenho. Nos sobrados, a maior vítima do patriarcalismo em declínio [...] foi talvez a solteirona" (ibid., p.308).

O "estilista" já não se faz tão patente; a menor sedução do texto faz com que *Sobrados e mucambos* seja menos aclamado. Mas ao leitor cuidadoso não escapará a destreza em equilibrar o contraste entre a manutenção do esquema estrutural e as modificações que nele acusa.

Comparem-se uns poucos exemplos, presentes no começo do capítulo V:

> Com a urbanização do país, ganharam tais antagonismos uma intensidade nova; o equilíbrio entre brancos de sobrado e pretos, caboclos e pardos livres dos mucambos não seria o mesmo que entre os brancos das velhas casas-grandes e os negros das senzalas. (Freyre, 1951 [1936], v.II, p.345)

"O sobrado conservou quanto pôde, nas cidades, a função da casa-grande do interior, de guardar mulheres e guardar valores" (ibid., v.II, p.346-7).

O regime de economia privada dos sobrados, em que se prolongou quanto pôde a antiga economia autônoma, patriarcal das casas-grandes, fez do problema de abastecimento de víveres e de alimentação das famílias ricas, um problema de solução doméstica ou particular. (Ibid., v.II, p.363)

"Não foram poucos os bacharéis, doutores ou intelectuais brasileiros, filhos de portugueses, que se fizeram notar pelo ardor da lusofobia" (ibid., v.II, p.515).
(O último trecho continua por assinalar que, ao tornar-se mais sério o conflito de gerações, a postura assumida pelo filho era de um anarquismo individualista e inconsequente quanto à armadura patriarcal; o filho-doutor convertia-se em cachaceiro e femeeiro, sem que isso incomodasse a permanência da prática monocultural, não exclusiva ao cultivo da cana.)
Sobrados e mucambos registra que o furor monocultural não se encerra com o ciclo do açúcar, mas, sim, que se acentua com a febre do ouro. Daí a questão dos mantimentos:

> As cidades mineiras cresceram com sua população mais pobre lutando contra a falta de víveres e o alto preço dos gêneros. Os aventureiros felizes é que foram se enobrecendo em fazendeiros ou se arredondando em burgueses de sobrado. E estes, fechados, tanto quanto as casas-grandes dos senhores de engenho na área do açúcar, na sua economia privada ou patriarcal. (Ibid., v.II, p.369)

Conserva-se, portanto, a ausência de qualquer sinal de interesse pela sociedade como um todo; e esse é mais um elemento da permanência estrutural que marca nossa formação social.

Já distante de sua fonte principal de observação e análise, dado que agora já visualizava São Paulo, Freyre assinala o conflito entre os proprietários de fazendas de criação e os atravessadores, tendo estes como vítimas. A derrota deles é tamanha que é incorporada àqueles "que marcam com nitidez a supremacia da economia privada sobre a pública; dos interesses particulares, sobre os gerais. Supremacia tão ostensiva na formação brasileira" (ibid., v.II, p.370). Distante de restringi-la ao domínio da casa-grande, o autor evidencia que ela não só permanece, como se torna mais grave com a Independência:

Feita a Independência, desaparecida da nossa vida econômica e da nossa paisagem política a figura do vice-rei ou a do capitão-general [...], os meios de subsistência da gente mais pobre, sobretudo dos moradores dos mucambos e dos cortiços das cidades, tornaram-se ainda mais precários. (Ibid., v.II, p.377)

O "talvez" que logo incorpora é menos sinal de dúvida que uma cláusula de estilo: "A raiz do mal talvez fosse o sistema econômico: os sobrados, as casas-grandes, as chácaras estendendo seu poder mar adentro, ou se assenhoreando dos produtos das pescarias [...]" (ibid., v.II, p.378).
A retirada pouco adiante da cláusula de dúvida poderia dar a impressão de que o extremo conservadorismo do autor estaria sendo submetido a uma discussão interna:

> Os abusos da monocultura [se acentuaram] no Brasil sob o liberalismo econômico do Império, com prejuízo maior para aquelas regiões onde os monocultores eram os únicos, ou quase os únicos, a se beneficiarem com os lucros dos "gêneros exportáveis" à custa da produção, quase nenhuma, de alimentos. (Ibid., v.II, p.383)

(Contra o hipotético autoquestionamento, o leitor recordará que, desde o princípio de *Casa-grande*, o autor manifestara sua restrição à monocultura – "No caso da sociedade brasileira, o que se deu foi acentuar-se, pela pressão de uma influência econômico-social – a monocultura —, a deficiência das fontes naturais de nutrição [...]" [Freyre, 1936 [1933], p.33].)
De fato, em vez de retificação do plano geral da obra, é a própria ótica conservadora que encontra meios de se aprofundar. A passagem do patriarcalismo para o regime industrial, que encontra em São Paulo o seu início, traz consigo a piora sensível da situação do escravo: "O surto do café representou no Brasil a transição da economia patriarcal para a industrial, com o escravo menos pessoa da família do que simples operário ou 'máquina de fazer dinheiro'" (Freyre, 1951 [1936], v.II, p.385).

É assim que, concentrado na questão dos víveres e do dinheiro, o autor terá ocasião de reiterar o que já dizia em *Casa-grande & senzala* e repetirá na parte final do volume II de *Sobrados e mucambos*:

> O que conhecemos [...] do regime alimentar daqueles escravos que foram os típicos – e não os atípicos – do nosso sistema patriarcal autoriza-nos a generalizar ter sido o escravo de casa-grande ou sobrado grande, de todos os elementos da sociedade patriarcal brasileira, o mais bem nutrido. (Ibid., v.II, p.527)

Realce da alimentação do escravo que se enfatiza em seguida: "Nutrido com feijão e toucinho; com milho ou angu; com pirão de mandioca; com inhame" (ibid.), e que encontrava seu maior contraste ao considerar a situação econômica distanciada da que dominava na casa-grande, como é o caso do Maranhão. Diferentemente do que sucedia na zona da mata pernambucana, onde se situava a maioria dos engenhos coloniais e as negras ou mucamas podiam ser acolhidas com mimos e privilégios, tais

> negras ou mulatas finas eram raras no Maranhão: consequência da distância entre senhores e servos, criada por um sistema que já não era o patriarcal, na sua integridade de domínio de família tutelar, mas o sistema patriarcal pervertido pela imitação rápida – e não lenta, como na Bahia, em Pernambuco e no Rio de Janeiro – do industrialismo burguês e comercial [...]. (Ibid., v.II, p.530)

(O autor não justifica o que parece deixar implícito: que o sistema econômico desenvolvido no Maranhão antecipava o que se sabia provocado pelo café em São Paulo.) Em troca, em uma só frase ressalta a confraternização que vigoraria no patriarcalismo rural, antepondo-se ao que era de esperar em uma sociedade de classes tão absolutamente desigual. Ficar-se-ia sem saber a explicação do autor para tamanha contradição se não soubéssemos que era justificada por seu horror aos tempos modernos.

Antes de nos determos, embora tão só de passagem, no que Merquior entendia como resultante de "uma atitude estética", provocada por seu anti-Modernismo, tratemos de tópico mais bem explicitado: a reeuropeização do país, que se teria verificado pela ascensão da burguesia dos sobrados, ou seja, pelo mando assumido pelo filho-doutor do antigo senhor de engenho.

Comecemos a fazê-lo pelo destaque do que pareceria distante de nossa meta: pelo plano arquitetônico da construção própria às cidades que se desenvolveram em decorrência do declínio do centro rural. Como tem sido aqui costumeiro, transcrevo apenas o princípio de parágrafo que precisará ser pensado em sua integridade: "Na construção de sobrados utilizaram-se, muitas vezes, as pedras de Lisboa trazidas nos navios como lastro de carga. No Rio de Janeiro, utilizou-se largamente o granito das colinas próximas da cidade [...]" (ibid., v.II, p.397).

Logo depois, o autor amplia o que dissera: o que declarara também valia para a chácara, a casa de sítio, "por muito tempo mais casa de fazenda do que de cidade" (ibid., v.II, p.426). E, vindo a seu interior, além de destacar o "luxo de espaço", ressaltava a falta de luminosidade do "velho sobrado urbano", a semelhança que suas sombras criavam com o interior das igrejas e com as "casas-grandes mais sombrias".

A minuciosa descrição das construções senhoriais conduz ao mucambo e a seu (estranhíssimo) louvor, que, "no sentido da harmonização com o meio tropical, se pode dizer que o mucambo tem levado vantagem a tipos mais nobres de habitação" (ibid., v.II, p.464).

Desviando-nos de tal encaminhamento, preferimos autonomizar a questão do mucambo, tratando-a mais adiante. Antes de fazê-lo, pareceu-nos preferível relacionar as passagens acima com um dos primeiros parágrafos do capítulo VII:

> A colônia portuguesa da América adquirira qualidades e condições de vida tão exóticas – do ponto de vista europeu – que o século XIX, renovando o contato do Brasil com a Europa – que agora já era outra: industrial, comercial, mecânica, a burguesia

triunfante –, teve para o nosso país o caráter de uma reeuropeização. Em certo sentido, o de uma reconquista. (Ibid., v.II, p.569)

Mesmo com a preparação proposta pelo recorte do capítulo V, falar-se em "reeuropeização" ou até em "reconquista" parece um salto não bem explicado. Considerando-se, porém, a peculiaridade do uso dos conceitos pelo autor, deixa de haver surpresa. Assim procuro explicá-la. Deparamos mais uma vez com a inter-relação entre raça e cultura. A vivência tropical, com a quebra do interdito sexual e familiar com o negro e o índio, a diversidade das formas de governo e de modos de vestir, a abertura do léxico luso a vocábulos, com maior frequência, africanos, o enriquecimento culinário trazido pelo negro, o amaciamento da fala e dos modos individuais de tratamento – tais diversidades promoviam a conformação de um modo de vida alheio, quando não oposto, ao europeu.

O leitor terá o direito de se indagar por que a diferença se restringiria ao europeu e não incluiria o norte-americano. Afinal, todas aquelas diversidades não se relacionavam ao caráter da "burguesia triunfante"?

Já será tarde para dirigir a pergunta a quem poderia de imediato respondê-la: o próprio autor. Ouso supor que a restrição decorre que, ao considerar a escravidão, o autor tinha em conta a proximidade da questão com os hábitos que se haviam desenvolvido nos estados norte-americanos do Sul. Como tinha havido escravidão tanto lá quanto cá, a totalidade da reaproximação se reservava à Europa, que, em peso, desconhecera aquela carga.

Mesmo que a resposta não seja a única possível, restringir a extensão do afirmado pela exclusão norte-americana dava mais força às entranhas implícitas do argumento. (Ao dizê-las implícitas, quero ressaltar que o próprio autor não as evidencia.) Não devemos esquecer que Gilberto Freyre nunca abandona o *parti pris* de que o português se mostrara o mais competente colonizador dos trópicos, sendo por isso passível de converter-se em objeto de uma declarada lusotropicologia – embora não afirmada na trilogia que estudamos, seus elementos já estavam ali evidentes. Daquele privilégio deriva o entusiasmo com que é louvado o complexo patrimonial e as restrições ao moderno modelo burguês e industrial. E, particularmente, a vulnerabilidade que José Guilherme Merquior já apontava: "Uma espécie de nêmesis do regionalismo parece pesar sobre seu retrato do patriarcalismo brasileiro do Sul, tornando-o bem menos convincente do que o do engenho [...]" (Merquior, 1981, p.273).

Regionalismo cujo esplendor, então comportando traços de influência oriental, passava a se mostrar "remoto e vago", distante, em suma, por efeito da reeuropeização, intensificada desde o começo do século XIX.[25]

A reeuropeização, que antes nos parecera uma formulação abrupta, agora se nos mostra como das mais flagrantes. Procuro me explicar: ao interrompermos a análise do plano arquitetônico com que o autor assinalava a passagem da ordem rural para a urbana, para que o que dizia sobre o mucambo tivesse um destaque diverso, fomos levados a alterar o encaminhamento da análise. Até lá procuramos acompanhar a sequência dos capítulos. A mudança agora se impunha. Ela se tornou incontestável ao constatar-se economia de páginas que se ganhava, sem prejuízo do nível de qualidade analítica. Portanto, assim como se ressaltava a reeuropeização, agora podemos nos concentrar na ascensão do bacharel, desenvolvida no capítulo XI do terceiro volume de *Sobrados*.

Principie-se por assinalar que "a urbanização do Império" trouxe consigo os diversos modos associados de afirmação burguesa, desde o emagrecimento da casa-grande, depois do sobrado, e, no pobre extremo, a fragmentação da senzala e a deterioração do mucambo, relacionados a "insígnias de mando" dos sobrados.[26]

A leitura do capítulo XI há de ser feita com cuidado especial porquanto tematiza dois movimentos de sentidos aparentemente contrários: a incontestável, extrema e permanente

---

25 Cf. Freyre (1951 [1936], v.III, p.813).
26 Cf. Freyre (1951 [1936], v.III, p.952).

desigualdade que nos marca, e a ascensão do mulato, se não mesmo, embora mais rara, do próprio negro.

No segundo movimento, Freyre acentuará que "o começo do reinado de Pedro II" se caracterizará pelo "começo do 'romantismo jurídico'", com que o filho-doutor rompia com a prática do "bom senso dos velhos".[27] A modificação referida era a maneira com que o sociólogo assinalava a reaclimatação conseguida pelo jovem bacharel. A inclinação republicana então faria parte dessa busca de readaptação — assim como, extrapolando a argumentação do autor, também se poderia pensar que a poligamia dos antepassados se convertia no abuso "poligâmico" de adjetivos, de frases repetitivas que acompanham o termo capital, isto é, exercendo a função de senhor na frase bacharelesca:

> Ainda que, sentindo-se diferenciados da Europa ou da metrópole, onde estudaram, e querendo um Brasil independente e republicano, a formação europeia lhes tirara o gosto pela natureza bruta e quente do trópico, substituindo-o por um Naturalismo morno e apenas literário, à sombra de mangueiras de sítio e entre macacos amansados pelos negros da casa e papagaios que, em vez de palavras tupis, repetiam frases latinas e até francesas [...]. (Freire, 1951 [1936], v.III, p.956)

Se, desse modo, inovavam, não deixavam, por isso, de seguir as pegadas do ensino dos jesuítas, de maneira oblíqua, porém não menos eficiente, de acentuar o desacordo do intérprete com a orientação emprestada ao ensino, desde os tempos coloniais – cf. "O bacharel não apareceu no Brasil com Pedro II e à sombra das palmeiras imperiais plantadas por el-rei, seu avô. Já os jesuítas tinham dado à colônia [...] os primeiros bacharéis [...]" (ibid., v.III, p.955).

O esforço confraternizante do intérprete logo transparece, e, quase imediatamente, a crítica ao bacharel é amaciada: "Em nossa literatura colonial, essa voz de bacharel é talvez a primeira

---

27 Cf. Freyre (1951 [1936], v.III, p.953).

que exalta o trabalho do escravo, a ação criadora, brasileiramente criadora, do proletariado negro, índio e principalmente mestiço na formação nacional" (ibid., v.III, p.960).

Tal propósito de acomodação mais se impõe porque, como já sublinhamos, Gilberto Freyre se esforça em ressaltar que sua orientação metodológica é conatural a seu objeto. Portanto, se o propósito metodológico é evitar as arestas salientes é porque a formação social do país se esmerou em calafetá-las. (Quem não cuidar de segui-lo e, por conseguinte, não se preocupar em tornar-se objeto de sua ira ou de seus "súditos" que declare que a permanência da ordem patriarcal é responsável pela gritante desigualdade que continua a nos definir.)

Em consequência do tratamento concedido às mudanças operadas entre os extremos do patriarcalismo rural e a moradia da burguesia industrial, elas não interferem na permanência da ordem latifundiária. A conaturalidade entre o objeto estudado e o método com que é abordado fica patente no trecho de que transcrevemos o início:

> A geração que fez a República teve seus meios-termos burgueses entre a velha ordem econômica e a nova. Mesmo alguns dos bacharéis mais evidentemente mulatos e de origem mais rasgadamente plebeia, como Nilo Peçanha, representaram a acomodação entre os dois regimes. (Ibid., v.III, p.970-1)[28]

---

28 Ao falarmos em "conaturalidadde", termo conhecido no pensamento escolástico, não pretendemos dizer que o tratamento do objeto, a formação social brasileira, seja falso por si. Noutras palavras, não se nega o mérito do autor em captar o caráter patrimonial, por extensão latifundiário e monocultural, além do mais estável até nossos dias, mas, sim, em, esquivando-se ou mesmo negando suas arestas mais profundas, manter-se de acordo com sua permanência. A suposta conaturalidade demonstra sua vulnerabilidade pelo extremo conservadorismo que perpassa o método de análise. Daí seu esforço no "equilíbrio de antagonismos". Reconhecer que uma sociedade é constituída por polos antagônicos deveria equivaler a que seu analista operasse, sempre que fosse possível, no sentido de expô-los; todo o contrário do que faz o sociólogo, cuja ambição é mantê-los.

À declaração equivale evidenciar a luta surda que se trava no interior da Igreja, da Marinha e do Exército entre seus membros pobres e mestiços e o branco e rico. Historicamente, essa luta se revela, no caso da Marinha, pelo comando da Revolta da Armada (1893-1894), contra a direção ditatorial que tomavam os dois primeiros governos republicanos, confiado a Saldanha da Gama, e, do Exército, pelo "tipo do caboclo sonso e desconfiado, célebre por seu trajar amatutado e pelos chinelos também de matuto com que descansava os pés das botas militares [...]", cujo nome (Floriano Peixoto) omite, apenas acrescentando que "encarnou a nova ordem política estabelecida por bacharéis e doutores unidos a majores e capitães [...]" (ibid., v.III, p.973).

Nova ordem que manteve o velho dorso patriarcal e latifundiário. A ascensão social do mulato e do filho ilegítimo supõe que no diverso permanecia o mesmo. Como assim? Se pisamos o mesmo chão do que se descreve, e a flagrante desigualdade se escancara a quem tenha olhos para ver, como aceitar que tal ascensão teve o êxito que Freyre lhe empresta? Alguma cláusula explicativa teria de haver sido intentada.

A essa função parece destinada a passagem que transcrevemos:

> Com o século XIX, e o desenvolvimento das cidades, as cidades maiores tornaram-se o "paraíso dos mulatos", a que já se referira um cronista do século XVIII. Os meios ou ambientes ideais para a ascensão rápida dos mais simpáticos e mais hábeis, principalmente quando valorizados pelo saber técnico ou acadêmico. Fato semelhante já acontecera com os judeus em cidades como o Rio de Janeiro: entre eles e os cristãos-velhos desde o século XVIII quase se acabara a antiga distinção, lembra Gastão Cruls [em] seu *Aparência do Rio de Janeiro* [...]. (Ibid., v.III, p.1005)

Complete-se por parte de sua continuação: o mulato brasileiro "majoritariamente desempenhava os papéis subalternos de 'o soldado, o alfaiate, o pedreiro'" (ibid.). Era o que sucedia àqueles a quem faltavam "as facilidades". Noutras palavras: não haveria entraves estruturais para a ascensão do homem de cor, conquanto as condições para tanto não fossem idênticas para todos.

Em suma, o Brasil teria desconhecido o estigma que o não branco conhece na história norte-americana. Em vez disso, conforme o testemunho de um observador pouco conhecido, o nomeado Arago,

> ver a procissão de São Jorge a cavalo sair do próprio palácio real do Rio de Janeiro, Arago mostrou não ter compreendido o alcance social de devoção tão contraditória e tão importante no antigo Brasil. Tão de negros sequiosos de libertação, [...] e tão de brancos empenhados na conservação do seu poder político e de sua superioridade social [...]. (Ibid., v.III, p.862)

Devoção assim contraditória encarna a combinação prezada por Gilberto Feyre; é ela a imagem exemplar de uma formação profundamente desigual, contudo interpretada como confraternizante.

Deveria ainda abordar a relevância concedida ao mucambo. Confesso, entretanto, minha completa inibição diante do que diz o autor sobre sua "harmonização com o meio tropical":

> Pela qualidade do seu material e até pelo plano de sua construção, o mucambo ou a casa de pobre corresponde melhor ao clima quente que muito sobrado; ou que a casa térrea de porta-e-janela, do pequeno-burguês, no seu maior número ou na sua quase totalidade. (Ibid., v.II, p.464)

Ainda que se conceba que o mucambo de agora ou seu coletivo correspondente no Sul, a favela, tenham se deteriorado em relação àqueles dos anos 1930, não consigo entender o elogio que seu intérprete lhes dedicava. O Brasil teria a excepcionalidade de ser a nação em que os escravos foram mais bem alimentados, e os pobres, os habitantes das construções mais bem adaptadas aos trópicos.

IV

Não se discute se o início de *Casa-grande & senzala* tinha de levar a *Ordem e progresso*, porquanto a obra de 1957, por certo, conclui a trilogia sobre a formação social brasileira. Tampouco é discutível a diferença de qualidade da conclusão quanto às duas obras anteriores. Por esses motivos, o item que aqui começa não deve ser eliminado, sem que precise ser esmiuçado, sendo suficiente assinalar a permanência da ordem patriarcal e latifundiária no primeiro período republicano.

Dito de modo mais preciso, *Ordem e progresso* tem por objeto a historicização do que se passa entre fins de 1860 ou princípio de 1879 até ao fim da segunda década do século XX, ou seja, o período em que se dá a introdução do trabalho executado pelo braço "livre". Nas palavras do autor, tais anos seriam distinguidos "pelo notável surto igualitário por parte da numerosa população de cor que desde 1871 foi deixando de nascer escrava" (Freyre, 1990 [1957], p.CXIX).

Curiosamente, o argumento principia pelo papel igualitário desenvolvido pelo bonde,[29] conquanto logo se acrescente que havia bondes de primeira e segunda classes, sendo esta última "reservada à ralé de brancos; ou descalça e sem gravata e sem paletó" (ibid.).

A atenção ao bonde participa do olhar voltado para o cotidiano – não se omite o elogio ao autor pela atenção dada a um objeto que não era costumeiramente abordado em obras do gênero, assim como pela atenção que prestará aos anúncios de jornal. Daí a diferença entre a disciplina na Marinha e o desleixo no Exército, acompanhado da atenção ao dentista, com a mania do dente de ouro, e a força das várias inovações técnicas, que estampam os anúncios nos jornais. Daí ainda "certa euforia patriótica em torno do "progresso da indústria nacional" nos "primeiros decênios da República", não impeditiva de que "os armazéns finos nem sequer anunciassem produtos nacionais ao lado

---

29 Cf. Freyre (1990 [1957], p.CXXIV).

das águas minerais que vendiam";³⁰ preconceito paralelo à luta travada entre os remédios caseiros e os industriais e importados.

Embora já aqui seja menos saliente, permanece assinalável a habilidade do narrador em aclimatar a um ensaio de pretensão sociológica tópicos que melhor caberiam em um romance de costumes – veja-se, por exemplo, o contraste da República com o Império pelo tratamento das barbas de dom Pedro II comparado com "o preto ou o castanho das barbas de jovens líderes republicanos sequiosos de poder";³¹ ou a reação oposta entre adolescentes ainda pertencentes a tradições rurais e os já integrados ao clima republicano diante de prostitutas estrangeiras; aqueles, conquanto acostumados "à antecipação do ato sexual pleno", costumavam aí fracassar, ao passo que estes o tinham por natural.³²

Tópicos semelhantes dominam as quase oitocentas páginas do terceiro volume. Em vez de continuar a segui-lo, mais vale explicar que a passagem da Monarquia para a República não afetou a estabilidade da formação social brasileira. Parta-se do inquestionável: a República já surge consolidada porque era uma mudança de regime estranhamente realizada de modo quase rotineiro.

Como se explicaria a tranquilidade com que corria a República, como se o próprio sistema de governo não houvesse ocorrido? Freyre recorre ao testemunho de um filho de republicano, que recordava com saudosismo o "passado monárquico do Brasil", que buscava naquele passado "valores porventura perenemente nacionais capazes de contribuir para melhor resposta brasileira aos desafios que o futuro vem fazendo a uma República nem sempre segura de si mesma, quando desprendida de experiência ou de substância imperial" (ibid., p.78).

A explicação então proposta segue-se à levantada a partir de um certo viajante inglês, de que o Brasil não partilhava da "turbulência comum à América Latina" em decorrência, ao menos

---

30 Cf. Freyre (1990 [1957], p.CXXIX, CXXX).
31 Cf. Freyre (1990 [1957], p.CXXXIII).
32 Cf. Freyre (1990 [1957], p.CXL).

em parte, da "apatia política da população" (ibid., p.11). O próprio Freyre tem o bom senso de não se contentar com a explicação e lembra fato pouco recordado: a fidelidade dos negros que organizaram, em São Luís do Maranhão, uma "guarda negra", em defesa da Monarquia; armados apenas de cacetes "quando muito, de navalhas"; os raros defensores da Monarquia foram trucidados por um pelotão do Exército.[33]

A rebeldia logo domada contraria a exclusividade da declaração de apatia da população. Contra a iniciativa rara da "guarda negra", constitui-se o movimento republicano: "Em minoria, organizaram esses burgueses brancos ou quase brancos, dentre nós, o movimento republicano, à base da superioridade técnica de suas armas e empregando-as contra brasileiros de cor [...]" (ibid., p.13).

A habilidade do sociólogo aqui se manifesta em não assumir, de imediato, a defesa específica de um dos dois lados. Dos que serão trucidados, louva a gratidão ao Império, ao passo que dos republicanos ressalta, logo a seguir, a aversão à violência, que teria sido criada, entre os oficiais do Exército, durante a Guerra do Paraguai. O argumento será reforçado pelo que se desenvolverá:

> Os positivistas brasileiros suspeitavam dos métodos violentamente libertários inaugurados na mesma Europa pela Revolução Francesa; mas desde o princípio do século XIX repudiados na França pelos próprios radicais como Saint-Simon e Fourier: e de modo decisivo, por Auguste Comte. (Ibid., p.16)

Caberá à passagem também próxima assinalar que a suspeita contra os métodos violentos não era acompanhada pela rejeição do autoritarismo:

> Vários discípulos de Comte participaram da revolução republicana no Brasil, não sob a cor de radicais absolutos, mas como revolucionários animados de um tal espírito autoritário – de resto muito comtiano – que, sob certos aspectos, eles, e não alguns dos

---

33 Cf. Freyre (1990 [1957], p.12).

monarquistas depostos, é que encarnaram então mais conscientemente o espírito de autoridade socialmente responsável contra o de individualismo liberal. (Ibid., p.18)

É evidente que o último argumento será decisivo na opção do intérprete em favor da posição assumida pelos republicanos. A escolha tinha por alvo a preferência por uma atitude autoritária, porque passível de ser socialmente responsável, distinta do pacifismo de dom Pedro II e da que seria própria ao individualismo liberal.

Ao próprio intérprete, no entanto, escapa o que não esteve em cogitação tanto entre monarquistas quanto nos primeiros republicanos: o alheamento à reflexão teórica. Sua ausência não era ocasional: a bastardia conceitual fizera com que Freyre baralhasse raça e cultura toda vez que assim fosse propício a seu argumento. Agindo desse modo, também favorecia a permanência do patrimonialismo patriarcal. O que vale dizer que a preferência pela atitude socialmente responsável também não seria muito desenvolvida pelos republicanos.

A surdez teórica que fora presente na Monarquia e continuou na República permaneceu no próprio Gilberto Freyre. Ante o fato como se dera a proclamação da República, ela não o impediu de reconhecer que a República se cumprira por meio "de uma revolução paradoxalmente conservadora" (ibid., p.31). O conservadorismo, entretanto, ia bastante além. Sem enfatizar a concordância com a ordem de sua interpretação, Freyre ressalta que, no esforço de continuar "o regime monárquico da ordem", a República manteve sua "forma social", "até certo ponto paternalista". Dito de maneira precisa: contamos com "o processo social de ser governo autoritário dentro de uma sociedade democrática na estrutura" (ibid., p.298). Autoritarismo que apenas tinha mudado o nome de seus agentes: o que no Império fora da competência de seus barões, agora passava para as mãos dos chefes políticos do interior: os nossos "coronéis".[34] Eles se perpetuarão,

---

34 Cf. Freyre (1990 [1957], p.300).

passando da República Velha para o Estado Novo, e por todas as etapas que não cabe aqui nomear, permanecendo sempre vivos e atuantes.

Não quero encerrar essa breve notícia sobre *Ordem e progresso* sem duas mínimas reflexões. A primeira parte da observação de um reverendo norte-americano:

> Na edição de 1879, de *Brazil and the Brazilians*, o rev. James C. Fletcher destacava o fato, um tanto escandaloso para anglo-americanos, de, pela Constituição do Império brasileiro, a cor ou a raça não ser nem direta nem indiretamente base de direitos civis. [...] Daí, no Brasil, o clérigo anglo-americano ter encontrado entre os homens mais inteligentes que pôde conhecer – homens formados em Paris e em Coimbra – "descendentes de escravos" [...]. (Ibid., p.301)

Com base no acerto da passagem, Gilberto Freyre julga legítimo falar em "nossa democracia étnica". Contra o absurdo da designação, ao autor teria sido suficiente levar em conta o que notara no mesmo Fletcher: não bastava ao ex-escravo que se tornasse livre; era preciso que tivesse meios para consegui-lo. A condição de igualdade estava reservada a seu descendente, desde que ele tivesse tido condição de acrescentar à liberdade o título acadêmico, que fora incrementado "com o advento da República" (ibid., p.306).

Última reflexão: que dizer da posição de Freyre quanto ao Modernismo, proposto por contemporâneos do Sul? Referindo-se à oposição que Freyre encontra na sociologia paulista, Merquior insinua que um "certo bairrismo sulino", em especial paulista, se indispôs contra o sociólogo pernambucano. Sem que se lhe negue, há de se acrescentar a ênfase que Gilberto Freyre dará ao regionalismo. Não por acaso, sua trilogia perde força quando se concentra no Sul. O regionalismo, promotor de um movimento que teve por sede o Recife e por liderança o sociólogo, era a maneira de mostrar-se o adversário da modernidade e de manter-se conciliado com a ordem cujo auge tanto prezava: a do patriarcalismo do senhor de engenho.

ADENDO: O ARIANO E O NÃO ARIANO[35]

Franz Boas

Um homem, de origem não ariana, não pode ser alemão! É sobre esse clichê rancoroso que hoje se edifica o governo alemão. Funda-se e é proclamado em alta voz, a partir de um preconceito senil e de uma ciência charlatanesca, que mesmo uma gota de sangue não ariano basta para expulsar da sociedade dos alemães o mais profundo pensamento germânico. Tal tese que lança a

---

[35] Ao revisar os originais do presente capítulo, pareceu-me oportuno incluir a tradução do texto de Franz Boas que não vejo incluído em nenhum de seus livros. "Arier und nicht-Arier" [O ariano e o não ariano] teve sua primeira parte publicada em 6 de novembro de 1933, no jornal de Estrasburgo, órgão do Partido Comunista, *Die neue Welt*, pouco depois da ascensão do nazismo ao poder. Seu autor ocupava, desde 1899, a cadeira de antropologia na Columbia University. O artigo permaneceu inédito na Alemanha, só vindo a aparecer em publicação do seminário de musicologia *Vom tönenden Wirbel menschlichen Tuns*: "Erich M. von Hornbostel als Gestaltpsychologe, Archivar und Musikwissenschaftler; Studien und Dokumente" [Do torvelinho sonoro do fazer humano: Erich M. von Hornbostel como psicólogo gestaltista, arquivista e musicólogo], organizado por Sebastian Klotz (Milow: Schribri-Verlag, 1998, p.234-46), com introdução de Karlheinz Barck, "Grenzen der Menschheit. In memoriam Franz Boas (1858-1942)" (p.185-90). O texto aí publicado, do qual é feita esta tradução, segue a versão datilografada que integra o acervo de Eduard Fuchs, hoje nos Hoover Institution Archives, Stanford. (Sem o encontrar nos diversos livros de Boas publicados em inglês, sou levado a crer que o autor o considerava uma manifestação demasiado pontual, com um alvo declaradamente político, para que integrasse seus ensaios de cunho científico.) Por estranho que pudesse parecer, não foi ocasional a publicação de "Arier und nicht-arier" em um seminário de musicologia: o homenageado, o psicólogo e etnomusicólogo austríaco Erich M. Hornbostel tivera um papel marcante no início da etnomusicologia, como professor associado de *Systematische und Vergleichende Musikwissenschaft* [ciência sistemática e comparativa da música] da Universidade de Berlim. Atingido pelas medidas antirraciais nazistas, foi demitido em 1933, sendo obrigado a emigrar, tornando-se professor da New School for Social Research, em Nova York. Entretanto, por motivos de saúde, logo teve de renunciar, falecendo em Cambridge, na Inglaterra, em 1935. A tradução é minha.

condenação sobre centenas de milhares de pessoas que falam e pensam em alemão e que, em troca, não só provoca, como também visa, a miséria dos que são por ela atingidos é merecedora de uma reflexão serena, puramente científica. Diz-se haver 600 mil não arianos na Alemanha, mas, de acordo com a definição indicada de que basta um quarto de sangue não ariano para que o indivíduo seja não ariano, a verdadeira contagem facilmente alcançará a cifra de 1,2 milhão.

Antes de tudo, quem é ariano? Ariano é a designação de uma língua. A maioria das línguas europeias e uma série de asiáticas, como o armênio, o persa, o hindustânico, foram chamadas de arianas porque apresentam traços em comum, mostrando que, em algum tempo, constituíram uma língua, que se espraiou poderosamente sobre uma área extensa e deu lugar a muitos idiomas estrangeiros, que se desenvolveram nas diversas línguas hoje faladas. Um ariano, portanto, é alguém que fala uma língua ariana, seja ele um sueco, um negro americano ou um hindu. Noutras palavras, ariano é uma designação linguística e não tem nada a ver com raça. Quando alguém pensa e fala no ariano como raça baseia-se na hipótese indemonstrável de algum erudito, para o qual o tipo humano que vive no Noroeste da Europa, o usualmente chamado tipo nórdico, falaria a língua ariana e não outra que tivesse se expandido mais amplamente. Noutras palavras, quando se fala em ariano, pensa-se no europeu louro do Norte.

Na verdade, ninguém pode dizer que o homem louro do Noroeste da Europa falasse ariano. A origem das línguas hoje reconhecidas como originárias (*Ursprache*), quando é necessário usar a expressão, está tão distante que, pela errância constante da humanidade, por sua mudança de curso e seu isolamento, ninguém pode definitivamente decidir que falavam os homens que viveram há mais de 10 mil anos ou mais. Por seus trabalhos em utensílios de pedra, em esculturas em osso ou em cerâmica, podemos imaginar o que faziam, mas nada nos pode informar que língua falavam.

Métodos de trabalho, tais como usados em cestaria ou em cerâmica, com frequência se fixavam com tal tenacidade e eram transmitidos de um povo para outro que a determinação de um povo, a partir de seu artesanato, provoca dúvidas. A opinião dominante no governo alemão considera o ariano e o não ariano como qualidades biológica e hereditariamente significativas. Daí podermos deixar de lado o questionamento sobre que língua falavam os antepassados dos alemães e apenas constatar que as expressões "ariano" e "não ariano" se fundam no desconhecimento do que significam. Trata-se, na verdade, de duas questões: (a) em que consiste a falsidade de tomar como medida racial a oposição entre ariano e não ariano? (b) Em que proporção a conduta do homem depende de sua ascendência?

Em um delineamento bastante sumário, talvez se pudesse dividir a povoação europeia em três grupos, dispostos em três amplos setores: no norte, os europeus norte-ocidentais, altos, louros, de olhos azuis; no centro, na região dos Alpes, a leste e oeste dali, os povos alpinos morenos; e, no sul, os povos mediterrâneos, de baixa estatura e muito escuros, encontrados na Espanha, na Itália e no sul da França. Há também naturalmente outras formas regionais que não podem ser bem enquadradas nesse esquema.

Desconhecemos qual é o mais velho desses grandes grupos. Por analogia com o desenvolvimento das formas animais, podemos supor que, em tempos bem distantes, os grupos humanos fossem bastante isolados, para que, através da reprodução consanguínea, da seleção e sob a influência do ambiente em que viviam, desenvolvessem certos tipos. É difícil dizer em que se baseia esse processo. Sabemos apenas que, de formas bastante aparentadas, por muito tempo isoladas por força das condições naturais, decorriam diferenças frequentemente pequenas. Assim é possível comprovar em animais terrestres de ilhas isoladas certas particularidades que os distinguem dos de outras ilhas, sem que tais diferenças precisem ser radicais.

No homem, ainda sucede que as formas raciais são bastante análogas às formas dos animais domésticos. Isso é particularmente pronunciado no que concerne ao tom louro dos cabelos, à cor negra da pele e ao encrespado do cabelo dos negros.

Eugen Fischer e B. Klatt convincentemente comprovaram que o tom louro e a cor azul dos olhos são características de animais domésticos, o que raramente sucede entre as espécies selvagens. Encontramos cavalos ruços, coelhos e porcos. Temos cães da raça pudel que são negros e de pelo muito encaracolado. Essas formas raramente ocorrem entre os mamíferos selvagens. Automaticamente, a cor loura entre os homens é o exato paralelo dessa tonalidade entre os animais domésticos.

Pois bem, a domesticação dos animais fundamentalmente se deu na mudança da alimentação e como proteção contra as condições climáticas e a presença de inimigos. Nas primeiras modalidades da domesticação, não teve nenhum papel a criação artificial de determinadas formas. Sabemos que, já na época glacial, talvez antes de 50 mil anos, o homem preparava sua alimentação com o fogo e sabia se defender com armas. Devemos, portanto, dizer que o homem dos tempos mais remotos, por meio do fogo e das armas, se convertia em um animal doméstico.

Até épocas mais recentes, por certo não antes do período glacial, o isolamento radical, indispensável para que se desenvolvam formas mais estáveis, não desempenhou papel algum. Tudo que sabemos da história humana remete à errância incessante. No período glacial, oscilações climáticas eram tão intensas que o homem foi forçado a abandonar as regiões geladas. O dessecamento da Ásia Central impulsionou o homem para a Europa e para o Sul da Ásia. Da Ásia dirigiu-se à América e colonizou o novo mundo desde o Extremo Norte até o Extremo Sul.

Os negros da região de que procede o Nilo inundaram a maior parte do Sul da África. Os povos da Ásia Central penetraram pelo Sul e Ocidente asiáticos em direção à Europa. Bem mais tarde, os malaios atravessaram a grande extensão do oceano Pacífico e alcançaram Madagascar. Mesmo a repartição das línguas modernas prova a mobilidade do homem, pois a extensão de uma área linguística exige o contato pessoal entre os povos. Na América, os nativos do Novo México falavam uma língua aparentada com a que se praticava no Alasca. As línguas caribenhas foram faladas no Sul do Brasil e, então, outra vez na Índia ocidental. Mesmo hoje em dia, a Rússia está impregnada de muitas raízes e aí se falam línguas finlandesas, o que é indicativo da expansão moderna dos russos rumo ao leste. Na Idade Média, o árabe se tornou a língua dominante no Norte da África. Todas essas errâncias levaram à mistura dos povos. A história da Espanha oferece um bom exemplo. Em tempos remotos, a península foi povoada pelos iberos. Os fenícios fundaram suas colônias na costa. Os celtas da Gália se introduziram em grandes bandos e se mesclaram com os nativos. Vieram a seguir os colonizadores romanos que romanizaram toda a região. Vieram depois as migrações dos godos, que dominaram toda a região, enquanto, na grande época muçulmana, os mouros conquistavam uma grande parte da Espanha, ali se tornavam sedentários e se misturavam com os nativos. Ali viviam muitos judeus, que se mesclavam com os nativos. A grande Espanha desenvolveu-se em um tempo em que a mistura das raças atingia seu auge.

Noutras partes da Europa, sucediam as mesmas relações. A Alemanha, particularmente, tornou-se palco de migrações constantes: do norte para o sul, do leste para o oeste e, em sentido contrário, foi a terra atravessada por diferentes povos. A germanização dos eslavos do leste representou uma etapa tardia dessa mistura. O que hoje vemos é resultado de tais mesclas. Mesmo as formas corporais do homem de períodos passados, bem como de agora, testemunham esse forte cruzamento. Na Inglaterra, viveu outrora um povo que se distinguia por sua cabeça comprida e estreita; veio então um povo cuja característica preponderante era uma cabeça ampla e redonda, que trazia outra cultura consigo. Depois desapareceu, e o europeu louro do Noroeste ocupou a maior parte da região. Apenas no País de Gales e em algumas regiões encontra-se um tipo que mais se assemelha ao de Portugal. Na Noruega, que, em geral, é considerada como uma pura terra do Noroeste europeu, vivem, no Sul, homens de outro tipo, que têm pele e cabelo escuros e outra constituição corporal. Na América, encontra-se um nativo que se estende do México ao norte da Califórnia.

O sedentarismo desenvolveu-se no tempo, como peculiaridade do território do camponês livre ou do senhor cuja propriedade possuía servos da gleba. Desde então, têm podido se desenvolver certas formas humanas regionais que, no entanto, em todas as partes, retrocedem à mistura racial originada no tempo do nomadismo. Em uma aldeia, em que a propriedade é herdada, passando de pai para filho, e em que a mulher deve ser, na medida do possível, procurada na mesma aldeia, a reprodução entre consanguíneos provoca um tipo local, que, sob certas circunstâncias, pode ser muito pronunciada, embora a diferença dos antecedentes nos indivíduos, assim como na série de irmãos, continue a se evidenciar.

Tendemos a admitir que, quando todos os indivíduos de um certo grupo são semelhantes quanto à cor dos cabelos e dos olhos e quanto à estatura corporal, devem ser semelhantes por todos os demais aspectos. Mas não é efetivamente o caso. Traços particulares do corpo não são tão estreitamente interligados que tudo seja coletivamente herdado. Ao contrário, a genética demonstra que as formas corporais, como um todo, nunca são herdadas, senão que os traços da série dos antepassados se dissolvem em ligações sempre novas.

Poder-se-ia talvez acreditar que a alta nobreza da Europa representa uma raça pura; a verdade é outra. As genealogias demonstram que, por todas as partes da Europa, as misturas são a regra. A nobreza sueca, por exemplo, é, em grande parte, de origem estrangeira.

É, portanto, uma ficção falar-se de uma raça alemã. Antes, devemo-nos perguntar que formas corporais são representadas entre os alemães. Então se mostra a falta geral de uma unidade. Cabeças compridas e louras no Norte, cabeças pequenas e escuras no Sul; faces largas, aqui, estreitas, ali; nariz comprido e fino, grandes e pequenos, grossos e delgados. Não há uma "raça alemã", mas, sim, tipos locais, fortemente diferenciados entre si; cada um abarca diferentes formas individuais, de modo que representantes de todas as formas que houve na Alemanha e nas terras vizinhas podem ocorrer em cada grande parte da pátria.

O alemão do Leste é mais parecido com seu vizinho polonês do que com os frísios; o tirolês se assemelha mais ao eslavo dos Alpes orientais do que ao alemão do Norte, o habitante da região do Reno, mais aos franceses contíguos do que aos alemães das regiões mais distantes.

Grupos nacionais e tipos locais não têm nada em comum entre si. Quando então se concebem os judeus como um elemento completamente diferente, deve-se também determinar sua posição racial. Há muito menos uma raça semita do que uma ariana, pois ambos os grupos linguísticos não designam tipos de homens. Pode-se apenas falar de tipos pré-asiáticos. Há pelo menos dois ou três tipos pré-asiáticos completamente distintos; os armênios escuros, os curdos de cor clara e os habitantes do Sul de cabeça alongada. O que conhecemos dos judeus nos permite dizer que os três tipos, e talvez ainda outros tipos europeus, estão entre eles representados. Os judeus não constituem uma raça única. Os tipos armênios são muito próximos dos dalmáticos, habitantes da região oriental do mar Adriático, e tanto é assim que, em alguns casos, o tirolês e o armênio mal se diferenciam. Do mesmo modo há um parentesco entre o tipo sírio e o das terras centrais. A oposição entre o louro do Noroeste europeu e o alemão do Sul de tez escura é tão grande quanto a diferença entre este último e o judeu armênio.

A verificação acima não significa que não existam diferenças sutis na constituição corporal da maioria dos judeus e da maioria dos europeus não judeus; mas as diferenças não são radicais. É sabido que judeus siríacos, de tez escura, são tomados por espanhóis ou italianos, que armênios são confundidos com eslavos do Sul ou outros alpinos, ou que louros são tidos como europeus norte-orientais.

A isso ainda se acrescenta que judeus de terras diversas não têm as mesmas características corporais e que há uma certa semelhança entre eles e seus vizinhos. O mais bizarro a respeito sucede com os judeus asiáticos e da África oriental que se tornaram sedentários: em geral, são parecidos com os povos com que vivem ou viveram. No fim da Antiguidade e no começo da

Idade Média, dado que os judeus e os cristãos converteram fiéis de outras crenças, as misturas não foram raras. Os judeus converteram seus escravos ao judaísmo e fizeram prosélitos; os cristãos fizeram o mesmo. Nos primeiros séculos de nossa era, casamentos entre cristãos e judeus eram igualmente frequentes. Uma prova significativa de que os casamentos entre judeus e cristãos se tornara frequente é apresentada pelo fato de que, no ano de 633, o concílio de Toledo determinou que tais matrimônios deviam ser dissolvidos, a menos que os judeus se convertessem à fé cristã. No Sul da Alemanha, sucedeu que todo um gueto foi empurrado para dentro de um curso d'água e batizado. Os judeus estavam então habilitados a se casar.

É provável que a mistura não tenha sido a única causa do desenvolvimento de tipos locais entre os judeus. A constituição corporal humana não é absolutamente independente do ambiente que a envolve, sendo provável que as formas regionais em parte dependam do contorno físico, em parte do contexto social, a que estão submetidos os habitantes de certa região. De tudo isso decorre que não se pode estabelecer fronteiras nítidas entre os grupos humanos europeus hoje existentes; que, nos grandes grupos humanos – alemães, franceses, judeus, finlandeses, húngaros etc. –, ocorrem muitas linhas hereditárias, cujas peculiaridades se entrecruzam; que, mesmo onde sucedem, com maior frequência, certas marcas corporais, como a tez loura, outros traços corporais condicionados variam enfaticamente.

Ora, tudo isso é apenas o pano de fundo da questão em que se apoia toda a teoria "ariana" da especificidade do caráter do alemão, ou seja, em que medida o comportamento intelectual é condicionado pela forma corporal. Não se duvida que haja relações individuais entre a forma do corpo e a vida intelectual. Um homem cujo cérebro ostenta defeitos anatômicos e, por isso, não funciona corretamente tampouco pode ser intelectualmente normal. Não se pode converter um idiota em um gênio. Mas é precipitado afirmar que toda e qualquer diferença na constituição corporal esteja necessariamente ligada a diferenças da vida mental. As funções corporais são extraordinariamente adaptáveis. São diametralmente opostas à circulação sanguínea de um homem corporalmente inativo, que viva no clima quente de uma terra situada abaixo do nível do mar e a daquele que seja ativo em uma região montanhosa e de baixa pressão. Todas as funções corporais modificam-se com intensidade de acordo com as condições de vida. Não é diferente o que se passa com a vida intelectual.

As relações sociais influenciam potentemente o comportamento geral. Diversas pesquisas foram feitas com o propósito de relacionar a conduta intelectual humana com sua constituição corporal, por exemplo visando estabelecer se um louro de cabeça comprida age de outro modo em relação aos morenos de cabeça redonda. Toda pesquisa conduzida de maneira estritamente científica demonstra que, dentro da mesma camada social, inexistem semelhantes conexões. Mesmo as pesquisas que procuram relacionar manifestações de doenças com a constituição do corpo não evidenciam que cada indivíduo, a partir de certas e extremas constituições corporais, deva sofrer perturbações mentais, mas, sim, que, com maior frequência, elas então sucedem. Em vez disso, são mais frequentes as formas intermediárias, e, por este resultado, não se comprova relação alguma entre constituição corporal e conduta mental.

Por certo, não há de se negar que grupos como os suábios e os frísios não são mentalmente idênticos. Deve-se até mesmo admitir que camponeses frísios e suábios, há muito arraigados à terra e que se multiplicaram por procriação entre consanguíneos, ostentam diferenças mentais, corporalmente condicionadas. É fácil mostrar como essas diferenças intelectuais são fortemente condicionadas por relações sociais. Muitas observações já foram feitas acerca de negros que saíram da terra e foram para as cidades, e tem sido provado que a aproximação deles com a conduta dos urbanos se cumpre com maior rapidez, dentro de poucos anos. Do mesmo modo, temos visto entre imigrantes italianos na América que seu comportamento, à medida que passam os anos, mais se assemelha à conduta dos americanos nativos. Um dos exemplos mais evidentes é dado pela segurança com que crianças adotam o dialeto e o modo de falar das imediações em que vivem. Do mesmo modo, estudos minuciosos de famílias demonstram até que ponto o caráter e a conduta de cada membro seu depende de suas relações pessoais dentro do grupo familiar.

As formas corporais em regiões separadas e em diferentes classes sociais são naturalmente dissemelhantes, no entanto, em cada povo, são tão conhecidos os tipos particularmente diferenciados que seria difícil determinar com segurança a linhagem a que um certo indivíduo pertence. Embora cada região e cada grupo exibam sua peculiaridade mental, ela não é determinada pelo tipo do corpo, mas, sim, e apenas, pelo vínculo espiritual que une os membros do povo.

Pela hereditariedade, é possível esclarecer uma parte dos traços mentais manifestados por antepassados e descendentes. Mas isso não deve ser estendido a todo o povo em que aparecem as mais diversas bases corporais sob a forma de famílias, que então assumem suas formas peculiares por efeito da pressão social. As doenças mentais epidêmicas na Idade Média constituem uma espécie de fenômeno que mostra clara e poderosamente o quanto as manifestações das condições culturais são capazes de influenciar a vida do espírito. Massas populares inteiras se entregavam a danças frenéticas, que agora observamos nos *revival meetings*, que, no entanto, hoje em dia, não poderiam se estender a todo o povo. Tampouco se poderia evocar o fanatismo das cruzadas. Atualmente, vivemos a época do fanatismo nacional-socialista, que é também derivado de outras formas sociais. O comportamento da Alemanha de agora ante os judeus procura fundamentar a tirania no conhecimento científico. Mas a ciência sobre a qual se constrói é uma charlatanice. Ninguém nunca acreditou que um homem, por ser originário de um certo povo, também devesse ter certas características herdadas. Uma nação não se precisa por sua origem étnica, mas por sua língua e seus costumes. Do contrário, alemães, franceses, italianos não seriam nações.

A fala e os costumes são, antes, determinados pelo ambiente em que a criança cresce do que por sua origem, pois as formas corporais, à medida que, em geral, exercem uma influência, ocorrem em cada grupo de maneira particularizada. Isso talvez deva ser ilustrado por um quadro. Pensemos em uma paisagem, com montanha, vale e planície, arenosa, que tenha um solo fértil e rochoso, sem fauna e flora, transplantada para um novo continente, de modo que a fauna e a flora viessem a ser idênticas às das cercanias. Como todas as condições possíveis de solo estão dadas, a distribuição das formas particulares não será a mesma, mas, não ocorrendo diferenças essenciais nas formas da terra, tampouco a distribuição será fundamentalmente diversa. Se a paisagem é transplantada para outro clima, não só a fauna e a flora serão configuradas segundo o ambiente, como também a própria paisagem receberá novas formas. A paisagem corresponde ao fundamento biológico de uma população, exibe as múltiplas e diversas formas climáticas e modos de vida, que, reorganizados, nela convivem. Assim como em cada paisagem extensa ocorrem as mais diversas formas de solo, em cada massa popular também surgem as mais diferentes linhas hereditárias capazes de adaptação. Dessa maneira não se há de esperar grandes diferenças nos fundamentos biológicos das funções corporais e mentais. Os mundos vegetal e animal correspondem à cultura, que se desenvolve em uma população, diferencia-se nos indivíduos, assim como a vegetação se modifica de acordo com um solo pedregoso, arenoso ou fértil, no conjunto, porém, dependendo do ambiente em que o povo está posto.

Assim como os eslavos germanizados e franceses são culturalmente alemães, e os alemães afrancesados são franceses e os grupos russificados se tornam russos, também os judeus alemaes se tornaram alemães.

Excurso: Sou eu um comparatista?[36]

---

36 A primeira versão foi apresentada em "A construção do comparatismo e a circulação literária do Grande Rio" (Luiz Costa Lima). Entrevista com LCL, tendo por debatedores André Jobim (UFF), Nabil Araújo e Thiago Castañon (UFRJ). Debate on-line, gravado em 4 de dezembro de 2020.

Embora os dois ensaios que formam os capítulos deste livro digam respeito à história intelectual brasileira, espero que seja compreensível a compatibilidade deste Excurso com os mesmos: seu objeto é a consideração do todo que seu autor tem publicado.

Nunca fiz meu *curriculum vitae* e agora dele necessito para precisar minha identificação como comparatista. Sou por isso forçado a fazer seu esboço, ainda que com incertezas sobre certas datas.

Sei que minha pré-história intelectual começa em 1961-1962, quando estive em Madri, na condição de bolsista. Como então os diplomas de mestrado e doutorado não eram importantes, contentei-me em retornar com o certificado do curso do Instituto de Cultura Hispánica. (Hoje não sei sequer onde o guardei.)

Retornei então ao Recife, onde tinha estado toda minha vida, desde que fora para ali levado com meses de idade. Em fins de 1962, era professor assistente de literatura brasileira, na Universidade Federal de Pernambuco (então chamada do Recife). Não demorei muito por lá porque, depois de transferido para trabalhar com Paulo Freire, no Serviço de Extensão Cultural (SEC), na condição de secretário da revista *Estudos Universitários*, o golpe militar de 1964 tornou-me o benjamim dos aposentados. Tinha então 27 anos. Que terei feito de tão grave, eu mesmo não sei, além de ser membro do grupo que trabalhava com Paulo Freire – para os defensores do golpe, considerado um antro de comunistas.

Em outubro de 1964, estava no Rio, e foi no hotel Novo Mundo, em Botafogo, que ouvi meu nome incluído no AI-1. A partir de 1965, passo a ser professor da PUC-Rio. Aqui começa minha história intelectual propriamente dita. Lembro-me da entrevista que tive com o então diretor do Departamento de Sociologia, o padre Ozanam. (Como havia feito o curso secundário com os jesuítas no Recife, no Colégio Nóbrega, suponho que um de meus ex-professores, possivelmente o padre Paulo Menezes, futuro tradutor de *Fenomenologia do espírito*, de Hegel, tenha falado a ele de minha situação difícil.) O então diretor me convidava para ser professor na Sociologia. Como lhe dizia que minha formação (quase tão só autodidata) era em letras, ele me respondeu que, caso me indicasse para o Departamento de Letras, no dia seguinte teria sido denunciado e expulso. Na Sociologia, em troca, teria a vantagem de ninguém me conhecer. O argumento era convincente. Tornei-me então professor de sociologia da comunicação de massa. Como não havia sequer bibliografia disponível em português, preparei a seleção de títulos que até hoje é republicada, com o título de *Teoria da cultura de massa*. (Desculpo-me por levar tanto tempo para reconhecer meu débito junto aos dois jesuítas. Sem sua ajuda, não teria continuado a ser professor.)

Creio que em 1968, sendo então recrutados docentes para o curso de pós-graduação em letras na PUC, fui chamado para me transferir, na condição de responsável pela teoria da literatura. Era profissionalmente uma vantagem, embora pequena, em razão do que relato. Ao ser convidado, fui avisado que se abriria a possibilidade de que fornecessem o diploma de mestre em literatura brasileira ou portuguesa, ou em teoria. Quando a autorização saiu, eram contemplados apenas os cursos de literatura brasileira e portuguesa. Nunca tive oportunidade de saber se era verdade o que um dos colegas me relatava. Dizia ele que, quando a proposta do curso de pós foi levada ao Conselho de educação, um de seus membros teria dito que a condiçao para que fosse ela aprovada era de que o requerimento de mestrado em teoria, de que eu era responsável, fosse retirado. Passei a ter por colegas Affonso Romano, Cleonice Berardinelli, Gilberto Mendonça Teles e Silviano Santiago. Diferentemente deles, não podia orientar teses, em minha área específica. Essa situação assim se manteve até que se abrisse a pós, em história, na mesma PUC.

Em 1971, recebi o que viria a ser minha primeira bolsa na Alemanha. Não deve ter durado mais que três meses. Mas foi suficiente para que, em Colônia, tomasse conhecimento das estéticas da recepção e do efeito, que já então se desenvolviam. Ainda na Alemanha, preparei uma seleção de textos sobre as ditas direções – *A literatura e o leitor* (1979). Portanto, se a passagem para Letras permitiu que me dedicasse totalmente à área que mais me interessava, a entrada no Departamento de História foi o fator institucional que possibilitou dar um rumo preciso à minha busca por especialização.

Embora não recorde com clareza a situação que vivia, creio que, entre 1965 e princípio dos anos 1970, tenha sido para mim um tempo de muito trabalho disperso e extrema carência financeira. É sabido que a PUC paga pouco a seus professores. Entre 1965 e 1968, o pouco que ganhava era compensado pelo trabalho como revisor da editora Vozes. Logo depois, pela atuação como funcionário da empresa que preparava a edição de *Enciclopédia delta*. Mas, em vez de amargura, lembro-me desse período pelo contato com a figura formidável que era Otto Maria Carpeaux, além de ter Sebastião Uchoa Leite como colega de sobrevivência. Foi na condição de membro da equipe que preparava a enciclopédia que fui avisado por uma ex-aluna, já então antropóloga, da importância que passavam a assumir os diplomas de mestre e doutor. (Sem que considere isso alguma vantagem, verifico que sempre fui um inapto para o que chamamos de "vida real". O certo é que só assim soube do que de mim se exigia.) Por sorte, substituindo, em certo curso superior, por um curto período, Zuenir Ventura, tinha tido por aluna uma filha de Antonio Candido. Devo a ela o fato de o professor Candido haver me aceitado como seu orientando. A Candido ainda devo a situação de não ter precisado fazer o mestrado, porque, ele assim o declarava, como eu tinha então dois livros publicados, a USP me concederia o título de mestre. Assim sucedeu, e, em 1972, defendia a tese de doutorado.

(Não entro em detalhes, apenas anoto que não pretendo que tenha sido tão simples.) Enquanto, naquele momento, descobria o estruturalismo de Lévi-Strauss e, por conselho mesmo deste – por carta que não consigo reencontrar –, não me interessava pela crítica estruturalista, tendo Roland Barthes como seu nome mais celebrado, a USP – em movimento corajoso e muito digno se opunha à ditadura em que permanecíamos mergulhados – considerava o estruturalismo associado ao pensamento de direita! Por isso, a defesa de tese que tinha por objeto o estruturalismo na literatura não podia suceder sem algum ruído. A banca, em cuja constituição não tive papel algum, era unanimemente contrária ao que eu apresentava. Seu único membro que poderia ser favorável a mim, a professora Leyla Perrone-Moisés, era (e é) uma barthesiana fervorosa e estranhava que uma tese sobre o tema não se referisse a seu crítico de eleição. (Havia trazido comigo a carta de Lévi-Strauss em que ele definia a crítica literária estruturalista como *science' fiction*. Em um acesso de bom senso, resolvi não a ler.) Lembro que, estando Haroldo de Campos na plateia, ante a objeção de um dos primeiros membros da banca de que eu escrevera "decolar", quando deveria ter preferido "descolar", Haroldo, com seu vozeirão, exclamou: devemos então dizer que o avião descolou! A risada da plateia não deve ter me ajudado. (Nem sempre as objeções eram desse nível, mas, com alguma frequência, sim.)

De volta ao Rio, solicitei a um dos diretores da PUC que cumprisse o que prometera: a passagem para a condição de tempo integral dos professores que se tornassem mestres ou doutores. Assim minha situação financeira melhorou e pude abandonar a fragmentação de tempo na enciclopédia. Mas a manutenção da ditadura era um pesadelo constante. Contra isso, outro fator me ajudou. Durante minha permanência em Colônia, havia feito amizade com Hans Ulrich Gumbrecht, então assistente de Hans Robert Jauss. Dando mostras de sua incrível capacidade de influência e aglutinação, Sepp Gumbrecht conseguiu verba suficiente para patrocinar um simpósio em Dubrovnik, então Iugoslávia. Os simpósios se sucederam a cada dois anos, por toda a década de 1980, dando lugar a cinco volumes publicados pela Suhrkamp. Em um dos simpósios, conheci um professor polonês, já radicado nos Estados Unidos, Wlad Godzich, ex-aluno de Paul de Man e seu futuro editor. Por ele, soube que a University of Minnesota iria proximamente abrir um concurso no Departamento de Espanhol e Português. Creio que assim sucedeu em 1982-1983. Candidatei-me e ganhei a posição. Ao preparar-me para ir, com aquela que se tornou minha companheira de toda a vida, Rebeca Schwartz, nosso filho pequeno, Daniel, e um dos filhos de meu primeiro casamento, Henrique, estava certo de que era uma mudança para sempre. Por isso remeti toda minha biblioteca, que já não era pequena. Perdi muitos livros então. Wlad me prometera que logo conseguiria minha transferência para o Departamento de Literatura Comparada. Ao chegar a Minneapolis, em 1984, no entanto, ele já havia partido para o posto que havia ganhado em Montreal. (Meu aprendizado da "vida real" sempre se deu na base de sustos e choques.)

Em Minneapolis, a expectativa que eu tinha quanto à qualidade dos corpos docente e discente de uma universidade norte-americana logo se me mostrou demasiado ingênua. Por isso minha permanência maior não era no departamento a que estava filiado, mas na biblioteca – esta, sim, impecável. À sua qualidade devo os volumes dois e três do que agora está publicado com o título de *Trilogia do controle* (2007). A permanência na biblioteca geral da universidade diminuía a sensação de desengano pelo departamento. Não era só que não me interessava ensinar apenas literatura brasileira, mas, sim, que os colegas que tinha e o corpo discente de que dispunha não justificavam a expatriação a que me submetera. Junto à minha pouca habilidade para as condições da "vida real" – do ponto de vista financeiro, era por certo vantajoso estar em uma universidade americana –, essa foi a razão pela qual, ao receber a proposta de *tenure* (permanência), legalmente estabelecida, a ser oferecida depois de dois anos do concurso e que, a partir da aceitação do candidato, haveria de ser confirmada pelo conjunto do corpo docente, não dei oportunidade a que meus colegas se manifestassem, visto que a recusei de imediato. (Lembro que isso terá parecido tão inédito que alguns colegas, ao oferecerem um jantar de despedida, me perguntavam o que teria sido feito de tão grave para que preferisse retornar ao Brasil.) Assim, em 1986, como tivera o bom senso de pedir uma licença de afastamento da PUC, estava de volta a seus quadros. Financeiramente, a situação era bem melhor. Em consequência da anistia concedida pela ditadura já moribunda, em 1979, eu havia sido deslocado para a Universidade Federal Fluminense. Além disso, a pós na UERJ fora aberta, e a grande amiga Dirce Côrtes Riedel me levara para integrá-la. (Salvo engano, o concurso para professor titular de teoria se realizou em 1994.) Ao voltar para o Rio, pude pedir minha aposentadoria no serviço federal. Como no mesmo ano de 1986 era aberto o mestrado em história social da cultura, na PUC, aceitei de imediato o convite que me era feito por meu ex-aluno e saudoso amigo Ricardo Benzaquen de Araújo para que me transferisse. (A pós-graduação de história social da cultura passou a oferecer também o doutorado em 1998.)

Algum dia, terei de precisar melhor quando recebi minha segunda bolsa na Alemanha. Estou certo de que a consegui graças ao amigo Wolf-Dieter Stempel, junto a quem estive, em 1993, em Munique. Estou certo apenas de que o conhecia enquanto era membro do Departamento de Letras. Também a Stempel devo o melhor prêmio que recebi: o *Forschungspreis* (prêmio de pesquisa), concedido para o ano de 1992 pela Alexander von Humboldt Stiftung, na área das *Literaturwissenschaften* (ciências da literatura).

Paradoxalmente, o prêmio foi a razão para que não aceitasse a função de professor na Freie Universität Berlin, a que tinha direito por haver ganhado o concurso respectivo. Explico a recusa de modo sumário. Como o prêmio supunha que devesse estar em Munique, local em que ensinava aquele que me propusera para o prêmio, o professor Wolf Stempel, no mesmo início de ano em que deveria principiar minha condição de docente na Freie Universität, recordo a indignação do funcionário da universidade, a quem eu solicitava, pelo telefonema que dele recebia, o adiamento do início da docência. Ele me dizia que eu não considerava a espera dos alunos, que, suponho, já se haveriam inscrito no curso. Isso fez com que, em um acesso de raiva, eu renunciasse ao posto a que tinha direito. (Até hoje me pergunto se minha decisão foi correta ou se não fui traído por minha reconhecida incompetência em lidar com os intrincados enredos da vida cotidiana.)

O resumo da minha vida acadêmica pode ser encerrado com a referência à minha aposentadoria na PUC, em 2007. Com a concessão da emerência em julho de 2012, tenho podido oferecer cursos semestrais na pós de história e não me recolher simplesmente à vida de um aposentado.

É de crer que essa travessia por escrito, feita de modo precário, me permita agora enfrentar a questão proposta por seu título: em que sentido posso me tomar como um comparatista?

Se adoto um ponto de vista bibliográfico, o resultado não é animador. Conquanto não me proponha consultar os índices remissivos de meus livros, acredito que a palavra "comparatismo" e derivados não são frequentes neles. De fato, o termo só é inequívoco em uma palestra realizada na Johns Hopkins University, no ano de 2000, "On Comparative Literature". Dela, só tenho o texto original e o nome do colega que a solicitou para que declarasse o que pensava a respeito. Não recordo sequer se foi publicada. De modo que a adoção de um critério nominal não oferece bom resultado. Tentemos um exame mais detalhado.

Se lembrarmos a crítica severa a que o comparatismo foi submetido, em 1959, pelo então famoso René Wellek, em "The Crisis of Comparative Literature", reeditado na coletânea de ensaios seus, *Concepts of Criticism* (1963), deveremos acrescentar que seu critério, o questionamento da base historiográfica em que o comparatismo se sustentava, não era suficiente, sobretudo porque o que Wellek considerava positivo, a *literaturnost* (literariedade), afinal, não vingou. Preciso de outra base. Para tanto, seja relembrado que a própria noção de comparatismo tinha por ponto de partida o confronto de duas ou mais literaturas nacionais. Neste rumo, ainda se recorde que a afirmação da literatura enquanto vinculada a uma nacionalidade se verifica ao longo do século XIX, sendo correlata à ênfase nos Estados-nação e ao papel do sujeito individual. As nações que não tivessem se afirmado autonomamente ou não estabelecessem uma sólida política de aliança com nações vizinhas estavam fadadas a ser engolidas por uma potência maior, a exemplo do que sucedera com os Estados bálticos, ou a se manter em condição precária, como se concretizaria, no século XX, com a Iugoslávia e a Tchecoslováquia, que voltariam a perder sua unidade. Seria, pois, um despropósito arguir a suficiência do critério de Estado-nação. Na mesma pisada, acrescente-se: é o próprio critério político que não basta para legitimar suas literaturas. Aqui, o questionamento proposto por

Wellek era plenamente correto. Ao longo do século XIX, fosse com o Romantismo ou com o positivismo, a literatura era definida por sua plena dependência do critério político. As ciências, que então alcançaram um desenvolvimento até então inaudito, contavam com um critério interno suficiente para que estivessem libertas do político. Eventualmente, podia-se e pode-se falar na química francesa ou na física alemã, mas os conceitos de química, de física, das ciências ditas exatas ou, mais adiante, das ciências humanas independem de sua condição nacional. Todo o contrário do que sucedia com a literatura. Dela ou se tratava de maneira genérica e vaga, ou, para alcançar concretude, era preciso que se acrescentasse sua nacionalidade.

Era contra essa dependência que a literariedade era proposta, com certo êxito, pela abordagem de Roman Jakobson, a propósito da lírica. Se essa base crítica prosseguisse, tendo por eixo a organização interna da frase e da própria palavra, mesmo que não a partir da base fonológica, a ideia do comparatismo perderia seu esteio. Como isso não sucedeu, conquanto o critério histórico-político perdesse sua força, o comparatismo agora se assemelhava a um fantasma que, havendo perdido seu corpo, ainda não se desvaneceu.

De que então depende ele para não desaparecer? A resposta parece evidente: *o comparatismo depende da formulação teórica a que se incorpore*, por sua vez dependente de seu estreito relacionamento com um embasamento filosófico. Mas como explicar sua inter-relação com a História, se já não se cogita da suficiência da base historicista? Chegamos ao ápice do problema. Para não tratarmos da teoria da história, ressaltemos um ponto ainda não levantado: *ao extremo realce do critério político para o crítico do século XIX correspondera a ausência de teorização da literatura.* Esta, quando havia, era propiciada pela estética, exemplarmente pela hegeliana, ou, mais duradouramente, por extensão da crítica da pintura, desde um Winckelmann e um Lessing, até Worringer, Wölffin e Panofsky.

É contra esse tremendo vazio que se levantara, nos anos 1920, o conjunto do que o marxismo positivista veio a chamar depreciativamente de formalistas russos. Contra a teorização proposta pelos críticos eslavos da estatura de Chklóvski e Tyniánov, perseguidos pelo stalinismo como inimigos da revolução, a ponto de serem impedidos de escrever, propõe-se a crítica de orientação sociológica, que, sob inspiração do marxismo lukacsiano, daria lugar à *História social da arte*, de Arnold Hauser, e à *Estética*, do próprio Lukács.

Desde que, a partir de minha estada em Colônia, tomei conhecimento da estética do efeito (*Wirkungsästhetik*) de Wolfgang Iser, delineou-se para mim o caminho a desenvolver, muito embora não estivéssemos, o grande amigo Iser e eu, de acordo quanto à maneira de atuação da *mímesis*. Sintetizando o que exigiria um número considerável de páginas, o comparatismo assume um outro corpo quando é entendido como o plano de operacionalização de um conjunto de conceitos teóricos. Neste sentido, os volumes que virão a compor a *Trilogia do controle* constituem minha primeira obra explícita de comparatista. Assim sucede porque a *Trilogia* tem por meta assinalar que a obra por excelência do imaginário, a obra literária – em termos mais precisos, a obra ficcional –, está sujeita aos mecanismos de controle exercidos a partir da organização sociopolítica de Estados e nações, para que os usos e valores se mantivessem de acordo com os interesses dominantes. O que vale dizer que, ou por seguir tais critérios, ou por se lhes insurgir, o comparatismo releva a presença de conceitos cuja aproximação ajuda a literatura a assumir uma fisionomia discursiva que o século XIX desconhecia.

Não pretendo haver levantado exaustivamente esses conceitos. Tal suposição seria pretensiosa até mesmo porque, mais recentemente, ao estudar a obra de Hans Blumenberg, me dei conta da unilateralidade que o Ocidente vem cometendo há séculos em prestigiar o conceito e, em troca, tomar a metáfora como algo decorativo. Ora, se, em vez disso, conceito e metáfora são os eixos norteadores de toda expressão, no caso da ficção literária, o seu princípio orientador, a *mímesis*, não cabe em um conceito, porque ela tem a maleabilidade do que se modifica em cada obra que a transfigura. Por isso tenho dito que a *mímesis* supõe o esboço de um conceito provocador do que Blumenberg chama de *metáfora absoluta*, isto é, aquela que, presente, por exemplo, em "mundo" ou "vida", não admite caber em um conceito.

Em suma, sinto-me como comparatista tão só no sentido de alguém que emprega as literaturas cujas línguas seja capaz de entender para nelas encontrar os meios pelos quais possa trabalhar a caracterização diferencial da ficção literária. Tenho procurado essa caracterização ao desenvolver, centralmente, os princípios de *mímesis* e ficção, nesta distinguindo a *ficção interna*, propriedade do que costumamos chamar literatura, e a *ficção externa*.

Ao formular pela primeira vez a caracterização da ficção externa, em *Frestas: A teorização em um país periférico* (2013), pensava em cenas triviais, em rituais de nosso cotidiano, a exemplo dos modos corriqueiros de cumprimento. Protótipo é o cumprimento do "olá, como vai?" e sua resposta usual, "bem, obrigado". A saudação e sua resposta são ficcionais no estrito sentido de que nenhuma das duas partes está efetivamente interessada em como anda a vida do outro, isto é, nenhuma de suas manifestações guarda um compromisso com a verdade. Mas a ficção é externa porque, se como toda ficção põe o critério de verdade entre parênteses, em troca se distingue da interna porque só nesta a verdade é, *a priori* e obrigatoriamente, posta entre parênteses. (Se duvidarmos, tentemos, na próxima vez que encontrarmos um conhecido, não o cumprimentar; logo enfrentaremos consequências desagradáveis.)

Estendi-me um pouco sobre a ficção externa seja porque ela foi pensada antes que se difundisse as agora muito divulgadas *fake news*, seja porque o que disse sobre ela ainda é muito pouco. (Recentemente, a professora e amiga Ana Lúcia Machado levantou-me a questão da alegoria presente nos sermões de Vieira. Não seria ela a demonstração mesma da seriedade da ficção externa pelo jogo que estabelece entre uma afirmação bíblica e a extrema metaforização literária com que a desenvolve? Essa é a primeira repercussão que faço da questão proposta.) Aqui, no entanto, desenvolvo apenas a questão das *fake' news*. Ao contrário do que escrevia na primeira versão deste texto, nego a procedência da aproximação. *Fake' news* são uma manifestação da sempiterna mentira, agora revestida de uma periculosidade maior – como hoje sentimos com veemência no Brasil – porque eletronicamente propagada e desenvolvida.

Gostaria ainda de aprofundar a questão do comparatismo em relação à maneira como, entre nós, se desenvolve o estudo da literatura. Reitero o que foi dito atrás: superado o historicismo de que derivava o entendimento tradicional do comparatismo, penso-o como plano de operacionalização de uma modalidade de discurso, a ficção literária, que tem por princípio algo que não cabe em um conceito, a *mímesis*. Ora, esse encaminhamento se choca com a maneira como nossos cursos de letras reagem à introdução, relativamente recente, em seus currículos de uma disciplina chamada teoria da literatura. Reagem como? Creio que não preciso me estender para que se saiba: se a teoria supõe a aproximação com a reflexão filosófica, a prática da teoria, nos nossos cursos de letras, implica o seu contrário. É certo que aquela reflexão há de considerar que a própria *mímesis* reage contra o que se costuma identificar com o andamento filosófico. Esse aspecto parece-me mostrar que o andamento reflexivo, na teoria da literatura, exigiria de seu docente um refinamento ainda maior do que o requerido de um professor de uma disciplina filosófica, sobretudo porque nesta há um *modus operandi* já estabelecido, enquanto, no caso da teoria, ele ainda tem de se afirmar.

Por respeito à paciência do leitor, paro aqui. Apenas me permito acrescentar: pelo caráter delicado do problema exposto, verifico a maior gravidade que assume minha dúvida, se fiz bem em recusar o posto que havia obtido na Freie Universität Berlin. Ao recusá-lo, foi-me dada a oportunidade de estimular jovens carreiras, e isso foi, por certo, positivo. Mas agora, na velhice, tenho de encarar o risco de volta aos tempos calamitosos da ditadura. Como escrevi no começo do atual governo, nós nos encontramos ante a ameaça de um tsunami social. Depois de mais de dois anos de exercício do mandato, já vivemos sob um tsunami cuja gravidade aumenta a cada semana. Recordo apenas um dado: com a moeda nacional semanalmente corroída, quem ainda pode comprar livros e assinar revistas estrangeiras? Como então propor perguntas como a que procurei aqui responder?

Mal estava concluída a segunda versão quando a leitura de Elías Palti me fez reconhecer que não abordara um tema indispensável. Na parte já feita, fora bem estabelecido que o comparatismo que pratico é considerado a ponta operacional de teorização que assenta na ideia de que a ficção constitui uma disposição discursiva própria e diferenciada. Isso implica que a *mímesis*, não sendo exclusiva à obra literária, tem por característica peculiar a *inventio*. Ora, por menos que possa dizer que entendo da constituição das ciências, não hesito em acrescentar que *sei* que um texto científico não perde sua validade quando não está investido de um caráter eminentemente inventivo. Daí, no texto ficcional, a extrema saliência da metáfora que se estabelece por uma analogia incompleta, ou seja, aquela que abrange uma área semântica não exatamente idêntica à área do termo que substitui. Um exemplo elementar: na abertura de "The Love Song of Alfred Prufrock", embora a metáfora dependa de um "como" banal, o enlace entre "você e eu" e o "paciente anestesiado" não desvelam a mesma era semântica:

> *Let us go, you and I,*
> *When the evening is spread out against the sky*

Seria por isso extrema ingenuidade supor que a opção que adoto se confunde com a versão da crítica literária dominante entre nós. Esta, que tem em Antonio Candido e Roberto Schwarz seus eméritos representantes, é uma modalidade de história social, que se alimenta da história das ideias. E a que Luís Augusto Fischer esboça, em discordância daqueles nomes, não é de linhagem diversa. Em Candido e, sobretudo, Schwarz, o curso estabelecido se funda na interpretação da História do Brasil de Caio Prado Jr.. Fischer demonstra que ela se define pela dicotomia entre o senhor de terras e o escravo, visando a uma economia de exportação.³⁷ Dela decorre uma prática de história da literatura – em consequência, um comparatismo possível – que se baseia na estrita relação entre a configuração socioeconômica e a forma literária dela derivada. Daí bem dizer Schwarz: "As formas que encontramos nas obras são a repetição ou a transformação, com resultado variável, de formas preexistentes, artísticas ou extra-artísticas" (Schwarz, 1999, p.31). Por isso, Elías Palti, que citava a mesma passagem, já havia escrito que a "teoria linguística" em que Schwarz se baseava "reduz a linguagem à sua função puramente referencial" (Palti, 2016, p.224).³⁸ A contestação de Fischer ao modelo de Caio Prado funda-se, sobretudo, na retificação proposta por Jorge Caldeira, que opta por um modelo ternário: entre o latifúndio e o escravo, acrescenta-se um termo intermédio, constituído por financistas dos traficantes de escravos, atacadistas locais a eles subordinados e produtores voltados para o mercado interno. O balanço da economia colonial entre 1770 e 1820 se estende por metade de uma página. Particularmente relevante é a informação de que "em torno de 85% da produção total brasileira era consumida no mercado interno, e apenas 15% da produção era destinada à exportação" (Caldeira, 2011, p.318).

Enquanto da dicotomia de Caio Prado Jr. derivava o privilégio inconteste de Machado de Assis – acerca de quem Roberto Schwarz escreverá seu capital *Ao vencedor as batatas: Forma literária e processo social nos inícios do romance brasileiro* (1977) –, a tríade de Caldeira indiretamente abre uma brecha para a abordagem social de Guimarães Rosa. O que se declara indireta brecha precisa ser mais bem precisada. Desde logo, seria arbitrário supor que Fischer estabelece alguma simetria de Rosa com a

---

37 Cf. Fischer (2021, p.109-233).
38 O ensaio de Palti tem por principal meta a discussão do que o crítico brasileiro chama de "as ideias fora de lugar". Ela não será aqui retomada porque nos forçaria a uma trilha que imporia um circuito mais demorado para integrar-se ao questionamento das relações entre sociedade e a forma ficcional nela concebida.

formação social do país, porquanto o esquema básico da obra do romancista não apresenta nenhuma ligação com financistas, atacadistas ou semelhantes; melhor dito, porque a configuração de Rosa não supõe a internalização de alguma estrutura socioeconômica. Não é ocasional que o professor gaúcho se refira, para a interpretação de um certo Rosa, ao modelo analítico que Eduardo Viveiros de Castro desenvolvera em *A inconstância da alma selvagem* (2002).

Concentrando-me por um momento na relação transversal e não direta, não é por acaso que o antropólogo relacione a seu modelo do pensamento aborígene o curto relato rosiano "Meu tio, o Iauretê",[39] e não *Grande sertão: Veredas*. O que aqui escreveremos ainda estará distante do decisivo. Deste apenas nos aproximaremos pelo destaque de algumas passagens de *A inconstância*.

Antes de virmos a uma aproximação menos grosseira do livro fundamental de Eduardo Viveiros, verifiquemos a diferença básica entre o modelo que permitiu a vinculação analítica do esquema analítico de Prado Jr. e Roberto Schwarz com a abordagem de Machado e a relação transversal entre o perspectivismo ameríndio e "Meu tio, o Iauretê". No primeiro caso, o marxismo fornece para o cientista social e o crítico o estofo para uma formulação determinista: a obra literária terá uma forma cuja matéria-prima é a sociedade que a impregna. No caso do antropólogo, a tal ponto isso seria arbitrário que ele não cogita de relacionar o perspectivismo aborígene com a totalidade da obra de Guimarães Rosa. A recorrência que faremos dentro em pouco do que temos desenvolvido sobre o ficcional é uma comprovação extra de que não lidamos com uma explicação determinista. Por isso ela admite que a internalização do animal pelo Iauretê nada tenha a ver com o que sucederá em *Grande sertão* ou nos muitos outros relatos curtos do autor.

---

39 Cf. Viveiros de Castro (2008, p.128).

Venhamos de maneira menos ligeira a *A inconstância*. O que aí desenvolve opõe-se ao modelo usual entre as culturas do Ocidente porquanto para o aborígene amazonense:

> O exterior estava em processo incessante de interiorização, e o interior não era mais que movimento para fora. [...] O outro não era um espelho, mas um destino. [...] Tratava-se, em suma, de uma ordem onde o interior e a identidade estavam hierarquicamente subordinados à exterioridade e à diferença, onde o devir e a relação prevaleciam sobre o ser e a substância. (Viveiros de Castro, 2002, p.220-1)

Por esse motivo, "incorporar o outro é assumir sua alteridade" (ibid., p.224). Daí o sentido com que o perspectivismo é assumido pelo indígena amazonense:

> Os animais são gente, ou se veem como pessoas. Tal concepção está quase sempre associada à ideia de que a forma manifesta de cada espécie é um envoltório (uma "roupa") a esconder uma forma interna humana, normalmente visível apenas aos olhos da própria espécie ou de certos seres transespecíficos, como os xamãs. (Ibid., p.351)

A proximidade com a "oncificação" experimentada pelo personagem rosiano é tamanha que não é ocasional a coincidência dos postulados indígenas e de nosso romancista. Isso, entretanto, não significa considerarmos a abordagem de Rosa dependente da matriz aborígene. Ou seja, não há algo semelhante ao que se afirma a propósito da abordagem de Machado por Roberto Schwarz quanto ao modelo de Caio Prado.

Aqui, a caracterização que temos feito do ficcional favorece a propriedade da relação. Temos acentuado que o discurso ficcional rompe os liames com a formulação da realidade elaborada pela sociedade a que está adstrito o escritor e, de acordo com o grau de diferença que atinja, a ficção produzida alcança o que, segundo aquela formulação, seria tido como irreal. A "oncificação" do Iauretê se incorpora à tal plena irrealidade, sem qualquer semelhança com o que sucede a Riobaldo e Diadorim, em *Grande sertão*.

Declará-lo não equivale a afirmar que a reflexão do antropólogo seja incorporável com facilidade ao que temos afirmado sobre o ficcional. Em vez disso, é sua própria rebeldia que nos cativa. A concepção ocidental parte da oposição costumeira entre natureza e cultura, enquanto *o outro*, para o indígena, supõe, como bem diz Viveiros de Castro, uma *multinaturalidade*. De acordo com ela, a humanidade não se restringe ao homem, mas se estende à onça, ao tapir, a tantas outras espécies. A "inconstância da alma selvagem" impossibilita a aproximação com algum modelo prévio. Essa inconstância é tão constante que impede que ela automaticamente se estenda além de si mesma; e assim dificulta que ela encontre algum exemplo ficcional semelhante ao do notável conto rosiano.

As considerações aqui feitas sobre a reflexão de Viveiros de Castro não pretendem insinuar algum novo modelo para uma história da literatura. Se elas insinuam algo, será em favor do que transgrida o padrão da história das ideias.

III

A FICÇÃO EXTERNA E AS PLATAFORMAS DIGITAIS

a Ana Guedes, Edson e Maycon

PREÂMBULO

Devo a composição deste ensaio à observação de um dos membros do trio a que é dedicado. Com os três, tenho trabalhado durante os últimos três ou quatro anos, no estudo de textos básicos para uma teoria do conhecimento do discurso ficcional, sobretudo em sua espécie literária. Nosso intercâmbio fluía tranquilo, salvo no final quando o inesperado me intrigou. (Era a oportunidade para que aprendesse algo que não sabia.) Alguém do trio chamou-me a atenção ao dizer que o que eu formulo por ficção externa é prejudicado porque me mantenho afastado das redes sociais. Porquanto meu afastamento delas é inequívoco, procurei preencher a lacuna. Para isso, propus-me ler a bibliografia básica que me indicassem. Não precisei ir longe para compreender que estavam certos. Em decorrência, houve a imposição de que estas linhas fossem escritas.

Para que minha dedução não seja inútil ou arbitrária, será antes preciso o que percebo que é próprio das plataformas digitais, para que então tenha condição de cobrir o vazio.

BREVE ENTENDIMENTO DAS PLATAFORMAS

Baseado no uso extenso do computador pessoal, a digitalização dos meios de comunicação se difundiu a partir dos anos 1970. Data de então o que Pierre Lévy chama de espaço cibernético. De imediato, ele é singularizado pela velocidade, porquanto "a digitalização permite um tipo de tratamento de informações eficaz e complexo, impossível de ser executado por outras vias" (Lévy, 2010 [1999], p.54).

À digitalização ainda se incorporam os traços do virtual, da simulação, do interativo, que, em conjunto, formam um "labirinto móvel" (ibid., p.113), introdutor de "uma pequena revolução copernicana" (ibid., p.59) – o autor se dedica a uma descrição detalhada do que designa de "cibercultura". Pergunto-me se é possível falar de uma modalidade cultural pela referência de seus instrumentos de difusão, sem que se considere sua interação com um tipo preciso de sociedade. (Mas não discuto que a difusão das máquinas mediáticas conduza a uma homogeneidade potencial do Ocidente.) Sem que o autor dê ouvidos à objeção ou ao que concedo, a objeção é indiretamente contestada ao declarar que a "cibercultura" depara com um "gênero crítico" desatualizado. Suponho que, a exemplo do que sucede comigo, tal desatualização seria tanto mais preocupante porque o que seu livro expõe é o "traço central da civilização emergente", tanto mais imponente porque se trata de uma "transposição labiríntica" (ibid., p.113), em que "as realidades virtuais servem cada vez mais como mídia de comunicação" (ibid., p.107).

Ante as dúvidas mencionadas, prefiro falar em "espaço cibernético" porque, sem trair a pretensão de Lévy, declaro meu posicionamento se basear apenas nas redes sociais brasileiras. Conquanto desconheça se as plataformas estrangeiras apresentam o mesmíssimo caráter das nossas, declaro que, se o perfil do espaço cibernético efetivamente corresponder ao surgimento de uma nova era, que substituiria o espaço privilegiado da escrita, teremos toda a razão em nos preocupar com a socialização das *fake news* e seu desdobramento no que, nos termos do jornalista Fábio Vasconcellos, se designa como o entendimento nacional das *deepfakes*: "No Brasil, alguns pontos sugerem que as *deepfakes* têm potencial para perturbar, ainda que indiretamente, a decisão de voto neste ano, gerando possíveis danos para a convivência democrática" (Vasconcellos, 2022, p.3).

Nada do acima enunciado concerne à ficção externa. Antes de abordá-la, caberá melhor pensar sobre o que foi chamada de "pequena revolução cibernética". Com efeito, ela não se restringe a difundir um tipo de informação já salientado pela mídia televisiva. A motivação desse destaque parece derivar do resultado seguinte: embora a mídia televisiva seja transmitida por locutores, portanto por agentes individualizados, são eles subordinados ao propósito da empresa que os emprega. O que vale dizer que a gama de possibilidades expressivas dos locutores se reduz aos propósitos empresariais. Tais interesses estabelecem uma fronteira do possível de ser manifestado, em consequência, o limite para que sejam difundidos. Ora, essa fronteira desaparece nas redes sociais em prol da plena expansão da individualização. A argumentação exposta parece se confundir com uma restrição à liberdade de expressão, que se cumpriria nas empresas, bem como nas assembleias em que se atualiza o interesse de alguma coletividade. (Não por acaso vemos ser ela mencionada para justificar atitudes extremamente esdrúxulas, a exemplo de uma tomada recentemente por um certo deputado, que se isentava de cumprir uma determinação judicial, por se refugiar no recinto do Parlamento. Confundindo-se o espaço físico com o recinto legislativo, entendia-se, e várias autoridades repetiram, que ambos eram "sagrados", como se fossem um templo religioso.) Exposto o absurdo, continuemos o raciocínio.

Ser a motivação do digitalizado nas redes sociais de ordem pessoal significa que seus agentes, em princípio lógico, não encontram restrição para o que pretendam manifestar. O que vale dizer que o interesse dominante no que se pretende difundir se confunde com os interesses privados de seu agente. Mas o interesse das empresas não era privado? É indiscutível que sim, mas ao menos alguma formalidade haveria de ser observada para que o caráter de algo coletivo fosse obedecido.

Acidente recente verificado na mídia televisiva é destacável para constatar-se a distinção. No calor de uma transmissão ao vivo, a locutora usou um qualificativo grosseiro, um perfeito palavrão: em vez de falar em um argumento soberbo, ela o declarara "um puta argumento". Imediatamente, ela se deu conta da gafe, afundou a cabeça entre as mãos e pediu desculpas à audiência. A questão aí terminaria se uma colega sua não oferecesse uma justificativa que não só evitaria o veemente pedido de desculpas, como converteria a gafe em motivo de louvor. A colega interveio ao declarar que a outra apenas usara um termo de baixo calão e, assim fazendo, reiterara um uso popular, que, como tal, não teria por que ser censurado. Portanto, considerando que a TV favorece e mesmo promove o uso popular, não cabia censura para o deslize. Parece evidente a diferença entre a mídia televisiva e uma rede social.

Naquela, a preocupação com o interesse manifesto da empresa levava a infratora a se desmanchar em desculpas, ao passo que o socorro vinha pela alegação de que a própria empresa era favorecida pelo fato de o público mais rasteiro e numeroso ser reconhecido pelo uso do baixo calão. Em troca, obviamente, quer a desculpa, quer a justificativa seriam dispensáveis nas redes sociais. Ser a motivação estritamente pessoal permite, portanto, que se propague sem maiores cuidados o que atende ao interesse particularizado do falante. Aí, por consequência, parece estar a chave para a abundância de *fake news*, de *deepfakes* e, como veremos adiante, mesmo de manifestações de ficção externa.[1] Por ora, contentemo-nos com a razão das fraudes, prendendo-nos à diferença entre o privado empresarial e o pessoal. (Dado que a própria noção de "ficção externa" é bastante nova, vale procedermos com bastante cuidado.)

---

1 Cf. final do item 4.

PRIMEIRA EXPANSÃO DA FICÇÃO EXTERNA

Alguns meses antes do que se desenvolveu acima, no Preâmbulo, Ana Lúcia Oliveira, professora de literatura brasileira e amiga, levantou-me a hipótese de que a alegoria, extremamente louvada nas letras de língua portuguesa pelos *Sermões* do padre Antônio Vieira, constituiria uma modalidade de ficção externa. A hipótese me pareceu de extremo interesse. Aqui não faço mais do que ensaiar seus primeiros passos, esperando que sua promotora a desenvolva.

Sendo a expressão de uso recente, e pouco divulgada, recordo a que se opõe e como se caracteriza. É ela paralela à ficção interna, como prefiro chamar o que usualmente se entende por literatura. Denominá-la interna significa que é uma formulação discursiva própria e autônoma, diferenciada por ser passível de provocar uma experiência estética e pelo uso dominante de uma metáfora forte, ou seja, aquela que resulta, de acordo com a *Poética* aristotélica, de uma analogia imperfeita. Em contraste, a ficção externa não tem trânsito direto algum com a formulação literária. Por isso, devemos ter aqui extremo cuidado em sua aproximação.

Na primeira formulação que dela apresentamos, no capítulo III de *Frestas* (2013), sua presença se mostra no interior de um ritual do cotidiano. Usualmente, ela parte da pergunta anódina "como vai?", que provoca a resposta não menos banal: "Tudo bem". Todos que recorrem ao diálogo sabem que tanto a pergunta quanto a resposta não têm nenhuma relação com a verdade do que sucede com os falantes – o que supostamente indaga não tem propósito algum de saber o que se passa com o outro, e o que responde, tampouco. Mas a suspensão do critério de verdade – que justifica chamar de ficcional o conteúdo da conversa –, ao contrário do que se poderia pensar, não é completa. Tanto que, se aquele a quem a pergunta se dirige nada responde ou faz de conta não haver escutado nada, um grau de celeuma será suscitado ou, ao menos, será levantada a suspeita de que ele não a escutou, que estava surdo ou que alguma desavença o separava. Conquanto a explicação não tenha novidade quanto à sua formulação em *Frestas*, pareceu-me justo dá-la.

Para que se entenda a sugestiva pergunta da amiga Ana Lúcia Oliveira, recordemos brevemente conceituação da alegoria por Heinrich Lausberg e parte de seu desenvolvimento por João Adolfo Hansen: "A alegoria é para o pensamento o que a metáfora é para a palavra isolada: a alegoria guarda, pois, com o pensamento nomeado a sério uma relação de comparação. [...] A alegoria é uma metáfora continuada em uma frase inteira (às vezes, mais)" (Lausberg, 1966 [1960], p.283).

Acrescente-se com Hansen que a figura retoma "a oposição retórica [entre] *sentido próprio/figurado*", no figurado estabelecendo-se uma metáfora, que é "um termo segundo, 'desvio', no lugar de um termo primeiro, 'próprio' ou 'literal'" (Hansen, 2006 [1986], p.7). Não será aqui necessário mais do que ainda acrescentar a diferença entre a "alegoria dos poetas", constitutiva de "uma semântica de palavras", e a dos teólogos, uma semântica de interpretação, mais exatamente "de realidades supostamente reveladas por coisas nomeadas por palavras" (ibid., p.8); e ainda que a figura da alegoria passará a ser desacreditada pelos românticos, quando veio a ser entendida como "luxo discursivo que se permite dispender signos inúteis para a economia do sentido" (ibid., p.18) – razão para seu frequente desuso.

Tais esclarecimentos têm a função de admitir que esboçaremos o desenvolvimento a ser feito por Ana Lúcia Oliveira. Para cumpri-lo, cabe avançar que, no caso, a ficção externa desempenhará um papel positivo, a ser explicitado pelo exame abreviado do "Sermão da sexagésima", do jesuíta Antônio Vieira.

De suas dez partes, concentrar-nos-emos apenas na primeira.

Alegoria teológica, o sermão proferido em 1655 parte da glosa da passagem de Lucas "Semen est verbum Dei" [A semente é a palavra de Deus], que será desdobrada pela conjunção com o enunciado de Mateus "Ecce exijit, qui seminat, seminare" [Eis que o semeador saiu a semear].[2]

---

[2] Cf. Vieira (2019, v.I, p.29).

Uma primeira questão logo se nos apresenta: como conciliar a formulação acima reescrita da ficção externa com a alegoria desenvolvida em terras da colônia? Por certo, seria descabido cogitar que, à semelhança das fórmulas do ritualismo cotidiano, a formulação de Vieira promovesse a suspensão de enunciados da verdade. Cabe dizer, para que se pretenda compreender como ficção externa a alegoria teológica não poderá se separar da suposição que fala daquilo que o pregador entendia por verdade, não importa que metaforicamente traçada. Dependerá do desenvolvimento que daremos à sua interpretação — evidentemente, desligada de sua concepção originária — que lhe caberá ou não a designação de modalidade de ficção. Pela restrição que nos impusemos de analisar tão somente a primeira parte, esta há de ser suficiente para um resultado plausível.

Será em desdobramento de Mateus que logo dirá:

> Entre os semeadores do Evangelho há uns que saem a semear, há outros que semeiam sem sair. Os que saem a semear são os que vão pregar à Índia, à China, ao Japão: os que semeiam sem sair são os que se contentam com pregar na pátria. Todos terão sua razão, mas tudo tem sua conta. Aos que têm a seara em casa, pagar-lhes-ão a semeadura, e hão-lhes de contar os passos. Ah dia do Juízo! Ah pregadores! Os de cá, achar-vos-eis com mais paço; os de lá, com mais passos: *Exijit seminare*'. (Vieira, 2019, v.I, p.29)

Sem atentar para a excelência estilística do que se transcreve, não é propriamente possível discutir-se a efetividade da ficção interna. Sinto-me obrigado a utilizar uma distinção já antes trabalhada. Ao tratarmos da ficção interna, distinguimos uma parte efetiva e estritamente literária e outra que se considera literária por acréscimo ou prolongamento. Como a primeira se desenrola sob a cláusula do *como se*', que neutraliza sua pretensão de veracidade, a alegoria teológica, por si mesma, não poderá ser considerada ficção interna.

A atenção há de se voltar para a segunda modalidade. Ela é caracterizada por apresentar uma primeira inscrição discursiva diversa da literária – Freud, por exemplo; sem que essa inscrição impeça que também abrigue uma construção de cunho literário, ou seja, montada na eficácia do metafórico. Algo de semelhante aqui não sucederia? O entusiasmo causado pela excelência do "Sermão da sexagésima" poderá nos extraviar. De fato, há uma dificuldade a enfrentar: como se poderá considerar que os termos "semear", "semeador" oferecem uma acepção ficcional? Enquanto concretizável pela presença metafórica, o ficcional supõe que o sentido literal, como dizia Hansen, sofre um "desvio". Obviamente, a metáfora forte depende de um desvio também forte. Mas quando o desvio provocado pelo metafórico será forte? Essa indagação deverá nos acompanhar no exame das passagens a serem transcritas. Concentremo-nos numa que nos impressiona, com independência de seu tamanho:

> As rédeas por que se governavam [os pregadores] eram o ímpeto do espírito, como diz o mesmo texto; mas esse espírito tinha impulsos para os levar, não tinha regresso para os trazer; porque sair para tornar, melhor é não sair. Assim arguís com muita razão, e eu também assim o digo. Mas pergunto: e se esse semeador evangélico, quando saiu, achasse o campo tomado; se se armassem contra ele os espinhos; se se levantassem contra ele as pedras, e se lhe fechassem os caminhos, que havia de fazer? Todos estes contrários que digo, e todas estas contradições experimentou o semeador do nosso Evangelho. Começou ele a semear (diz Cristo) mas com pouca ventura. Uma parte do trigo caiu entre espinhos, e afogaram-no os espinhos. *Aliud cecidit inter spinas, et simul exortae spinae suffocaverunt illud*. Outra parte caiu sobre pedras, e secou-se nas pedras por falta de umidade: *Alliud cecidit super petram, et natum aruit, quia non habebat humorem*. Outra parte caiu no caminho, e pisaram-no os homens e comeram-no as aves: *Alliud cecidit secus viam, et concultatum est, et volucres coeli comederunt illud*. Ora vede como todas as criaturas do mundo se armaram contra esta sementeira. Todas as criaturas quantas há no mundo se reduzem a quatro gêneros: criaturas racionais, como os homens: criaturas sensitivas, como os animais: criaturas vegetativas, como as plantas: criaturas

insensíveis, como as pedras: e não há mais. Faltou alguma destas que se não armasse contra o semeador? Nenhuma. A natureza insensível o perseguiu nas pedras; a vegetativa nos espinhos; a sensitiva nas aves; a racional nos homens. E notai a desgraça do trigo, que onde só podia esperar razão, ali achou maior agravo. As pedras secaram-no, os espinhos, afogaram-no, as aves comeram-no, e os homens? Pisaram-no: *Conculcatum est*. (Ibid., v.I, p.30)

Contra espinhos, pedras, homens e aves, contra todas as criaturas da natureza estiveram os pregadores postos. Logo depois de expor no longo parágrafo a má sorte que esperava o pregador, uma leve mudança se insinua: "E quando os pregadores evangélicos vão pregar a toda a criatura, que se armem contra eles todas as criaturas? Grande desgraça!" (ibid.).

A última expressão, que parece congregar todos os males pouco antes referidos, abre a trilha para a localização do pregador:

> Mas ainda a do semeador do nosso Evangelho não foi a maior. A maior é a que se tem experimentado na seara aonde eu fui, e para onde venho. Tudo o que aqui padeceu o trigo, padeceram lá os semeadores. Se bem advertirdes, houve aqui trigo mirrado, trigo afogado, trigo comido e trigo pisado. [...] Não me queixo, nem o digo, Senhor, pelos semeadores, só pela seara o digo. (Ibid., v.I, p.31)

Pela referência à "Missão do Maranhão", a interpretação desarma seu caráter estritamente teológico e assume um cunho pessoal. A importância da mudança está em nos permitir historicizar a ficção literária. Entre o século XVII e meados do XIX, a ficção literária dependeu progressivamente mais da personalização introduzida no interior da analogia imperfeita. Esse fator será decisivo para que o sermão de Vieira tivesse, além de sua inclusão no discurso teológico, uma segunda inclusão no literário. Esta se cumpre pelo arremate das vicissitudes do pregador na afirmação de presença pessoalizada. Nesta, e não em uma metáfora que se *desvia* para a estrita ficcionalidade. A observação é decisiva para evitar-se pensar que a definição de ficção interna vale indiferentemente para Dante ou T.S. Eliot, isto é, sem respeitar as zonas temporais. Assim, secundariamente, abrimos o caminho para acolher Vieira, não só na teologia, como no campo da ficção literária.

Em suma, duas conclusões são válidas:

(a) considerando a faixa temporal em que Vieira escreve, podemos dizer que ele se inscreve no que seria a expressão literária da época;

(b) mas, considerando a ficção literária que se desenrola a partir de meados do século XIX, diremos que Vieira pertence à ficção externa, no sentido positivo do termo, do mesmo modo que Pascal ou Bergson.

SEGUNDA EXPANSÃO DA FICÇÃO EXTERNA

Para realizá-la, precisaremos recorrer a um material outro, bastante diverso do usado até agora. Ele será empregado de maneira bem esquemática. Trata-se de duas reflexões acerca da proposta heideggeriana sobre o *Sein* (Ser).

A primeira é uma simples resenha de Jürgen Habermas do *Dialektik, Positivismus, Mythologie*, de Walter Bröcker (1958). De modo polido, o autor condensa sua crítica extrema ao formular que o positivismo "conduz necessariamente a uma razão dialética", o que é motivo suficiente para destruí-lo, assim como ao sistema hegeliano.[3] Embora a argumentação de Habermas nos afaste do tema que discutimos, sua relevância nos obriga a acompanhá-la, mesmo que não a detalhemos.

A abordagem do resenhado parte das duas posições contemporâneas a propósito da filosofia:

> Sob a forma do positivismo lógico, [a via média assumida por Bröcker] se consagra essencialmente à lógica e à epistemologia,

---

3 Cf. Habermas (1974, p.115).

tendo por tarefa estabelecer os fundamentos do modelo das ciências mais avançadas. Sob a forma de um humanismo historicizante, por outro lado, atém-se à tarefa de retransmitir a cultura [...]. (Habermas, 1974b, p.112)

Conforme Bröcker, as duas respostas eram igualmente desprezadas por Heidegger. Segundo seu fiel discípulo, as ciências não dariam uma resposta filosoficamente suficiente porque se ocupam com parcelas do mundo, mas não "com o mundo enquanto tal" (ibid., p.113). Outrora, diferentemente, era o mito que refletia sobre a totalidade do mundo. Daí a própria oportunidade que se oferecia à metafísica, nas palavras de Bröcker, "a tentativa de reparar o dano sofrido quando se passou do mito para a história". Porquanto o pensador de *Ser e tempo* se propunha a destruição da metafísica, torna-se evidente que, dos três nomes que integram o título do livro resenhado, os dois primeiros sofrem uma carga negativa, ao passo que o terceiro, "mitologia", recebe um realce particular. É precisamente nele que Habermas concentrará sua carga. É na questão do mito que, visando mais a Heidegger que a seu discípulo, Habermas dirigirá as baterias; mais precisamente no mito grego, no mundo que se origina dos cantos homéricos. A pergunta que o pensador logo se faz subentende clara ironia: "Desde quando Homero deve impor sua autoridade?" (ibid., p.117). Como o leitor de Heidegger reconhecerá, a pergunta encontra Hölderlin, na condição de intermediário, em uma mediação feita sob medida. Ou seja, em vez de nítida e peremptória, ela é feita por Bröcker pela citação do verso do poeta: "Onde está o perigo também cresce o que salva" (apud ibid., p.117). Para não necessitarmos de interposições, recordemos as últimas frases de *Ser e tempo*: "Como se há de interpretar o modo de temporalização da temporalidade? Há um caminho do tempo original ao sentido do Ser? Revela-se o próprio tempo como horizonte do Ser?" (Heidegger, 1986 [1927], p.437).

Tais perguntas já devem ter intrigado muito leitor. Ele deve recordar que as indagações encerravam a primeira parte de um tratado, cujo complemento nunca surgiu. Habermas serve-se da constatação – "a segunda parte de *Ser e' tempo* jamais apareceu [...]" (Habermas, 1974c, p.105) – para anotar que, "neste cruzamento dos caminhos, de que a filosofia se dá conta da debilidade de sua pretensão à origem e renuncia a si mesma, põe-se de maneira consequente a questão de saber de onde pode a filosofia reivindicar sua origem senão a partir de si mesma" (ibid., p.105-6) e concluir em absoluto distanciamento: "Sobre em que Heidegger se apoia frente à crise, assim como o conceito que opõe à metafísica, não é a crítica, mas, sim, o mito" (ibid., p.110).

O artigo de 26 de setembro de 1959 explicita com menos palavras a resposta terminante que já havia sido dada na resenha de março do mesmo ano:

> [Para Heidegger,] o mito restabelecerá esta totalidade que antes as ciências tiveram necessariamente de dissolver para realizar seu trabalho; essa tarefa incumbe ao mito porque ele precede toda ciência e toda filosofia, e por aí mesmo dispensa o esforço de fazer com que o mundo aceda à inteligibilidade filosófica, graças de qualquer modo aos resultados científicos já adquiridos. (Ibid., p.118)

Uma resenha e um artigo de jornal provocam uma devastação onde levas de pensadores haviam patinado, na compreensão de Heidegger.

Venho à segunda fonte que nos servirá de apoio. Trata-se de um artigo de Hans Blumenberg, publicado no mesmo *Allgemeine Frankfurter Zeitung* em que aparecera o segundo artigo citado de Habermas. Entre a publicação de um e do outro decorrem 28 anos. A coincidência do jornal que os publica e o fato de serem filósofos da mesma língua, além de tratarem do mesmo tema, tornam difícil entender por que não há em Blumenberg nenhuma alusão à colaboração do colega mais velho. Em troca, posso esclarecer que o artigo de Blumenberg não é por mim conhecido senão através do comentário que dele faz Alberto Fraggio, em ensaio sobre a "ontologia cosmológica" do primeiro Blumenberg.[4] O pesquisador

---

4 Cf. Fraggio (2010).

italiano concentra-se em "Das Sein – ein MacGuffin: Wie man sich Lust am Denken erhält" [O Ser – um MacGuffin: Como se alcança satisfação no pensamento], publicado em 27 de março de 1987, quando já fazia onze anos que seu autor editara seu famoso *A legitimidade dos tempos modernos*, e quarenta anos que, sob a nítida influência de Heidegger, embora já com discrepâncias, defendera sua tese universitária. Tais esclarecimentos são secundários. Em troca, a alusão a MacGuffin seria enigmática sem a informação fornecida por Fraggio. Trata-se de um personagem de uma película de Hitchcock, caracterizada pelo próprio cineasta "por sua radical vacuidade". O pesquisador acrescenta que, na opinião de Hitchcock, sua melhor concreção se encontra em seu filme *Intriga internacional* (1959), "em que o inocente protagonista suplanta sem o pretender a um espião que, na realidade, não existe, correndo por isso todo tipo de perigos" (Fraggio, 2010). Ou seja, o personagem não passava de ocasião para um thriller; ou ainda para um relato curto, um conto.

Não há dúvida de que as duas análises são extremamente críticas. Se a de Habermas era mais aguda, a de Blumenberg antecipa a "metáfora absoluta", isto é, o recurso verbal que, diferentemente da concepção newtoniana, esgota a possibilidade de alcançar-se um conhecimento exaustivo do mundo.

Nosso interesse na definição do Ser heideggeriano como mito ou, nos termos de Blumenberg, como "conto", é, neste texto, bastante relativo. Procuro caracterizá-lo rapidamente.

Se o mito tem como fundamento ser o portador dos valores seguidos por uma comunidade ou mesmo por toda uma sociedade, o conto guarda consigo ser uma narrativa não só descritiva, mas com incursões ficcionais ou semificcionais que lhe emprestam singularidade. Seria ridículo supor que o princípio do mito se reproduza nos relatos das redes sociais, mas não é absurdo levar a noção de conto a eles. É evidente que não se pensa conto em sua acepção de peça literária. A *short story* de William Faulkner, a *Erzählung*, de Franz Kafka, o conto de Machado ou Guimarães Rosa não têm nada a ver com a designação. O que acrescentamos ao item 2 é que seria reducionismo subordinar as

redes sociais à difusão de *fake news* ou de notícias avulsas. Além
destas, elas espalham o conteúdo de longos contos, verdadeiras
manifestações de ficção externa, narrativas entremeadas de detalhes ficcionais, com *a finalidade de enfatizar seu propósito nega-
cionista*. É evidente que elas não o são no sentido positivo, como
as alegorias de Vieira, ou a aguda visão crítica de Habermas ou
Koselleck sobre o Ser heideggeriano. Quando Koselleck fala em
conto, o termo tem um pleno sentido satírico. Algo semelhante
sucede nas redes sociais, tanto para distinguir o que ali se trans-
mite pelas *fake news*, em princípio pontuais, quanto para assinalar um relato de propósito negativo. O negativo lhe é forçoso
porque a estória *tem o propósito de desacreditar o que se relata*.
Se as plataformas digitais representam "uma pequena revolução
copernicana", miserável será o seu mundo – o nosso mundo.
Se fizermos questão de uma referência a um exemplo seu, assi-
nalemos o conto infame que volta a circular em certa rede acerca
do caráter fraudulento das eleições eletrônicas. A ele cabe a formulação de Fernando Gabeira: vale para ele "difundir múltiplas
versões sobre um mesmo fato para convencer de que não existe
uma descrição confiável, mas apenas um conjunto de 'fatos alter-
nativos'" (Gabeira, 2022). Caso o ouvinte se disponha, será fácil
descobrir o tipo de *fake news* que o engendra. Mas, segundo
escuto, há segmentos sociais que, por falta de informação ou por
uma opção favorável à estupidez, as abraçam com plena convicção, não importa sua miserabilidade argumentativa.

Em síntese, a ficção é a única forma discursiva em que a procura de afirmar uma certa verdade sobre um certo objeto é aquela
em que, por suas modalidades interna e externa, a verdade só
transparece depois de refletir-se sobre sua conclusão. Dizê-lo
não impede que se assinale haver uma ficção (externa) degene-
rada: *aquela em que a função de verdade é substituída pela afirmação do falso.*

A enunciação que acaba de ser feita tem o papel subsidiário
de assinalar que *a teoria da literatura, à semelhança de qualquer
outra teoria, não supõe uma argumentação de ordem ficcional*.
Muito menos o que Blumenberg intitula de "metáfora absoluta" – a

exemplo de "mundo", "vida" – participa da ficção, pois indica o grau zero, que se intercala entre o conceito e a ficção. Dizê-lo não significa voltarmos a cair na validação exclusiva do conceitual, mas, sim, acentuar que conceitualidade e metaforicidade são os dois eixos que formam o saber humano.

A leitura da palestra proferida por Philip Roth na Universidade Stanford, em 1960, "Escrevendo ficção nos Estados Unidos", faz-me ver que duas observações retificativas hão de ser incorporadas. A primeira consiste em deixar claro que as plataformas digitais não inauguraram, no circuito mediático, a presença da ficção externa, mas, sim, a intensificaram. Isso se evidencia na passagem que transcrevo:

> Todas as maquinações sobre a maquiagem e o tempo dedicado às respostas, todo o negócio de saber se o sr. Nixon deveria encarar o sr. Kennedy quando ele respondia ou se devia afastar o olhar – era tudo tão inócuo, tão fantástico, esquisito e surpreendente que a princípio desejei ter inventado aquilo. Mas, naturalmente, não é necessário ser um escritor de ficção para desejar que *alguém* tivesse inventado aquilo, que aquilo não fosse real e nos envolvesse. (Roth, 2022, p.43)

A referência à cena televisiva e aos conselhos que eram dados aos debatedores era bem explícita. Em uma rede social, a digitação faria com que os conselhos desaparecessem ou dessem lugar a outro recurso. Mas não se duvida da permanência crescente do "fantástico, esquisito e surpreendente".

A segunda observação talvez tenha maior importância. O fato de ser extremamente grave a manifestação negativa da ficção externa torna relevante que seu destaque não dependa tão só de um circuito de indagação específica, dado que pode ser feito por um circuito de linguagem geral, para o qual basta ser bem conduzido. Parece desnecessário ressaltar que essa relevância é indiscutível porque diz respeito à inclinação que se leva ao público em prol não só de *fake news* pontuais, mas ainda de um "conto", com a falsa argumentação que ele arrasta.

Deixo sem desenvolver o que seria uma terceira observação, objeto de dimensões por ora imprevisíveis: pergunto-me se a abundância da ficção externa de cunho negativo – com evidente apoio midiático – não implica uma restrição a mais para a circulação daquela ficção literária cuja lírica se inclina para a exposição do eu performático, e cuja prosa promove o documental ou o testemunhal. Se a desconfiança tiver fundamento, será a razão de nossa debilidade literária atual.

Primeira versão: Rio de Janeiro, novembro, 2020
Segunda versão: Rio de Janeiro, novembro, 2021
Acréscimo ao Capítulo 3: Rio de Janeiro, abril, 2022
Revisão do todo, junho, 2022

Referências bibliográficas

PEQUENO PREFÁCIO

COSTA LIMA, Luiz. *Terra ignota*: A construção de Os sertões. Rio de Janeiro: Civilização Brasileira, 1987.

FREYRE, Gilberto. Euclides da Cunha. In: *Perfil de Euclides e outros perfis*. Rio de Janeiro: José Olímpio, 1944. p.23-63.

INTRODUÇÃO

ARISTÓTELES. *Poética*. Ed. bilíngue. Trad. Paulo Pinheiro. São Paulo: Editora 34, 2015.

BAPTISTA, Abel Barros. *O livro agreste*: Ensaio de curso de literatura brasileira. Campinas: Editora Unicamp, 2005.

CANDIDO, Antonio. *Ficção e confissão*: Ensaio sobre Graciliano Ramos. Ed. ampliada. São Paulo: Editora 34, 1992 [1956].

GREENE, Roland et al. (eds.). *The Princeton Encyclopedia of Poetry & Poetics*. 4.ed. Princeton: Princeton University Press, 2012.

HEMMINGS, F. W. J. *The Age of Realism*. Sussex: The Harvest Press, 1978.

LUKÁCS, Georg. *Signification présente du réalisme critique*. Trad. Maurice de Gandillac. Paris: Gallimard, 1960.

MORAES, Dênis de. *O velho Graça*: Uma biografia de Graciliano Ramos. São Paulo: Boitempo, 2013.

PAYNE, Michael; BARBERA, Jessica Rae. *A Dictionary of Cultural and Critical Theory*. Oxford: Wiley Blackwell, 2010.

RAMOS, Graciliano. *São Bernardo*. 92.ed. Rio de Janeiro: Record, 2012 [1934].

RAMOS, Graciliano. *Vidas secas*. Rio de Janeiro: José Olympio, 1953a [1938].

RAMOS, Graciliano. *Memórias do cárcere*. Rio de Janeiro: José Olympio, 1953b. v.3.

WELLEK, René. *Concepts of Criticism*. Ed. Stephen G. Nichols Jr. New Haven: Yale University Press, 1963.

CAPÍTULO I

ABREU, Regina. *O enigma de Os sertões*. Rio de Janeiro: Funarte/Rocco, 1998.

AMADO, Gilberto. *Mocidade no Rio e primeira viagem à Europa*. Rio de Janeiro: José Olympio, 1956.

AMORY, Frederic. *Euclides da Cunha: Uma odisseia nos trópicos*. Trad. Geraldo Gerson de Souza. São Paulo, Ateliê Editorial, 2009. Publicado originalmente no *Jornal de Resenhas*, n.11, mar. 2011.

ANDRESEN, Sophia de Mello Breyner. Reconheceremos. In: *Obra poética*, v.I: Coral. Lisboa: Caminho, 1999a.

ANDRESEN, Sophia de Mello Breyner. Poema. In: *Obra poética*, v.III: Geografia. Lisboa: Caminho, 1999b.

ARARIPE JÚNIOR. Os sertões (Campanha de Canudos) (1903, primeira parte, 6 de março). In: *Obra crítica de Araripe Júnior*. Rio de Janeiro: Casa de Rui Barbosa, 1966. v.IV.

ARAÚJO, Ricardo Benzaquen de. *Guerra e paz*: Casa-grande & senzala e a obra de Gilberto Freyre nos anos 30. São Paulo: Editora 34, 1994.

ARISTÓTELES. *Poética*. Ed. bilíngue. Trad. Paulo Pinheiro. São Paulo: Editora 34, 2015.

ASSIS, Machado de. *O ideal do crítico*. Rio de Janeiro: Diário do Rio de Janeiro, 1865.

ASSIS, Machado de. O passado, o presente e o futuro da literatura (1858). In: *Obra completa*. Rio de Janeiro: José Aguilar, 1962. v.III.

ASSIS, Machado de. Notícia da atual literatura brasileira: Instinto de nacionalidade (1873). In: *Obra completa*. Rio de Janeiro: José Aguilar, 1962. v.III.

BAPTISTA, Abel Barros. *O livro agreste*: Ensaio de curso de literatura brasileira. Campinas: Editora Unicamp, 2005.

BARTELT, Dawid Danilo. *Sertão, República e nação*. Trad. Johannes Kretschmer e Raquel Abi-Sâmara. São Paulo: Edusp, 2009.

BATAILLE, Georges. *A parte maldita*, precedida de *A noção de dispêndio*. Trad. Júlio Castañon Guimarães. Rio de Janeiro: Imago, 1975.

BERNUCCI, Leopoldo M. *A imitação dos sentidos*: Prógonos, contemporâneos e epígonos de Euclides da Cunha. São Paulo: Edusp, 1995.

BERNUCCI, Leopoldo M. Cientificismo e aporias em *Os sertões*. In: *Discurso, ciência e controvérsia em Euclides da Cunha*. São Paulo: Edusp, 2008.

BLUMENBERG, Hans. *Theorie der Unbegrifflichkeit*. Ed. Anselm Haverkamp. Frankfurt am Main: Suhrkamp, 2007.

BORGES, Jorge Luis. Domingo F. Sarmiento. Facundo (1974). In: *Obras completas*. Buenos Aires: Emecé, 2007. v.IV.

BUBNER, Rüdiger. *Acción, historia y orden institucional*: Ensayos de filosofia práctica y una reflexión sobre estética. Trad. Peter Storandt Diller. Buenos Aires: Fondo de Cultura Económica, 2010.

CARONE, Edgard. *A República velha*: I. Instituições e classes sociais. São Paulo: Difel, 1975.

CASTANÕN, Thiago. Terra ignota: A construção de Os sertões. In: PINTO, Aline Magalhães; OLIVEIRA, Ana Lúcia de; BASTOS, Dau (orgs.). *Luiz Costa Lima, um teórico nos trópicos*: Ciclo de entrevistas. Rio de Janeiro: Garamond, 2019.

CERTEAU, Michel de. *Histoire et psychanalyse entre science et fiction*. Paris: Folio, 2002.

CONSELHEIRO, Antônio. Prédicas aos canudenses e um discurso sobre a República (segundo manuscrito que teria pertencido ao próprio pregador). Ed. João Pondé. Belo Monte, 1898.

COSTA LIMA, Luiz. *Terra ignota*: A construção de Os sertões. Rio de Janeiro: Civilização Brasileira, 1987.

COSTA LIMA, Luiz. *Terra ignota*: A construção de Os sertões. Rio de Janeiro: Civilização Brasileira, 1997.

COSTA LIMA, Luiz. O direito e os costumes: Um exame comparativo (Montaigne, Hotman, Pasquier). In: PIRES, Francisco Murari (org.). *Antigos e modernos*: Diálogos sobre a (escrita da) história. São Paulo: Alameda, 2009. p.39-72.

COSTA LIMA, Luiz. Posfácio. In: CUNHA, Euclides da. *Os sertões*. São Paulo: Companhia das Letras, 2019a.

COSTA LIMA, Luiz. *Limite*. Rio de Janeiro; Belo Horizonte: PUC; Relicário, 2019b.

COUTINHO, Afrânio (org.). *A polêmica Alencar-Nabuco*. Rio de Janeiro: Tempo Brasileiro, 1978.

COUTY, Louis. *O Brasil em 1884*: Esboços sociológicos. Trad. Ligia Vassalo. Brasília: Senado Federal, 1984.

CUNHA, Euclides da. A nossa Vendéia, 1ª parte, 14 de março, 1897. In: *Canudos e inéditos*. São Paulo: Melhoramentos, 1967.

CUNHA, Euclides da. *Os sertões*. Ed. crítica org. Walnice Nogueira Galvão. São Paulo: Brasiliense, 1985 [1902].

CUNHA, Euclides da. Carta a Francisco Escobar, 14 de maio, 1902. In: *Correspondência de Euclides da Cunha*. Org. Walnice Nogueira Galvão e Oswaldo Galotti. São Paulo: Edusp, 1997a.

CUNHA, Euclides da. Carta a José Veríssimo, 3 de dezembro, 1902. In: *Correspondência de Euclides da Cunha*. Org. Walnice Nogueira Galvão e Oswaldo Galotti. São Paulo: Edusp, 1997b.

DESCARTES, René. La Dioptrique. In: *Oeuvres de Descartes*, v.VI: Discours de la méthode & essays. Ed. Charles Adam e Paul Tannery. Paris: J. Vrin, 1996. [Ed. bras.: *Discurso do método & ensaios*. Comp. Pablo Ruben Mariconda. São Paulo: Editora Unesp, 2018.]

ESPOSITO, Elena. *Probabilità improbabili. La realtà della finzione nella società moderna*. Roma: Universale Metelmi, 2008. (A primeira edição da obra surgiu na versão para o alemão: *Die Fiktion der wahrscheinlichen Realität*. Frankfurt am Main: Suhrkamp, 2007.)

FAORO, Raimundo. *Os donos do poder*: Formação do patronato político brasileiro. Porto Alegre; São Paulo: Globo; Edusp, 1975. 2v.

FAULKNER, William. *The Sound and the Fury*. Ed. David Minter. A Norton critical edition. Nova York; Londres: W. W. Norton & Company, 1987 [1929]. Segunda parte ("June Second, 1910").

FAUSTINO SARMIENTO, Domingo. *Facundo ou civilização e barbárie*. Trad. e notas Sérgio Alcides. São Paulo: Cosac Naify, 2010.

FOUCAULT, Michel. *L'Archéologie du savoir*. Paris: Gallimard, 1969. [Ed. bras.: *A arqueologia do saber*. 8.ed. São Paulo: Forense Universitária, 2012.]

FREITAS, Marcus Vinicius de. *Charles Frederick Hartt, um naturalista no Império de Pedro II*. Belo Horizonte: Editora UFMG, 2002.

FREYRE, Gilberto. Euclides da Cunha. In: *Perfil de Euclides e outros perfis*. Rio de Janeiro: José Olímpio, 1944. p.23-63.

GALVÃO, Walnice Nogueira. *No calor da hora*: A Guerra de Canudos nos jornais (4ª expedição). São Paulo: Ática, 1974.

GÁRATE, Miriam V. *Civilização e barbárie n'Os sertões*: Entre Domingo Faustino Sarmiento e Euclides da Cunha. Campinas: Mercado de Letras, 2001.

HABERMAS, Jürgen. *Profils philosophique et politiques*. Trad. Françoise Dastur, Jean-René Ladmiral e Marc B. de Launay. Paris: Gallimard, 1974a.

HALLIWELL, Stephen. *The Aesthetics of Mimesis*: Ancient Texts and Modern Problems. Princeton: Princeton University Press, 2002.

HARDMAN, Francisco Foot. O fantasma da nacionalidade: À guisa de posfácio. In: FAUSTINO SARMIENTO, Domingo. *Facundo ou civilização e barbárie*. Trad. e notas Sérgio Alcides. São Paulo: Cosac Naify, 2010.

HEGEL, G. W. F. *Vorlesungen über die Ästhetik*. Frankfurt am Main: Suhrkamp, 1986 [1832]. v.3. [Ed. bras.: *Curso de estética*: O sistema das artes. Trad. A. Ribeiro. São Paulo: Martins Fontes, 1997.]

HEMMINGS, F. W. J. (ed.). *The Age of Realism*. Sussex: The Harvester Press, 1978.

ISER, Wolfgang. *O ato da leitura*: Uma teoria do efeito estético. São Paulo: Editora 34, 1996. v.1.

ISER, Wolfgang. *O ato da leitura*: Uma teoria do efeito estético. São Paulo: Editora 34, 1999. v.2.

JAMES, Henry. The Figure in the Carpet. In: *Complete Stories, 1892-1898*. Ed. John Hollander e David Bromwich. Nova York: Library of America, 1996.

KANT, Immanuel. *Crítica da faculdade de julgar*. Trad. Fernando Costa Mattos. Petrópolis: Vozes, 2016 [1790].

KERSHAW, Ian. *Hitler*. Trad. Pedro Maia Soares. São Paulo: Companhia das Letras, 2010.

KOLLER, Hermann. *Die Mimesis in der Antiker*: Nachahmung, Darstellung, Ausdruck. Berna: A. Francke, 1954.

KOSELLECK, Reinhart. Fiktion und geschichtliche Wirklichkeit. In: *Vom Sinn und Unsinn der Geschichte*. Frankfurt am Main: Suhrkamp, 2010. [Ed. bras.: Ficção e realidade histórica. In: *Reinhart Koselleck*: Uma latente filosofia do tempo. Org. Hans Ulrich Gumbrecht e Thamara de Oliveira Rodrigues, trad. Luiz Costa Lima. São Paulo: Editora Unesp, 2021.]

KOSELLECK, Reinhart. Von Sinn und Unsinn des Geschichte. In: *Reinhart Koselleck*: Uma latente filosofia do tempo. Org. Hans Ulrich Gumbrecht e Thamara de Oliveira Rodrigues, trad. Luiz Costa Lima. São Paulo: Editora Unesp, 2021.

KRISTELLER, Paul Oskar. *Renaissance Thought and Its Sources*. Ed. Michael Mooney. Nova York: Columbia University Press, 1979.

LE BOM, G. *Psychologie des foules* (1895), ed. cit.: Paris, PUF, 1963.

LEVINE, Robert M. *O sertão prometido*: O massacre de Canudos. Trad. Mônica Dantas. São Paulo: Edusp, 1995.

LÉVI-STRAUSS, Claude. *Myth and Meaning*. Toronto: University of Toronto Press, 1978. [Ed. port.: *Mito e significado*. Trad. António Marques Bessa. Lisboa: Edições 70, 1987.]

LÉVI-STRAUSS, Claude. *L'Origine des manières de table*. Paris: Plon, 1968. [Ed. bras.: *A origem dos modos à mesa*. São Paulo: Cosac Naify, 2006.]

LIAIS, Emmanuel. *Climats, géologie faune et géographie botanique du Brésil*. Paris: Garnier Frères, 1872.

LUKÁCS, Georg. Prefácio à *História do desenvolvimento do drama moderno*, em húngaro (1912). In: *Schriften zur Literatursoziologie*. Berlim: Hermann Luchterhand Verlag, 1963.

MARIN, Louis. *La Critique du discours*: Sur la "logique de Port-royal" et les "Pensées" de Pascal. Paris: Les Éditions de Minuit, 1971.

MARTINEZ ESTRADA, Ezequiel. *Sarmiento*. Buenos Aires: Argos, 1946.

MARX, Karl; ENGELS, Friedrich. *A ideologia alemã*. Trad. Milton Camargo Mota. Petrópolis: Vozes de Bolso, 2019 [1845].

MELO E SOUZA, Ronaldes. *A geopoética de Euclides da Cunha*. Rio de Janeiro: Eduard, 2009.

MENDIOLA MEJÍA, Alfonso. *Bernal Díaz del Castillo*: Verdad romanesca y verdad historiográfica. Cidade do México: Universidad Iberoamericana, 2010 [1991].

NABUCO, J. Aos domingos, em *A Polêmica Alencar*: Nabuco, Afrânio Coutinho, apresentador. Rio de Janeiro: Tempo Brasileiro, 1978.

PALLARES-BURKE, Maria Lúcia Garcia. *Gilberto Freyre*: Um vitoriano nos trópicos. São Paulo: Editora Unesp, 2005.

PALLARES-BURKE, Maria Lúcia Garcia. *O triunfo do fracasso*: Rüdiger Bilden, o amigo esquecido de Gilberto Freyre. São Paulo: Editora Unesp, 2012.

PIGLIA, Ricardo. Sarmiento, escritor (prólogo). In: FAUSTINO SARMIENTO, Domingo. *Facundo ou civilização e barbárie*. Trad. e notas Sérgio Alcides. São Paulo: Cosac Naify, 2010.

PIÑON, Nélida. A alma de Canudos (apresentação). In: LEVINE, Robert M. *O sertão prometido*: O massacre de Canudos. Trad. Mônica Dantas. São Paulo: Edusp, 1995.

PRADO, Eduardo (sob o pseudônimo de Frederico de S.). *Fastos da ditadura militar*. São Paulo: Martins Fontes, 2003 [1890].

RIBEIRO, Clarissa. Os caminhos da ficção da história: Uma primeira apreensão do conceito de ficção em Michel de Certeau. *Eutomia*, v.1, n.25, p.291-305, dez. 2015.

SAMPAIO NETO, José Augusto Vaz. *Canudos*: Subsídios para a sua reavaliação histórica. Rio de Janeiro: Casa de Rui Barbosa, 1986.

SANTANA, José Carlos Barreto de. *Ciência & arte*: Euclides da Cunha e as ciências naturais. São Paulo; Feira de Santana: Hucitec; Universidade Estadual de Feira de Santana, 2001.

SOUZA, Roberto Acízelo de (org.). *Historiografia da literatura brasileira*: Textos fundadores (1825-1888). Rio de Janeiro: Caetés, 2014. 2v.

SÜSSEKIND, Flora. *O Brasil não é longe daqui*. São Paulo: Companhia das Letras, 1990.

VENTURA, Roberto. *Euclides da Cunha*: Esboço biográfico. Org. Mario Cesar Carvalho e José Carlos Barreto de Santana. São Paulo: Companhia das Letras, 2003.

WEBER, Max. *Wirtschaft und Gesellschaft*: Grundriss der verstehenden Soziologie. Ed. Johannes Winckelmann. Tübingen: J. C. B. Mohr, 1976 [1921]. [Ed. bras.: *Economia e sociedade*. Brasília: Editora UnB, 2012/2015.]

WEBER, Max. *Economy and Society*: An Outline of Interpretive Sociology. Ed. Guenther Roth e Claus Wittich. Berkeley: University of California Press, 1978. 2v. [Ed. bras.: *Economia e sociedade*. Brasília: Editora UnB, 2012/2015.]

WHITE, Hayden. *Metahistory*: The Historical Imagination in Nineteenth-Century Europe. Baltimore: Johns Hopkins University Press, 1973. [Ed. bras.: *Meta-história*: A imaginação histórica do século XIX. Trad. José Laurênio de Melo. São Paulo: Edusp, 1992.]

WHITE, Hayden. *Tropics of Discourse*: Essays in Cultural Criticism. Baltimore: Johns Hopkins University Press, 1978a. [Ed. bras.: *Trópicos do discurso*: Ensaios sobre a crítica da cultura. Trad. Alípio Correia de França Neto. São Paulo: Edusp, 2014. v.1.]

WHITE, Hayden. Ethnological "Lie" and Mythical "Truth". *Diacritics*, v.8, n.1, ed. esp. sobre a obra de René Girard, p.2-9, 1978b.

CAPÍTULO II

ALENCAR, J. O Teatro brasileiro: a propósito de *O Jesuíta*. In: ACÍZELO, R. *Historiografia da literatura brasileira*: Textos fundadores (1825 – 1888), v.1, p.559-79.

ARAÚJO, Ricardo Benzaquen de. *Guerra e paz*: Casa-grande & senzala e a obra de Gilberto Freyre nos anos 30. São Paulo: Editora 34, 1994.

ASSIS, Machado de. *O ideal do crítico*. Rio de Janeiro: Diário do Rio de Janeiro, 1865.

ASSIS, Machado de. O passado, o presente e o futuro da literatura (1858). In: *Obra completa*. Rio de Janeiro: José Aguilar, 1962. v.III.

ASSIS, Machado de. Notícia da atual literatura brasileira: Instinto de nacionalidade (1873). In: *Obra completa*. Rio de Janeiro: José Aguilar, 1962. v.III.

ASSIS, Machado de. *O ideal do crítico*. Rio de Janeiro: Diário do Rio de Janeiro, 1865.

CAMPOS, Augusto de; CAMPOS, Haroldo de. *Re visão de Sousândrade*. São Paulo: Perspectiva, 2002.

CANDIDO, Antonio. *O método crítico de Sílvio Romero*. São Paulo: Edusp, 1963 [1945].

CANDIDO, Antonio. *Ficção e confissão*: Ensaios sobre Graciliano Ramos. São Paulo: Editora 34, 1992 [1956].

CARDOSO, Fernando Henrique. Um livro perene (apresentação). In: FREYRE, Gilberto. *Casa-grande & senzala*: formação da família brasileira e o regime da economia patriarcal. São Paulo: Global, 2003.

COUTINHO, Afrânio (org.). *A polêmica Alencar-Nabuco*. Rio de Janeiro: Tempo Brasileiro, 1978.

COUTINHO, Afrânio (org.). *Caminhos do pensamento crítico*. Brasília: Pallas, 1980. 2v.

FISCHER, Luís Augusto. *Duas formações, uma história*: Das ideias fora do lugar ao perspectivismo ameríndio. Porto Alegre: Arquipélago Editorial, 2021.

FREYRE, Gilberto. *Casa-grande & senzala*: Formação da família brasileira sob o regime da economia patriarcal. Rio de Janeiro: Schmidt, 1936 [1933].

FREYRE, Gilberto. Euclides da Cunha. In: *Perfil de Euclides e outros perfis*. Rio de Janeiro: José Olímpio, 1944. p.23-63.

FREYRE, Gilberto. *Sobrados e mucambos*: Decadência do patriarcado rural e desenvolvimento do urbano. 2.ed. refundida pelo autor e acrescida de intr., de cinco capítulos e de numerosas notas. Rio de Janeiro: José Olympio, 1951 [1936]. 3v.

FREYRE, Gilberto. *Ordem e progresso*. Rio de Janeiro: Record, 1990 [1957].

FREYRE, Gilberto. *Insurgências e ressurgências atuais*: Cruzamentos de sins e nãos num mundo em transição. Ed. revista. São Paulo: Global, 2006.

HEMMINGS, F. W. J. *The Age of Realism*. Sussex: The Harvester Press, 1978.

LIMA, Oliveira. *Na Argentina (Impressões 1918-19)*. São Paulo: Weiszflog Irmãos, 1920.

MERQUIOR, José Guilherme. *As ideias e as formas*. Rio de Janeiro: Nova Fronteira, 1981.

PALLARES-BURKE, Maria Lúcia Garcia. *Gilberto Freyre*: Um vitoriano nos trópicos. São Paulo: Editora Unesp, 2005.

PALLARES-BURKE, Maria Lúcia Garcia. *O triunfo do fracasso*: Rüdiger Bilden, o amigo esquecido de Gilberto Freyre. São Paulo: Editora Unesp, 2012.

PRADO, Paulo. *Retrato do Brasil*: Ensaio sobre a tristeza brasileira. São Paulo: Companhia das Letras, 1997 [1928].

ROMERO, Sílvio. *A literatura brasileira e a crítica moderna*: Ensaio de generalização. Rio de Janeiro: Imprensa Industrial de João Paulo Ferreira Dias, 1880.

ROMERO, Sílvio. *Machado de Assis*. Rio de Janeiro: José Olympio, 1936 [1897].

ROMERO, Sílvio. Prefácio. In: ROMERO, Nelson. *História da literatura brasileira*. Rio de Janeiro: José Olympio, 1949.

SOUZA, Roberto Acízelo de (org.). *Historiografia da literatura brasileira*: Textos fundadores (1825-1888). Rio de Janeiro: Caetés, 2014. 2v.

EXCURSO: SOU UM COMPARATISTA?

CALDEIRA, Jorge. O processo econômico. In: COSTA E SILVA, Alberto (coord.). *Crise colonial e independência (1808-1830)*. Rio de Janeiro: Objetiva, 2011. Coleção História do Brasil Nação, v.1.

FISCHER, Luís Augusto. *Duas formações, uma história*: Das ideias fora do lugar ao perspectivismo ameríndio. Porto Alegre: Arquipélago Editorial, 2021.

PALTI, Elías J. El problema de "ideas fuera de lugar". In: *O tempo da política*: O século XIX reconsiderado. Trad. de Romulo Monte Alto. Belo Horizonte: Autêntica, 2016.

SCHWARZ, Roberto. Adequação nacional e originalidade crítica. In: *Sequências brasileiras*: Ensaios. São Paulo: Companhia das Letras, 1999.

VIVEIROS DE CASTRO, Eduardo. *A inconstância da alma selvagem e outros ensaios de antropologia*. São Paulo: Cosac Naify, 2002.

VIVEIROS DE CASTRO, Eduardo. *Encontros*. Comp. Renato Sztutman. Rio de Janeiro: Azougue Editorial, 2008.

CAPÍTULO III

FRAGGIO, Alberto. La ontología cosmológica en la obra temprana de Hans Blumenberg: las Beiträge y Die ontolgische Distanz. *Res Publica*, v.23, p.93-122, 2010.

GABEIRA, Fernando. Putin está nos matando. *O Globo*, 4 abr. 2022.

HABERMAS, Jürgen. Ein anderer Mythos des zwangsten Jahrhunderts (mar. 1959), republ. em *Profils philosophiques et politiques*. Paris: Gallimard, 1974b.

HABERMAS, Jürgen. Die grosse Wirkung. Eine chronistische Anmerkung zu Martin Heidegger 70. Geburtstag (set. 1959), republ. em *Profils philosophiques et politiques*. Paris: Gallimard, 1974c.

HANSEN, João Adolfo. *Alegoria*: Construção e interpretação da metáfora. São Paulo: Hedra, 2006 [1986].

HEIDEGGER, Martin. *Sein und Zeit*. 17.ed. Tübingen: Max Niemeyer Verlag, 1986 [1927]. [Ed. bras.: *Ser e tempo*. 10.ed. Petrópolis: Vozes, 2015.]

LAUSBERG, Heinrich. *Manual de retórica literária*: Fundamentos de uma ciencia de la literatura. Trad. José Pérez Riesgo. Madri: Editorial Gredos, 1966 [1960]. v.II. [Ed. port.: *Elementos de retórica literária*. Lisboa: Fundação Calouste Gulbenkian, 1967.]

LÉVY, Pierre. *Cibercultura*. Trad. Carlos Irineu da Costa. São Paulo: Editora 34, 2010 [1999].

ROTH, Philip. Escrevendo ficção nos Estados Unidos. In: *Por que escrever? Conversas e ensaios sobre literatura, 1960-2013*. Trad. Jorio Dauster. São Paulo: Companhia das Letras, 2022.

VASCONCELLOS, Fábio. Os riscos das "deepfakes" nas eleições. *O Globo*, 31 mar. 2022.

VIEIRA, Antonio. *Sermões*. Org. e anot. Alcir Pécora. São Paulo: Hedra, 2019 [1679]. 2v.

Bibliografia geral

ABREU, Regina. *O enigma de Os sertões*. Rio de Janeiro: Funarte/Rocco, 1998.

AMADO, Gilberto. *Mocidade no Rio e primeira viagem à Europa*. Rio de Janeiro: José Olympio, 1956.

AMORY, Frederic. *Euclides da Cunha*: Uma odisseia nos trópicos. Trad. Geraldo Gerson de Souza. São Paulo: Ateliê Editorial, 2009. Publicado originalmente no *Jornal de Resenhas*, n.11, mar. 2011.

ANDRESEN, Sophia de Mello Breyner. Reconheceremos. In: *Obra poética*, v.I: Coral. Lisboa: Caminho, 1999a.

ANDRESEN, Sophia de Mello Breyner. Poema. In: *Obra poética*, v.III: Geografia. Lisboa: Caminho, 1999b.

ARARIPE JÚNIOR. Os sertões (Campanha de Canudos) (1903, primeira parte, 6 de março). In: *Obra crítica de Araripe Júnior*. Rio de Janeiro: Casa de Rui Barbosa, 1966. v.IV.

ARAÚJO, Ricardo Benzaquen de. *Guerra e paz*: Casa-grande & senzala e a obra de Gilberto Freyre nos anos 30. São Paulo: Editora 34, 1994.

ARISTÓTELES. *Poética*. Ed. bilíngue. Trad. Paulo Pinheiro. São Paulo: Editora 34, 2015.

ASSIS, Machado de. *O ideal do crítico*. Rio de Janeiro: Diário do Rio de Janeiro, 1865.

ASSIS, Machado de. O passado, o presente e o futuro da literatura (1858). In: *Obra completa*. Rio de Janeiro: José Aguilar, 1962. v.III.

ASSIS, Machado de. Notícia da atual literatura brasileira: Instinto de nacionalidade (1873). In: *Obra completa*. Rio de Janeiro: José Aguilar, 1962. v.III.

BAPTISTA, Abel. Barros. *O livro agreste*: Ensaio de curso de literatura brasileira. Campinas: Editora Unicamp, 2005.

BARTELT, Dawid Danilo. *Sertão, República e nação*. Trad. Johannes Kretschmer e Raquel Abi-Sâmara. São Paulo: Edusp, 2009.

BATAILLE, Georges. *A parte maldita*, precedida de *A noção de dispêndio*. Trad. Júlio Castañon Guimarães. Rio de Janeiro: Imago, 1975.

BERNUCCI, Leopoldo M. *A imitação dos sentidos*: Prógonos, contemporâneos e epígonos de Euclides da Cunha. São Paulo: Edusp, 1995.

BERNUCCI, Leopoldo M. Cientificismo e aporias em *Os sertões*. In: *Discurso, ciência e controvérsia em Euclides da Cunha*. São Paulo: Edusp, 2008.

BLUMENBERG, Hans. *Theorie der Unbegrifflichkeit*. Ed. Anselm Haverkamp. Frankfurt am Main: Suhrkamp, 2007.

BORGES, Jorge Luis. Domingo F. Sarmiento. Facundo (1974). In: *Obras completas*. Buenos Aires: Emecé, 2007. v.IV.

BUBNER, Rüdiger. *Acción, historia y orden institucional*: Ensayos de filosofia práctica y una reflexión sobre estética. Trad. Peter Storandt Diller. Buenos Aires: Fondo de Cultura Económica, 2010.

CALDEIRA, Jorge. O processo econômico. In: COSTA E SILVA, Alberto (coord.). *Crise colonial e independência (1808-1830)*. Rio de Janeiro: Objetiva, 2011. Coleção História do Brasil Nação, v.1.

CAMPOS, Augusto de; CAMPOS, Haroldo de. *Re visão de Sousândrade*. São Paulo: Perspectiva, 2002.

CANDIDO, Antonio. *O método crítico de Sílvio Romero*. São Paulo: Edusp, 1963 [1945].

CANDIDO, Antonio. *Ficção e confissão*: Ensaio sobre Graciliano Ramos. Ed. ampliada. São Paulo: Editora 34, 1992 [1956].

CARDOSO, Fernando Henrique. Um livro perene (apresentação). In: FREYRE, Gilberto. *Casa-grande & senzala*: formação da família brasileira e o regime da economia patriarcal. São Paulo: Global, 2003.

CARONE, Edgard. *A República velha*: I. Instituições e classes sociais. São Paulo: Difel, 1975.

CASTANÕN, Thiago. Terra ignota: A construção de Os sertões. In: PINTO, Aline Magalhães; OLIVEIRA, Ana Lúcia de; BASTOS, Dau (orgs.). *Luiz Costa Lima, um teórico nos trópicos*: Ciclo de entrevistas. Rio de Janeiro: Garamond Universitária, 2019.

CERTEAU, Michel de. *Histoire et psychanalyse entre science et fiction*. Paris: Folio, 2002.

CONSELHEIRO, Antônio. *Prédicas aos canudenses e um discurso sobre a República* (segundo manuscrito que teria pertencido ao próprio pregador). Ed. João Pondé, Belo Monte, 1898.

COSTA LIMA, Luiz. *Terra ignota*: A construção de Os sertões. Rio de Janeiro: Civilização Brasileira, 1987.

COSTA LIMA, Luiz. *Terra ignota*: A construção de Os sertões. Rio de Janeiro: Civilização Brasileira, 1997.

COSTA LIMA, Luiz. O direito e os costumes: Um exame comparativo (Montaigne, Hotman, Pasquier). In: PIRES, Franscisco Murari (org.). *Antigos e modernos*: Diálogos sobre a (escrita da) história. São Paulo: Alameda, 2009. p.39-72.

COSTA LIMA, Luiz. Posfácio. In: CUNHA, Euclides da. *Os sertões*. São Paulo: Companhia das Letras, 2019a.

COSTA LIMA, Luiz. *Limite*. Rio de Janeiro; Belo Horizonte, PUC; Relicário, 2019b.

COUTINHO, Afrânio (org.). *A polêmica Alencar-Nabuco*. Rio de Janeiro: Tempo Brasileiro, 1978.

COUTINHO, Afrânio (org.). *Caminhos do pensamento crítico*. Brasília: Pallas, 1980. 2v.

COUTY, Louis. *O Brasil em 1884*: Esboços sociológicos. Trad. Lígia Vassalo. Brasília: Senado Federal, 1984.

CUNHA, Euclides da. A nossa Vendéia, 1ª parte, 14 de março, 1897. In: *Canudos e inéditos*. São Paulo: Melhoramentos, 1967.

CUNHA, Euclides da. *Os sertões*. Ed. crítica org. Walnice Nogueira Galvão. São Paulo: Brasiliense, 1985 [1902].

CUNHA, Euclides da. Carta a Francisco Escobar, 14 de maio, 1902. In: *Correspondência de Euclides da Cunha*. Org. Walnice Nogueira Galvão e Oswaldo Galotti. São Paulo: Edusp, 1997a.

CUNHA, Euclides da. Carta a José Veríssimo, 3 de dezembro, 1902. In: *Correspondência de Euclides da Cunha*. Org. Walnice Nogueira Galvão e Oswaldo Galotti. São Paulo: Edusp, 1997b.

DESCARTES, René. La Dioptrique. In: *Oeuvres de Descartes*, v.VI: Discours de la méthode & essays. Ed. Charles Adam e Paul Tannery. Paris: J. Vrin, 1996. [Ed. bras.: *Discurso do método & ensaios*. Comp. Pablo Ruben Mariconda. São Paulo: Editora Unesp, 2018.]

ESPOSITO, Elena. *Probabilità improbabili. La realtà della finzione nella società moderna*. Roma: Universale Metelmi, 2008. (A primeira edição da obra surgiu na versão para o alemão: *Die Fiktion der wahrscheinlichen Realität*. Frankfurt am Main: Suhrkamp, 2007.)

FAORO, Raimundo. *Os donos do poder*: Formação do patronato político brasileiro. Porto Alegre; São Paulo: Globo; Edusp, 1975. 2v.

FAULKNER, William. *The Sound and the Fury*. Ed. David Minter. A Norton critical edition. Nova York; Londres: W. W. Norton & Company, 1987 [1929]. Segunda parte ("June Second, 1910").

FAUSTINO SARMIENTO, Domingo. *Facundo ou civilização e barbárie*. Trad. e notas Sérgio Alcides. São Paulo: Cosac Naify, 2010.

FISCHER, Luís Augusto. *Duas formações, uma história*: Das ideias fora do lugar ao perspectivismo ameríndio. Porto Alegre: Arquipélago Editorial, 2021.

FOUCAULT, Michel. *L'Archéologie du savoir*. Paris: Gallimard, 1969. [Ed. bras.: *A arqueologia do saber*. 8.ed. São Paulo: Forense Unviversitária, 2012.]

FRAGGIO, Alberto. La ontología cosmológica en la obra temprana de Hans Blumenberg: las Beiträge y Die ontolgische Distanz. *Res Publica*, v.23, p.93-122, 2010.

FREITAS, Marcus Vinicius de. *Charles Frederick, um naturalista no Império de Pedro II*. Belo Horizonte: Editora UFMG, 2002.

FREYRE, Gilberto. *Casa-grande & senzala*: Formação da família brasileira sob o regime da economia patriarcal. Rio de Janeiro: Schmidt, 1936 [1933].

FREYRE, Gilberto. Euclides da Cunha. In: *Perfil de Euclides e outros perfis*. Rio de Janeiro: José Olímpio, 1944. p.23-63.

FREYRE, Gilberto. *Sobrados e mucambos*: Decadência do patriarcado rural e desenvolvimento do urbano. 2.ed. refundida pelo autor e acrescida de intr., de cinco capítulos e de numerosas notas. Rio de Janeiro: José Olympio, 1951 [1936]. 3v.

FREYRE, Gilberto. *Ordem e progresso*. Rio de Janeiro: Record, 1990 [1957].

FREYRE, Gilberto. *Insurgências e ressurgências atuais*: Cruzamentos de sins e nãos num mundo em transição. Ed. revista. São Paulo: Global, 2006.

GABEIRA, Fernando. Putin está nos matando. *O Globo*, 4 abr. 2022.

GALVÃO, Walnice Nogueira. *No calor da hora*: A Guerra de Canudos nos jornais (4ª expedição). São Paulo: Ática, 1974.

GÁRATE, Miriam V. *Civilização e barbárie n'Os sertões*: Entre Domingos Faustino Sarmiento e Euclides da Cunha. Campinas: Mercado de Letras, 2001.

GREENE, Roland et al. (eds.). *The Princeton Encyclopedia of Poetry & Poetics*. 4.ed. Princeton: Princeton University Press, 2012.

GUMPLOWICZ, L. *Der Rassenkampf* (1883), trad. cit. La Lutte des races, Paris, 1893.

HABERMAS, Jürgen. *Profils philosophiques et politiques.* Trad. Françoise Dastur, Jean-René Ladmiral e Marc B. de Launay. Paris: Gallimard, 1974a.

HABERMAS, Jürgen. Ein anderer Mythos des zwangsten Jahrhunderts (mar. 1959), republ. em *Profils philosophiques et politiques.* Paris: Gallimard, 1974b.

HABERMAS, Jürgen. Die grosse Wirkung. Eine chronistische Anmerkung zu Martin Heidegger 70. Geburtstag (set. 1959), republ. em *Profils philosophiques et politiques.* Paris: Gallimard, 1974c.

HALLIWELL, Stephen. *The Aesthetics of Mimesis*: Ancient Texts and Modern Problems. Princeton: Princeton University Press, 2002.

HANSEN, João Adolfo. *Alegoria*: Construção e interpretação da metáfora. São Paulo: Hedra, 2006 [1986].

HARDMAN, Francisco Foot. O fantasma da nacionalidade: à guisa de posfácio. In: FAUSTINO SARMIENTO, Domingo. *Facundo ou civilização e barbárie*. Trad. e notas Sérgio Alcides. São Paulo: Cosac Naify, 2010.

HEGEL, G. W. F. *Vorlesungen über die Ästhetik*. Frankfurt am Main: Suhrkamp, 1986 [1832]. v.III. [Ed. bras.: *Curso de estética*: O sistema das artes. Trad. A. Ribeiro. São Paulo: Martins Fontes, 1997.]

HEIDEGGER, Martin. *Sein und Zeit*. 17.ed. Tübingen: Max Niemeyer Verlag, 1986 [1927]. [Ed. bras.: *Ser e tempo*. 10.ed. Petrópolis: Vozes, 2015.]

HEMMINGS, F. W. J. *The Age of Realism*. Sussex: The Harvest Press, 1978.

ISER, Wolfgang. *O ato da leitura*: Uma teoria do efeito estético. São Paulo: Editora 34, 1996. v.1.

ISER, Wolfgang. *O ato da leitura*: Uma teoria do efeito estético. São Paulo: Editora 34, 1999. v.2.

JAMES, Henry. The Figure in the Carpet. In: *Complete Stories, 1892-1898*. Ed. John Hollander e David Bromwich. Nova York: Library of America, 1996.

KANT, Immanuel. *Crítica da faculdade de julgar*. Trad. Fernando Costa Mattos. Petrópolis: Vozes, 2016 [1790].

KERSHAW, Ian. *Hitler*. Trad. Pedro Maia Soares. São Paulo: Companhia das Letras, 2010.

KOLLER, Hermann. *Die Mimesis in der Antiker*: Nachahmung, Darstellung, Ausdruck. Berna: A. Francke, 1954.

KOSELLECK, Reinhart. Fiktion und geschichtliche Wirklichkeit. In: *Vom Sinn und Unsinn der Geschichte*. Frankfurt am Main: Suhrkamp, 2010. [Ed. bras.: Ficção e realidade histórica. In: *Reinhart Koselleck*: Uma latente filosofia do tempo. Org. Hans Ulrich Gumbrecht e Thamara de

Oliveira Rodrigues, trad. Luiz Costa Lima. São Paulo: Editora Unesp, 2021.]

KOSELLECK, Reinhart. Von Sinn und Unsinn des Geschichte. In: *Reinhart Koselleck*: Uma latente filosofia do tempo. Org. Hans Ulrich Gumbrecht e Thamara de Oliveira Rodrigues, trad. Luiz Costa Lima. São Paulo: Editora Unesp, 2021.

KRISTELLER, Paul Oskar. *Renaissance Thought and Its Sources*. Ed. Michael Mooney. Nova York: Columbia University Press, 1979.

LAUSBERG, Heinrich. *Manual de retórica literária*: Fundamentos de uma ciencia de la literatura. Trad. José Pérez Riesgo. Madri: Editorial Gredos, 1966 [1960]. v.II. [Ed. port.: *Elementos de retórica literária*. Lisboa: Fundação Calouste Gulbenkian, 1967.]

LEVINE, Robert M. *O sertão prometido*: O massacre de Canudos. Trad. Mônica Dantas. São Paulo: Edusp, 1995.

LÉVI-STRAUSS, Claude. *L'Origine des manières de table*. Paris: Plon, 1968. [Ed. bras.: *A origem dos modos à mesa*. São Paulo: Cosac Naify, 2006.]

LÉVI-STRAUSS, Claude. *Myth and Meaning*. Toronto: University of Toronto Press, 1978. [Ed. port.: *Mito e significado*. Trad. António Marques Bessa. Lisboa: Edições 70, 1987.]

LÉVY, Pierre. *Cibercultura*. Trad. Carlos Irineu da Costa. São Paulo: Editora 34, 2010 [1999].

LIAIS, Emmanuel. *Climats, géologie faune et géographie botanique du Brésil*. Paris: Garnier Frères, 1872.

LIMA, Oliveira. *Na Argentina (Impressões 1918-19)*. São Paulo: Weiszflog Irmãos, 1920.

LUKÁCS, Georg. *Signification présente du réalisme critique*. Trad. Maurice de Gandillac. Paris: Gallimard, 1960.

LUKÁCS, Georg. Prefácio à *História do desenvolvimento do drama moderno*, em húngaro (1912). In: *Schriften zur Literatursoziologie*. Berlim: Hermann Luchterhand Verlag, 1963.

MARIN, Louis. *La Critique du discours*: Sur la "logique de port-royal" et les "pensées" de Pascal. Paris: Les Éditions de Minuit, 1971.

MARTINEZ ESTRADA, Ezequiel. *Sarmiento*. Buenos Aires: Argos, 1946.

MARX, Karl; ENGELS, Friedrich. *A ideologia alemã*. Trad. Milton Camargo Mota. Petrópolis: Vozes de Bolso, 2019 [1845].

MELO E SOUZA, Ronaldes. *A geopoética de Euclides da Cunha*. Rio de Janeiro: Eduard, 2009.

MENDIOLA MEJÍA, Alfonso. *Bernal Díaz del Castillo*: Verdad romanesca y verdad historiográfica. Cidade do México: Universidad Iberoamericana, 2010 [1991].

MERQUIOR, José Guilherme. *As ideias e as formas*. Rio de Janeiro: Nova Fronteira, 1981.

MORAES, Dênis de. *O velho Graça*: Uma biografia de Graciliano Ramos. São Paulo: Boitempo, 2013.

PALLARES-BURKE, Maria Lúcia Garcia. *Gilberto Freyre*: Um vitoriano nos trópicos. São Paulo: Editora Unesp, 2005.

PALLARES-BURKE, Maria Lúcia Garcia. *O triunfo do fracasso*: Rüdiger Bilden, o amigo esquecido de Gilberto Freyre. São Paulo: Editora Unesp, 2012.

PALTI, Elías J. El problema de "ideas fuera de lugar". In: *O tempo da política*: O século XIX reconsiderado. Trad. Romulo Monte Alto. Belo Horizonte: Autêntica, 2020.

PAYNE, Michael; BARBERA, Jessica Rae. *A Dictionary of Cultural and Critical Theory*. Oxford: Wiley Blackwell, 2010.

PIGLIA, Ricardo. Sarmiento, escritor (prólogo). In: FAUSTINO SARMIENTO, Domingo. *Facundo ou civilização e barbárie*. Trad. e notas Sérgio Alcides. São Paulo: Cosac Naify, 2010.

PIÑON, Nélida. A alma de Canudos (apresentação). In: LEVINE, Robert M. *O sertão prometido*: O massacre de Canudos. Trad. Mônica Dantas. São Paulo: Edusp, 1995.

PRADO, Eduardo (sob o pseudônimo de Frederico de S.). *Fastos da ditadura militar*. São Paulo: Martins Fontes, 2003 [1890].

PRADO, Paulo. *Retrato do Brasil*: Ensaio sobre a tristeza brasileira. São Paulo: Companhia das Letras, 1997 [1928].

RAMOS, Graciliano. *São Bernardo*. 92.ed. Rio de Janeiro: Record, 2012 [1934].

RAMOS, Graciliano. *Vidas secas*. Rio de Janeiro: José Olympio, 1953a [1938].

RAMOS, Graciliano. *Memórias do cárcere*. Rio de Janeiro: José Olympio, 1953b. v.3.

RIBEIRO, Clarissa. Os caminhos da ficção da história: Uma primeira apreensão do conceito de ficção em Michel de Certeau. *Eutomia*, v.1, n.25, p.291-305, dez. 2015.

ROMERO, Sílvio. *A literatura brasileira e a crítica moderna*: Ensaio de generalização. Rio de Janeiro: Imprensa Industrial de João Paulo Ferreira Dias, 1880.

ROMERO, Sílvio. *Machado de Assis*. Rio de Janeiro: José Olympio, 1936 [1897].

ROMERO, Sílvio. Prefácio. In: ROMERO, Nelson. *História da literatura brasileira*. Rio de Janeiro: José Olympio, 1949. 5v.

ROTH, Philip. Escrevendo ficção nos Estados Unidos. In: *Por que escrever?* Conversas e ensaios sobre literatura, 1960-2013. Trad. Jorio Dauster. São Paulo: Companhia das Letras, 2022.

SAMPAIO NETO, José Augusto Vaz. *Canudos*: Subsídios para a sua reavaliação histórica. Rio de Janeiro: Casa de Rui Barbosa, 1986.

SANTANA, José Carlos Barreto de. *Ciência & arte*: Euclides da Cunha e as ciências naturais. São Paulo; Feira de Santana: Hucitec; Universidade Estadual de Feira de Santana, 2001.

SARMIENTO, D. F. *Facundo*: Civilización y barbarie (1845). Trad. de Sérgio Alcides. São Paulo, Cosac Naify, 2010.

SCHWARZ, Roberto. Adequação nacional e originalidade crítica. In: *Sequências brasileiras*. São Paulo: Companhia das Letras, 1999.

SOUZA, Roberto Acízelo de (org.). *Historiografia da literatura brasileira*: Textos fundadores (1825-1888). Rio de Janeiro: Caetés, 2014. 2v.

SÜSSEKIND, Flora. *O Brasil não é longe daqui*. São Paulo: Companhia das Letras, 1990.

VASCONCELLOS, Fábio. Os riscos das "deepfakes" nas eleições. *O Globo*, 31 mar. 2022.

VENTURA, Roberto. *Euclides da Cunha*: Esboço biográfico. Org. Mario Cesar Carvalho e José Carlos Barreto de Santana. São Paulo: Companhia das Letras, 2003.

VIEIRA, Antonio. *Sermões*. Org. e anot. Alcir Pécora. São Paulo: Hedra, 2019 [1679]. 2v.

VIVEIROS DE CASTRO, Eduardo. *A inconstância da alma selvagem e outros ensaios de antropologia*. São Paulo: Cosac Naify, 2002.

VIVEIROS DE CASTRO, Eduardo. *Encontros*. Comp. Renato Sztutman. Rio de Janeiro: Azougue Editorial, 2008.

WEBER, Max. *Wirtschaft und Gesellschaft*: Grundriss der verstehenden Soziologie. Ed. Johannes Winckelmann. Tübingen: J. C. B. Mohr, 1976 [1921]. [Ed. bras.: *Economia e sociedade*. Brasília: Editora UnB, 2012/2015.]

WEBER, Max. *Economy and Society*: An Outline of Interpretive Sociology. Ed. Guenther Roth e Claus Wittich. Berkeley: University of California Press, 1978. 2v. [Ed. bras.: *Economia e sociedade*. Brasília: Editora UnB, 2012/2015.]

WELLEK, René. *Concepts of Criticism*. Ed. Stephen G. Nichols Jr. New Haven: Yale University Press, 1963.

WHITE, Hayden. *Metahistory*: The Historical Imagination in Nineteenth--Century Europe. Baltimore: Johns Hopkins University Press, 1973.

[Ed. bras.: *Meta-história*: A imaginação histórica do século XIX. São Paulo: Edusp, 1992.]

WHITE, Hayden. *Tropics of Discourse*: Essays in Cultural Criticism. Baltimore: Johns Hopkins University Press, 1978a. [Ed. bras.: *Trópicos do discurso*: Ensaios sobre a crítica da cultura. Trad. Alípio Correia de França Neto. São Paulo: Edusp, 2014. v.1.]

WHITE, Hayden. Ethnological "Lie" and Mythical "Truth". *Diacritics*, v.8, n.1, ed. esp. sobre a obra de René Girard, p.2-9, 1978b.

ÍNDICE REMISSIVO

Abreu, Capistrano de, 177-8
Abreu, Casimiro de, 175-6
Abreu e Lima, José Inácio de, 11-2, 164
absoluta, metáfora, 258-9, 279, 280-1
Adorno, Theodor W., 96-7n, 141-2
Agassiz, Louis, 125-6
Agostinho, santo, 35, 153-4
alegoria, 88, 259-60, 271-3, 279-80
Alencar, José de, 17-8, 157, 169-72, 178-9, 181, 215
Alighieri, Dante, 275-6
Almeida, José A. de, 16
Amado, Gilberto, 152
Amado, Jorge, 16
Amory, Frederic, 158-62
Andrada e Silva, José Bonifácio de, 164
Andrade, Mário de, 10, 15, 46-7, 66, 156
Andrade, Oswald de, 15, 47, 155-6

Andresen, Sophia de M. B., 36-7n, 40-1
antropológico, estruturalismo, 70
Araripe Júnior, Tristão de A., 41-2, 129-30, 135-6
Aristóteles, 28-30, 86-7, 89-92
aristotélica, verossimilhança, 28
Assis, Machado de, 118, 156, 172-6, 186-7, 262
autoficção, 104
Ávila, Affonso, 7-8
Azevedo, Alvares, 183-5
Azevedo, João Lúcio de, 205

bacharel, bacharelismo, 53, 219, 222, 229-31
Bacon, Francis, 99
Baptista, Abel B., 19-21, 23, 30
Barbosa, Januário da C., 164
Barbosa, Rui, 47-9, 66, 211
Bartelt, Dawid D., 50-1, 52, 54-5, 57-8

Bataille, Georges, 142n
Batista, padre Cícero Romão, 55
Baudelaire, Charles, 113
Baudoin, F., 99-100n
Benjamin, Walter, 141-2
Bernucci, Leopoldo M., 43-4, 59-62, 112-3
biológica, antropologia, 117, 124, 125-6, 127, 131-2, 134, 157
Bittencourt, Carlos Machado de, 56-7, 62-3
Bolívar, Simon, 164
Borges, Jorge L., 112, 119-20
brasileira, formação social, 189-238, 262-3
brasileiro, Modernismo, 7-8, 10, 15, 46-7, 66, 155-6, 238
Bröcker, Walter, 276-7
Bubner, Rüdiger, 141-2
Buckle, 178
Budé, G., 99-100n
Burke, Kenneth, 73

café, 216, 218, 220-1, 225, 226
  fazendas de, 49
Calvino, Italo, 33
Campos, Augusto de, 157, 177
Campos, Haroldo de, 157, 177, 252-3
Candido, Antonio, 21-2, 23, 172, 182, 188, 252, 261-2
Canudos, 8-9, 48-58, 62-6, 117, 125, 130-3, 147, 150-6, 158, 159
Cardoso, Fernando Henrique, 196, 206-7, 208-11
carisma, 54, 105-6
Carone, Edgard, 47-9, 51, 58
Castillo, Díaz del, 95-6, 99-100n
Castro, Plácido de, 160

causa, 21, 78-9, 103
Celan, Paul, 39, 67
Certeau, Michel de, 137-8, 139-40
cibercultura, 268
cibernético, espaço, 268-9
ciência, função, 30-1, 43-5, 61, 67-71, 76, 81n, 96-7n, 105-7, 120, 125-9, 132-5, 146, 147-8, 151, 161, 165-6, 182-3, 184-6, 256-7, 261, 277, 278
cientificismo, 28-9, 43-4, 59, 61, 137, 177-80, 210n
civilização ou barbárie, 112, 117, 119-20, 123
Coelho Neto, H. M., 66
Coelho, Tomás, 62
Coleridge, Samuel T., 100-1
"como se", cláusula do, 28-9, 273
Comte, Auguste, 61, 236-7
conceito, história, propriedade, 25-6, 28-9, 37-41, 50, 59-62, 68-70, 81-2, 85-6, 88-90, 91-2, 104, 107, 143-4, 152-3
confraternização, 197, 204, 206-7, 216-7, 218-9, 226, 230-1, 233
Conrad, Joseph, 39, 67
Conselheiro, Antônio, 8-9, 43, 52-7, 59, 66, 121-4, 130-1, 152
  ver também Maciel, Antônio Vicente M.
Copernicana, pequena revolução, 268, 279-80
Copérnico, Nicolau, 104
Costa Lima, Luiz, 99-100n, 143, 249n
Coutinho, Afrânio, 42, 163, 164-6, 167-8, 175-7
Couty, Louis, 49-50
Croce, Benedetto, 77
Cruls, Gastão, 232

cultura, 61, 82, 107, 112, 138, 163, 180, 198, 207, 248-9, 265, 268, 276-7
    interrelação raça e 11-2, 164-5, 190-1, 195n, 196-203, 206, 228, 237
Cunha, Euclides da, 8-9, 11-2, 12-3, 33-4, 37-8, 41-6, 57, 59-62, 62-6, 67, 72-3, 112, 117-24, 125-8, 129-37, 147-8, 150, 151-5, 157, 158-62, 192

Dámon, 82-3
Darwin, Charles, 208
De Bonald, visconde, 108-9
deepfakes, 268-9, 270
Descartes, René, 68, 99
digital, plataforma, 267-82
discursiva(o), ambientação, diferença, dispersão, formação, 61, 66-73
discurso, 68-9
    e verdade, 72-3
documental
    documentalismo, 145, 172-3
    e testemunhal, 21, 81n, 145, 172-3, 282
documento, 18-9, 99-100n
Dumas, Alexandre, 41-2
duplo Brasil, 59
Dutra e Melo, 166-7, 170

Eagleton, Terry, 26
Echeverría, Esteban, 118-9
efeito, estética do, 28, 116, 258
Eliot, T. S., 275-6
emergente, civilização, 268
escrita, espaço da, 33, 268-9
Esposito, Elena, 97-102, 105-6
essência, 46-7, 86-7, 90, 98-9, 125-6, 129, 140-3

estética, 35-7, 82, 116, 141-2, 144, 157, 176, 180, 210-1, 227, 251-2, 257-8, 271
"estilista", 199-200, 202, 205, 207, 212-3, 217, 223
ético, 44-5, 76-7, 81-5, 86-7, 89, 91-2, 140
eu, autocentramento no, 66
externa, ficção, 93-107, 148-9, 259-60, 267-82

fake news, 94n, 148-9, 259-60, 268-9, 270, 279-80, 281
fatos, 84, 100-1, 103, 105-6, 107, 125, 138-9, 184
Faulkner, William, 100-1, 279-80
Fermat, Pierre de, 97, 101
ficção, ficcional, ficcionalidade, 10-1, 16, 18-19, 20-1, 26, 28-9, 35-40, 41-5, 60-1, 67, 73-4, 80-93, 95, 97, 98n, 99-100, 102-3, 104, 105-7, 107-12, 113-27, 135, 138-44, 148-9, 150-1, 153-4, 155-6, 157, 199n, 244-5, 258-65, 267, 271-2, 273-4, 275-6, 280-1
ficção, modalidades, 93-4, 125, 127, 139-40, 144-5, 271, 273, 280
ficcional, discurso, 99, 264-5, 267
Fischer, Luís A., 193, 261-3
Flaubert, Gustave, 113-4, 173, 199n
Fontes, Amando, 16
Foucault, Michel, 69-72
Fourier, Jean-Baptiste J., 236
Fraggio, Alberto, 278-9
Freitas, Marcus V. de, 125-7
Freud, Sigmund, 35-7, 60, 94, 108, 110-1, 146, 273-4
Freyre, Gilberto, 11-3, 15, 59, 61, 136, 188, 189-238

anti-Modernismo de, 203, 227
ambiguidade de raça e cultura, 198, 199-200
caráter confraternizante da linguagem, 204, 206-7, 216-7
decadência racial do português, 191, 193
mancebia metodológica, 206-7, 215, 216-7
mercantilismo semita, 198-9, 203
narcisismo, 222
Frye, Northrop, 73-5, 77

Gabeira, Fernando, 279-80
Gadamer, Hans-Georg, 141-2
Galileu, 104
Galotti, Oswaldo, 158
Galvão, Walnice N., 52, 57, 158
Gama, Saldanha da, 232
Gárate, Miriam V., 112, 123, 126n
García Márquez, Gabriel, 39
Goethe, Johann W. von, 92
Gonçalves de Magalhães, 164-6, 168-9, 183-4
Gonçalves Dias, 17-8, 157, 172, 175-7, 183-4
Górgias, 91
Greene, Roland, 26
Guimarães Rosa, João, 156, 173, 262-4, 279-80
Gumplowicz, Ludwig, 61, 127-32, 161

Habermas, Jürgen, 96-7n, 276-80
Haeckel, Ernest, 125-6
Hansen, João A., 272-5
Hardman, Foot F., 112
Hartt, Frederick, 125-7
Heidegger, Martin, 141-2, 277-9

Herculano, Alexandre, 189-90, 191-3
Heródoto, 95-6, 99-100n
História, escrita da, 73-4, 76, 79, 93, 94, 106, 147
história e literatura, 10-1, 42-3, 71, 126n, 132, 137
historiográfica e literária, inscrição, 8, 9-10, 33-4, 38-9, 41-2, 45, 73-4, 80, 112, 121, 147, 256-7
ver também inscrição, dupla
histórico, romance, 17-8, 166-7
Hitchcock, Alfred, 278-9
Hitler, Adolf, 105
Hobbes, Thomas, 128, 161
Holanda, Aurélio B. de, 21-2
Hölderlin, Friedrich, 277
Homero, 84, 86, 277
Horkheimer, Max, 96-7n
Hotman, F., 99-100n
Houaiss, Antônio, 123n
Hugo, Victor, 113
Humboldt, Alexander von, 125-6, 129-30, 255

Ideias, teoria das, 86-7
ideologia, a questão da, 71-3, 76-7, 79-80, 107, 125-6, 141-2
ilusão, 60, 88, 94-5, 99, 102, 104, 136-7, 140, 141, 142, 150-1
imagem, 68, 79, 89-90, 107-8, 114, 115, 134-5, 142, 170, 233
imitação, *imitatio*, 8-9, 21, 24, 25-6, 27, 29-31, 34, 39, 81-4, 85-7, 92, 94-5, 108-11, 113, 134-5, 141, 143, 166-7, 177, 187-8, 226
imperfeita, analogia, 271, 275-6
indianismo, 169-70, 182-4
inferioridade, complexo de, 12-3, 131-2, 168

Ingenieros, José, 193
inscrição, dupla, 8, 9-10, 33-5, 38-9,
    41, 43-4, 59, 93, 112-3, 116-7,
    121, 127, 137, 146-8, 151, 156
    ver também historiográfica e
    literária, inscrição
intelectual, sistema, 24
interna, ficção 93, 100-8, 145-9,
    259, 271, 273, 275-6
interrelação, raça e cultura, 11-2,
    164-5, 190-1, 195n, 196-203,
    206, 228, 237
inventio, inventividade, 38-9, 86-7,
    144-5, 173, 261
ironia, 77-9, 187-8, 277
Iser, Wolfgang, 28-9, 36-7n, 113-8,
    135, 258

James, Henry, 25, 113-4, 115-9
jesuítas, jesuitismo, 171, 199, 206,
    222, 230, 250-1, 272
João III, dom, 191
João VI, dom, 217
João Alfredo, Correia de O., 47-8
Johnson, S., dr., 24, 28
Joyce, James, 25, 37

Kafka, Franz, 67, 101-2, 279-80
Kant, Immanuel, 71, 95, 96-7n,
    143-4
Kershaw, Ian, 105
Koller, Hermann, 81-7, 91-2

Lafayette, Mme. de, 97
Lamarck, Jean-Baptiste, 208
latifundiárias, classes, ordens, 15,
    48, 160, 196, 201, 204, 207, 216,
    231-2, 234, 261-2
Lausberg, Heinrich, 272
Le Bon, Gustave, 134

Lévi-Strauss, Claude, 35-7, 70-1,
    140, 252-3
Lévy, Pierre, 268-9
Liais, Emmanuel, 59-60, 125-6
Lispector, Clarice, 156
literariedade, 43-4, 112, 256-7
literário, ensaio, 11-2, 13, 35-7,
    60-1, 94, 146, 187
literatura
    como transgressão à realidade,
        35-7, 107-8, 145
    sentidos estrito e extenso, 10-1,
        13, 35-9, 44, 61, 67, 81n,
        93-4, 102, 121, 125, 144-9,
        153, 164, 174-5, 199n, 259,
        273, 275-6
    teoria da, 10, 42, 96-7n, 251,
        260, 280-1
literatura-documento e literatura-
    -testemunho, 18-9, 21, 46, 81n,
    145, 172-3, 282
lógico, positivismo, 276-7
Lucas, 272
Luhmann, Niklas, 97-8
Lukács, György, 16-7, 18-9, 28, 145-
    6, 257-8
lusotropicologia, 199-200, 228-9

Macedo, Joaquim Manuel de, 166-7
Macherey, Pierre, 26
Maciel, Antônio Vicente M., 53-4,
    57-8
    ver também Conselheiro, Antônio
Maistre, Xavier de, 108-9
mais-valia, 113-4
mando, semiologia do, 22
Marcuse, Herbert, 96-7n
Marin, Louis, 68, 71-2
Martinez Estrada, Ezequiel, 112

Marx, Karl, 71-2, 77, 113-4, 184-5
Mateus, 272-3
Maudsley, Henry, 59, 125-6, 129-30
McCarthy, Joseph, 195
mediáticas, máquinas, 268
mediático(s), domínio, persuasão, realidade, 18-9, 30-1, 52, 103, 148-9, 281
Melo e Souza, Ronaldes de, 43-4
Melo Neto, João Cabral de, 123n, 157
Mendes Leal, J. da Silva, 171
Mendiola, Alfonso, 95-6, 99-100n
Merquior, José G., 210-1, 227, 228-9, 238
mestiçagem, 8-9, 12-3, 49, 61, 121-2, 127-31, 134, 152, 179, 184, 187-8, 191-3, 196, 212-3, 230-2
metafísica, 28, 76, 140-1, 277-8
metáfora, metaforicidade, metaforologia, 39-40, 60-1, 77, 81n, 91, 96-7n, 114, 117-8, 120-1, 144-5, 146, 165-7, 181, 189, 202-3, 258-61, 271-6, 279-81
Michelet, Jules, 73, 78
mímema, 86-7, 140-1, 143n, 146, 173
mímesis, 7-8, 10-1, 29-31, 33-4, 37-8, 38-41, 67, 80-93, 100-1, 110, 127, 140-1, 143-6, 150, 153, 157, 173, 258-61
  e imitação, 8-9, 29-31, 34, 39, 81, 82-3, 86-7, 92, 111, 143
miscigenação, 61-2, 196, 200
mito, mítico, 25-6, 38, 41, 43, 61-2, 70, 109, 110-1, 121, 132, 138, 139-40, 148, 150, 151-2, 153, 155-6, 196, 277-8, 279-80
modernidade, 7-8, 42-3, 109, 111, 210-1, 238
modernos, tempos, 95, 100-1, 226

monocultural, furor, 224
Montaigne, Michel de, 95, 99-100n, 199n
Monteiro, Góis, 149
Moreira César, A., coronel, 56-7, 133, 152
mucambo, 203, 221, 223, 225, 227-8, 229, 233
mulato(a), 192, 194, 197-8, 226, 229-30, 231, 232-3

Nabuco, Joaquim, 169-70, 172
nacional
  caráter, espírito, essência, sentimento, 8-9, 11-2, 33-4, 42, 45-6, 46-7, 112, 123-4, 156-7, 164, 171, 172-3, 176, 177-8, 180-1, 182-3, 187, 204, 207
  intelligentsia, 50
  mito, 43
nacionalidade, 9-11, 15, 59, 64, 66, 123-4, 130-1, 153, 156, 165-6, 172-6, 179, 184, 256-7
narrativa, 10, 20, 22, 39, 42, 73, 75-6, 89-90, 118, 124, 150, 153-4, 212, 279-80
Naturalismo, 16-7, 86-7, 157, 173, 178, 187, 230
neolamarckismo, 207-9, 211
Nietzsche, Friedrich, 35-7, 77, 94, 108, 146
nordestino, romance, 15
normatividade, 103
Norris, Christopher, 26-7
nova, ciência
  natureza e raça 182-3, 184-5
Novalis, 141
Nunes, Favila, 57
Nunes Leal, Pedro, 172
Nunes Ribeiro, Santiago 165-6

outro, 121-2
oligarquia, oligárquico, poder, 47-8, 50-1, 58
Oliveira Lima, M. de, 123-4, 193-4
oralidade, 204, 211, 213, 222

Palcos, Alberto, 112
Pallares-Burke, Maria Lúcia, 194-5, 210n
patriarcalismo, 197, 205, 210-1, 214, 219-20, 223, 225, 226, 228-9, 231, 238
patrimonialismo, 237
Pedro II, dom, 126-7, 168-9, 174-5, 230, 235, 237
Penna, Cornélio, 8, 39, 156
Pereira, Lúcia M., 21-2
Pereira da Silva, João Manuel, 165
Piglia, Ricardo, 112, 113-4, 117-9, 121-4
Pimenta da Cunha, Manoel R., 158
Piñon, Nélida, 42-3, 121, 150
Platão, 83-9
Pontes, Eloy, 62, 158
Prado, Eduardo, 47, 50
Prado Jr., Caio, 261-4
Prado, Paulo, 189, 191, 193-4, 219-20
probabilidades, cálculo de, 97, 99-106
protossociológico, protossociologismo, 165-6, 181
Prudente de Morais, 50, 56-7

raça
ver neolamarckismo
Ramos, Graciliano, 16-23, 24, 155-6, 173
Ranke, L. von, 78
realidade, transmissão etc., 21, 86-7, 94-6, 97-8, 105-6, 135

realista, raio, 16-7
redes sociais, 267, 268-70, 279-80, 281
regionalismo, 15, 155-6, 173, 210-1, 228-9, 238
Rego, José Lins do, 15-6, 173
religioso(a), critério, função, 110-1, 113-4, 177, 190-1, 201-2
Ribeiro, Clarissa, 137n
Romero, Nelson, 182, 186
Romero, Sílvio, 118, 168, 172, 174-5, 179, 181-9, 192, 194, 198, 208, 212-3
Roth, Philip, 281

Saint-Simon, conde de, 236
Salazar, António de Oliveira, 206
Salomé Queiroga, J., 175-6
Sampaio, Teodoro, 159
Sampaio Neto, José A. V., 53-4
Santana, J. C. Barreto de, 125-6
Sarmiento, Domingo F., 112-25
Schlegel, Friedrich, 141
sertanejo, 8-9, 21, 44-5, 53, 55-6, 58, 60, 61-2, 66, 121-3, 127, 132-4, 152, 153, 155-6, 159-60, 181, 216
sertões, Os, dupla inscrição, 8, 9-10, 33, 34, 38, 41-2, 59, 93, 116-7, 121, 127, 137, 146-7, 156
sífilis, questão da, 212-3
simulacro, 82, 86, 88-9, 193
Siqueira de Menezes, A. J., general, 152-3
Soares, J. C. de Macedo, 176-7
sobrado, 216, 217, 218, 220, 221, 222-5, 226-7, 229, 233
Sobral Pinto, Heráclito. F., 16
sofista, 91
Sousândrade, Joaquim de, 157, 174-5, 177

Souza, R. Acízelo de, 163-9, 172, 174-5, 177-81
Spencer, Herbert, 208
stalinista, marxismo, 18-9, 72
Sterne, Laurence, 39, 67, 187-8
Suassuna, Ariano, 42
subcena, 61-2, 120, 127, 136, 151, 153-4
sujeito, 11, 28-9, 29-31, 69, 71-2, 143-5
Süssekind, Flora, 45-6, 155-6, 157

Távora, J. Franklin da S., 178-9
teatro e teoria, 89-90, 169-70
Tocqueville, Alexis de, 78
Tucídides, 95-6, 99-100*n*

Vaihinger, Hans, 28-9, 100-1
valores, permanência de, 116, 177-8, 219, 258
Varnhagen, Francisco A., 168-9

Ventura, Roberto, 56-7, 62-3
Ventura, Zuenir, 252
verdade, critério, enunciado de, 84-9, 91-4, 95-6, 103, 124-5, 140, 141-3, 147-9, 212, 259, 271-2, 273
Veríssimo, José, 9, 41-2, 44, 61, 126*n*, 135, 137, 151, 161, 179-82
verossímil, 28-30, 173
Vieira, Antônio, padre, 259-60, 271-3, 275-6, 279-80
Viveiros de Castro, Eduardo, 262-5
Vives, Juan L., 99

Weber, Max, 105
Wellek, René, 25-6, 28
White, Hayden, 71, 73-80, 108-9, 110-1
Woolf, Virginia, 25

Zola, Émile, 16-7, 173

OBRAS DO AUTOR

Por que literatura. Petrópolis: Vozes, 1966 (esgotado).

Lira e antilira: Mário, Drummond, Cabral. Rio de Janeiro: Companhia Editora Nacional, 1968; ed. rev. Rio de Janeiro: Topbooks, 1995 (esgotado).

Estruturalismo e teoria da literatura. 2 eds. Petrópolis: Vozes, 1973 (esgotado).

A metamorfose do silêncio. Rio de Janeiro: Eldorado, 1974 (esgotado).

A perversão do trapezista: O romance em Cornélio Penna. Rio de Janeiro: Imago, 1976; ed. rev. sob o título de *O romance em Cornélio Penna*. Belo Horizonte: Editora UFMG, 2005 (esgotado).

Mímesis e modernidade: Formas das sombras, 1980. 2.ed. rev. Rio de Janeiro: Graal, 2003 (esgotado).

Dispersa demanda. Rio de Janeiro: Francisco Alves, 1981 (esgotado).

O controle do imaginário: Razão e imaginação nos tempos modernos. 2.ed. rev. São Paulo: Brasiliense, 1989. Cf. *Trilogia do controle*, 2007.

O fingidor e o censor. São Paulo: Forense Universitária, 1988 (esgotado). Cf. *Trilogia do controle*, 2007.

Pensando nos trópicos (Dispersa demanda II). Rio de Janeiro: Rocco, 1991 (esgotado).

Limites da voz (Montaigne, Schlegel, Kafka). Rio de Janeiro: Rocco, 1993; 2.ed. rev. Rio de Janeiro: Topbooks, 2007 (esgotado).

Vida e mímesis. São Paulo: Editora 34, 1995 (esgotado).

Terra ignota: A construção de Os sertões. Rio de Janeiro: Civilização Brasileira, 1997 (esgotado).

Intervenções. São Paulo: Edusp, 2002.

Trilogia do controle: O controle do imaginário, Sociedade e discurso ficcional, O fingidor e o censor. Rio de Janeiro: Topbooks, 2007 (esgotado).

O redemunho do horror: As margens do Ocidente. São Paulo: Planeta, 2003; 2.ed. São Paulo: Perspectiva, 2011.

História. Ficção. Literatura. São Paulo: Companhia das Letras, 2006; reimpr. 2011.

O controle do imaginário e a afirmação do romance: Dom Quixote, As relações perigosas, Tristram Shandy. São Paulo: Companhia das Letras, 2009.

Escritos de véspera. Org. Aline Magalhães Pinto e Thiago Castañon Loureiro. Florianópolis: Editora da UFSC, 2011.

A ficção e o poema. São Paulo: Companhia das Letras, 2012.

Sebastião Uchoa Leite: Resposta ao agora. São Paulo: Dobra Ensaio, 2012.

Frestas: A teorização em um país periférico. Rio de Janeiro: Contraponto, 2013.

Me chamo Lully. Rio de Janeiro: 7 Letras, 2013.

O encontro. Rio de Janeiro: 7 Letras, 2015.

Os eixos da linguagem: Blumenberg e a questão da metáfora. São Paulo: Iluminuras, 2015.

Mímesis e arredores. Curitiba: CRV, 2017.

Melancolia: Literatura. São Paulo: Editora Unesp, 2017.

O insistente inacabado. Recife: CEPE, 2018.

Limite. Belo Horizonte: Relicário Edições, 2019.

O chão da mente: A pergunta pela ficção. São Paulo: Editora Unesp, 2021.

A ousadia do poema: Ensaios sobre a poesia moderna e contemporânea brasileira. São Paulo: Editora Unesp, 2022.

TRADUÇÕES

Control of the Imaginary: Reason and Imagination in Modern Times. Minneapolis: Minnesota University Press, 1988 (esgotado).

Die Kontrolle das Imaginären: Vernunft und Imagination in der Moderne. Frankfurt am Main: Suhrkamp, 1990.

The Dark Side of Reason: Fictionality and Power. Califórnia: Stanford University Press, 1992.

The Limits of Voice: Montaigne, Schlegel, Kafka. Califórnia: Stanford University Press, 1996.

Mimesis: Herausforderung an das Denken. Berlim: Kulturverlag Kadmos, 2012.

Pensamiento e imaginación: El concepto de ficción. Cidade do México: Facultad de Filosofía y Letras de la UNAM, 2022.

EM HOMENAGEM

Máscaras da mímesis: A obra de Luiz Costa Lima. Org. Hans Ulrich Gumbrecht e João Cezar de Castro Rocha. Rio de Janeiro: Record, 1999.

Luiz Costa Lima: Uma obra em questão. Org. Dau Bastos. Rio de Janeiro: Garamond/Faperj, 2010.

Culture, Theory and Critique, n.54-2 (com o tema "Mimesis and the Control of the Imaginary", conjunto de comunicações apresentadas em Brisbane, Austrália, sobre a obra de Luiz Costa Lima, em novembro de 2011), Londres, jul. 2013

Luiz Costa Lima: Um teórico nos trópicos. Org. Aline Magalhães Pinto, Ana Lúcia de Oliveira e Dau Bastos. Rio de Janeiro: Garamond Universitária, 2019.

SOBRE O LIVRO

Formato
14 x 21 cm

Mancha
23,7 x 41,6 paicas

Tipologia
adobe jenson 11/14

Papel
off-white 80 g/m² (miolo)
cartão supremo 250 g/m² (capa)

1ª edição editora unesp: 2023

EQUIPE DE REALIZAÇÃO

edição de texto
Fábio Fujita (copidesque)
Carmen T. S. Costa (revisão)

capa
Quadratim Editorial

editoração eletrônica
Sergio Gzeschnik

assistência editorial
Alberto Bononi
Gabriel Joppert

A.R. Fernandez